新时期领导谋略与智慧丛书

LINGDAO XINGXIANG SUZAO
YINGDE HAOKOUBEI DE FANGFA YU YISHU

领导形象塑造

赢得好口碑的方法与艺术

主编⊙舒天戈 孙乃龙
本册主编⊙孙乃龙

四川大学出版社

责任编辑:欧风偃
责任校对:黄蕴婷
封面设计:刘建波
责任印制:王　炜

图书在版编目(CIP)数据

领导形象塑造：赢得好口碑的方法与艺术 / 舒天戈，孙乃龙主编. —成都：四川大学出版社，2015.7(2025.4重印)
(新时期领导谋略与智慧)
ISBN 978-7-5614-8744-0

Ⅰ.①领… Ⅱ.①舒… ②孙… Ⅲ.①领导人员-形象 Ⅳ.①C933

中国版本图书馆 CIP 数据核字（2015）第 162957 号

书名　**领导形象塑造——赢得好口碑的方法与艺术**

主　　编　舒天戈　孙乃龙
出　　版　四川大学出版社
地　　址　成都市一环路南一段 24 号 (610065)
发　　行　四川大学出版社
书　　号　ISBN 978-7-5614-8744-0
印　　刷　三河市天润建兴印务有限公司
成品尺寸　170 mm×240 mm
印　　张　15.75
字　　数　265 千字
版　　次　2016 年 1 月第 1 版
印　　次　2025 年 4 月第 3 次印刷
定　　价　40.00 元

◆读者邮购本书,请与本社发行科联系。
电话:(028)85408408/(028)85401670/
(028)85408023　邮政编码:610065
◆本社图书如有印装质量问题,请寄回出版社调换。
◆网址:http://www.scup.cn

前　言

领导形象，是社会风气的标杆，衡量着带头示范者的品格与修养。领导形象，是国家政治的镜子，映照着为官从政者的素质与风度。中华民族的昌兴，需要这样的领导干部：他们是国家公民的优秀代表，不仅具有强烈的民族责任感，而且风度高雅、形象端庄；他们不仅具有强烈的兴国使命感，而且举止有礼、文明从政；他们不仅具有超常的领导能力，而且亲民爱民、为人表率。

今日中国，正处在变革与发展的重要历史时期，各级领导干部担负着执政兴国、执政为民的神圣职责，承接着带领广大人民群众为实现伟大的中国梦的历史使命。面对新形势和新任务对各级领导干部的素质和能力提出的新要求，落实习近平总书记提出的领导干部要努力学习做好领导工作、履行领导职责所必备的各种知识，努力使自己真正成为行家里手、内行领导的任务要求，当前大力塑造当代领导干部良好的形象，应是提升领导者的从政素养、修养，强化领导能力的内

在要求。

良好的领导形象，是领导干部在工作中树立权威、感召群众、更好地履行领导义务和责任的品质名片与素质展示。塑造良好的领导形象，在当前全党实践党的群众路线、践行社会主义核心价值观、整顿“四风”和反腐倡廉建设中意义重大，对改善领导作风，引领社会风气，密切党群政群干部关系，都具有极其重要的作用。

这本《领导形象塑造》，是新形势下对培养领导官德、改进领导作风、规范领导行为的积极响应，也是对落实习近平总书记十八大以来重要讲话的积极配合。全书立足于领导工作实际，结合领导干部的自身需要，从政治性、礼仪性、知识性、实践性的角度出发，以通俗易懂的叙述介绍、联系实际的讲解，介绍了塑造领导形象的具体途径和操作方法，希望这本书能够对广大领导干部树立良好形象有所帮助，使各位领导能够成为人民群众欢迎的好干部。

由于时间仓促、水平有限，书中难免有所疏失，期盼广大读者予以指正。

编　者

2014 年 10 月

目录

CONTENTS

第一章　塑造形象，展示魅力

——良好的形象是领导者的无形财富

第二章　美化仪容，修饰仪表
——领导者良好仪容仪表形象的设计

第三章　文明举止，展示风度
——领导者行为举止与风度形象的设计

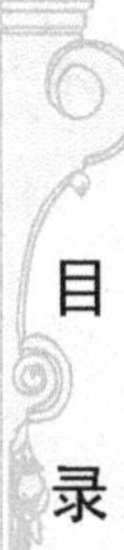
目
录

第六章 恪尽职守，勤政敬业

——领导者工作形象的塑造

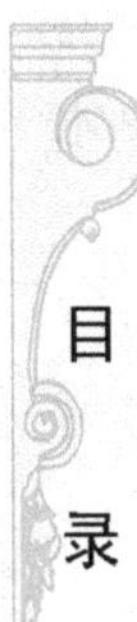

第七章　亲民爱民，关心百姓
——领导者为民服务形象的塑造

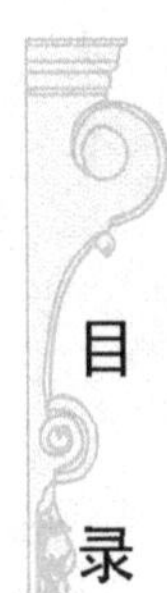
目
录

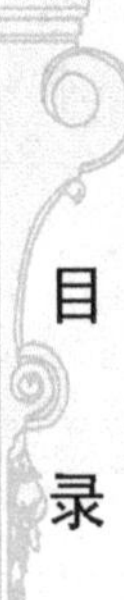
目
录

第一章

塑造形象，展示魅力

——良好的形象是领导者的无形财富

在当今这样一个信息传达畅通、信息渠道多元的时代，领导者的形象日受瞩目。公众对领导者良好形象的要求也日益凸显。树立并维护自己良好的公众形象，不仅是领导者“独善其身”的表现，也是对公众期待的允诺。“在其位，谋其职，像其样”。每个领导者不仅要恪尽职守，还要留意自己的公众形象；不仅要做到衣着整齐，还要做到谈吐得体；不仅要气宇轩昂，还要心胸坦荡。良好的形象能使领导者更好地履行领导职责，能够有效地影响下属和民众。可以说，良好的形象是领导者的宝贵财富。

一、富有魅力的形象是领导者特有的品牌

当今时代，品牌至上。形象的品牌更是逐渐地深入人心。树立自己的品牌，使领导者在日常生活和工作中有了可以利用的工具。实践证明：良好形象的价值非常巨大，这是领导者成功的保证。

1. 领导者形象是人格修养的外在表现

领导者形象就是其领导行为、领导生涯的图像。一名领导者的领导能力、领导作风、领导人格、领导业绩，常常通过其形象表达出来、展现出来。领导人格是抽象的，领导者形象则是具体的。

所谓领导者形象，主要是指领导者自身修养的外在表现，它主要反映着领导者在行政过程中所形成的个性特征、行政风格、领导方法及工作作风。内容主要包括领导者的仪容仪表、品德形象、亲民形象、用权形象、用人形象等各个方面。我国宋代政治家、史学家司马光在《资治通鉴》中记载：“上神采英毅，群臣进见者，皆失举措；上知之，每见人奏事，必假以辞色，冀闻规谏。”说的就是唐太宗处理公务时的形象。

领导者经常出现在公共场合，因此，领导者形象的塑造就显得尤为重要。领导者是“领导”的人格化，是领导权力的化身。领导者形象，体现了公共性和社会性，它是一种附着了公共性要素的社会性形象。

在现代行政流程中，领导者形象、政府形象、国家形象是相互紧密关联的。领导者形象是政府形象的一种标识、一种代表，是领导力的组成部分；政府形象则是国家形象的一部分，有时则代表了国家形象；国家形象是一种软实力，是国家综合竞争力的重要内容。今天，国家形象——政府形象——领导者形象事实上已成为一个统一体。

领导实践的历史过程表明，领导者形象是人们打量领导者的窗口。尽管领导行为日益纷繁，但最终人们还是通过简约化的图像方式作为认知媒介，以这种方式产生对领导者行为的审度和评价。

古往今来，领导者建树个人的形象，有三种力量在共同地起着作用。

一是权力的力量。权力是一种迫使他人作出某种行为的力量。领导权力也就是其职位所拥有的支配和强迫他人的力量。这是一种刚性的力量，也是一种浅显的力量。因为权力可以使人“服从”，但不一定能使人“认同”。权力的强制性可能会使人顺从，但却不一定得到人们的忠诚。

二是真理的力量。通俗地说，所谓真理，是真正的“道理”，亦即人们经反复验证而被广泛接受的事实或客观定律。真理的力量是真理所具有的事实说服力和使人膺从的力量。如果说权力是一种刚性的强制力量，那么真理是一种中性的说服力量，处于刚性与柔性之间。它既有刚性的一面，也有柔性的一面。人们可以服从它，当然也可以违背它。

三是人格的力量。所谓人格的力量就是人格魅力产生的使人“服从”的折服力。这种力量是产生于人们内心的。人类大量领导事务的经历表明，领导的工作作为一种涉及公共利益的行为过程，不仅要有权力的力量、真理的力量，更得有人格的力量。而人格的力量常常是真理力量的折射、体现和演绎。人格的力量是领导行为过程中的内质力量，这种力量如春风化雨，细雨润物，所谓“以力服人者，非心服也，力不瞻也；以德服人者，心悦诚服也”。《孟子》中说的“仁者无敌”，《三国志》中说的“惟德惟贤，能服于人”，都是这个意思。人格的力量虽没有强制力，但它却是一种长久地使人内心折服的力量。

在建树领导个人形象中，如果说权力是一种刚性的力量，真理是一种中性的力量，那么，人格就是一种柔性的力量。刚性的力量具有压制性，柔性的力量具有感化性，中性的力量具有压制性和感化性的双重特性。领导人格是领导者领导形象、领导行为的全部本质。良好的领导者形象不是“秀”出来的，而是靠其内在的东西也就是内在人格来演绎来折射的。任何一名领导者要以良好的个人形象实施有效领导，必须努力培养和提高自身的人格魅力，提升人格质量。

2. 领导者形象的鲜明特征

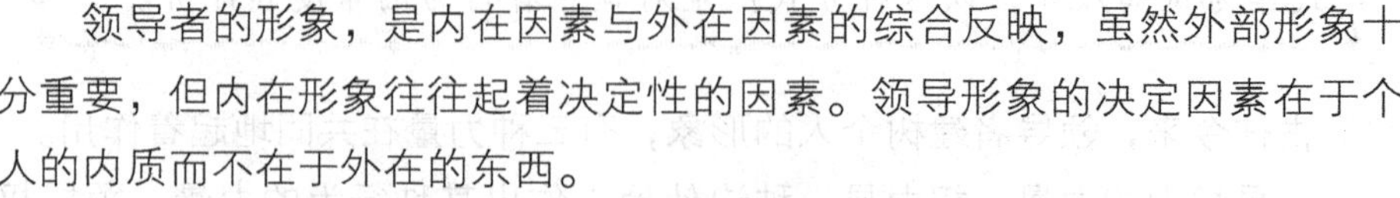

领导者的形象，是内在因素与外在因素的综合反映，虽然外部形象十分重要，但内在形象往往起着决定性的因素。领导形象的决定因素在于个人的内质而不在于外在的东西。

（1）内质性：领导者形象的决定要素

领导者形象的本质是由其内质性所决定的。西方古典共和主义先哲们把人在内质方面的美德放在重要位置。他们指出，美德决定命运，也可以战胜命运；当美德败坏之时，也就是政治衰亡之时。因此领导形象首要的内质要求就是要恪守正义。其基本含义是：领导者的一切行为，都以正义为估量。当代著名学者罗尔斯在他的《正义论》一书中指出："正义是社会制度的首要价值。"对于领导者形象来说，正义是其首要内涵。正义准则构成了领导形象的伦理底线。

可以说，一个领导者的内质决定了他事业的高度，决定了他领导效能、领导业绩的状况乃至整个领导生涯的面貌。

（2）外部性：领导者形象的人格展示

领导者形象虽然是由内质决定的，但首先展现在公众面前的是他的外部形象。

领导者的外在形象，即领导者的仪表风度、言谈举止、服饰穿戴等的展示，是其内在形象的外化。外部形象是领导者个人增强其识别性的重要方面。以服饰为例，服饰是一种文化现象，是一种无声语言。如果领导者想让别人正确对待自己的话，自己就必须穿得像一个领导者。一个领导者的着装往往能从一个侧面传递出自我的修养、性格、气质、爱好和追求。

随着社会交往的日益丰富以及人们生活节奏的日益加快，人们在交往互动中，在重内容的基础上，也越来越注重形式和形象，交往互动日渐符号化、形式化。因此，领导者的外在形象已成为领导者对外交往的"名片"。翩翩的仪表风度、不俗的言谈举止、得体的服饰穿戴等外在形象所展示的个人魅力，是领导者赢得他人亲近、认同和尊重的重要因素。

在现代国家的政治与行政过程中，行政包装因其客观场景需求而有其客观价值。英国前首相撒切尔夫人在担任英国首相之初，说话语调尖利、举止咄咄逼人，形象过于刻板严峻。后来按照形象顾问的建议，撒切尔夫人对自身行为做出了调适。她在接受媒体访问时，注意语音语调的“适中”并保持多样化，而坐着谈话的姿势，也由过去她比较习惯的“后靠姿势”改为“前倾姿势”，等等。这样就使形象细节得到了改进，表现出了既刚毅、果敢，又亲切自然、富有人情味的一面。

当然，树立良好的领导形象绝不是要提倡领导者们去刻意突出个人形象，去搞形象作秀，更不是搞弄虚作假，而是在信息传播日益发达和公民政治参与日益广泛的条件下，本着提高领导绩效和领导力效能的目的，对客观存在的领导者的“形象问题”予以高度关注，施以科学管理。

（3）多维性：领导者形象的丰富多样

领导者形象的多维性主要有两方面涵义。一是指形象构成的多维性。领导者公共形象具有物理形象与伦理形象、外表形象与内质形象、生理形象与心理形象、职业形象与职余形象的不同类别和构成。二是指社会中的任何人不只是一种形象。他们在不同的社会生活中会展现其不同的侧面和不同形象的特质。

> 在实际工作中，一个领导者在某方面的形象也许是平庸的，但在另一面却可能是光彩夺目的，这也反映出人的形象信息方面的多维性特点。

比如，59岁的美国前副总统戈尔在任时，他的政治家形象由于其过多的技术官僚的“木头人”形象而广受舆论讥评，但戈尔作为社会活动家在世界环保方面获得的形象，却令人大加赞赏。这或许正如一句西方谚语所说的：“上帝在关闭一扇门的同时，又开启了一扇窗。”

由于形象的多维性，一个人一种形象可能很干枯，但也许另一面形象是丰富的、出众的、优胜的。领导者形象也不例外，领导者形象的多维性决定了领导者的多面孔，同样也决定了领导者外部包装的重要性，如果领导者对其善加利用，将对领导工作大有裨益。

总的来说，**领导者的内在形象与外部形象是有机统一的**。内在形象通过人的实践活动将其内在世界对象化于外在世界，借助缤纷的外在形象而得以展露；或者通过个体的仪表风度、言谈举止、服饰穿戴等外在形象而得以展露。内在形象以外在形象为载体，外在形象以内在形象为根据。二者有机统一才可达到内外同一的和谐美。

中国古代思想家张载说过："充内形外之谓美。"领导形象是种形式，但这种形式是用来表现一定内容的，因此它特别重视内在美和外在美的和谐一致。它要求领导者要"诚于中而形于外""慧于心而秀于言"，使美好的心灵与美的仪表、美的谈吐、美的举止形成一个有机的整体，使领导者在生活与工作中能够充分展现出领导者的魅力风采。

3. 领导者形象具有一定的导向作用

领导者形象不仅是一种客观的外在表现，更重要的是现实生活中还能对下属或群体起着一定的导向作用。古人说得好，**"上行下效""上梁不正下梁歪"**，这些都是在讲上级领导者的行为对下属或群体所产生的影响。

战国时期，有着"齐王好紫衣，楚王好细腰"之说，即是对领导者形象具有导向性的很好诠释。当时，由于齐景公喜欢穿紫色王袍的影响，全国的人都跟着穿紫色的衣服，男女老少都以紫色为美，一时间弄得紫布紫绢成为稀有物品，紫色的布料、服饰价格飞涨；而楚王则喜欢细腰的女子，于是全国的女子都想尽一切办法减肥，认为只有形体纤瘦才能够博得君王的宠爱。这种风气盛极一时，乃至于产生了这样的儿歌："人人穿紫衣，穿上就神气；升官又发财，不用再费力。楚王好细腰，细腰多苗条；三年不吃饭，饿成水蛇腰。"

在近代，我国曾经经历过一段人人都穿中山装的历史，这在某种意义上也是受一些政治领袖着装习惯的影响。其实，不光在着装上，甚至领导者的一举手、一投足、一个眼神，都可能对下属或者群众产生深刻的影响，造成预想不到的后果。

领导者之所以能够影响他人，其主要原因，就在于领导者富有魅力的个人形象，除此之外，还**要靠自身的觉悟，靠自己的能力，靠本人的素**

质，靠自己与群众血肉相连的关系，而这些内在的东西又直观地表现为一种外在的领导形象。特别是在践行党的群众路线，整顿领导作风，密切党群政群干群关系的新形势下，树立良好的领导形象就显得特别重要。当领导者能够心系普通群众，自身立得正，行得直，站得稳，就会在其所领导的单位中产生一种向心力、凝聚力、感召力，所领导的对象就会听信其所言，仿效其所为，以鱼水般的干群关系、上下同心的合力，影响和改善所在单位、部门和地区的风气与精神面貌。比如，当人们一提起孔繁森，就会从他一件件感人的事迹中，从他所表现的领导干部的品格、气质以及他高尚的人生境界中，联想并构建一个人民公仆的光辉形象，这一形象矗立在千千万万普通人的心里。**这种震撼人心的人格力量和魅力，化作一种巨大的感染力和影响力，激励人们去克服困难。**由此可见，领导形象的导向性在组织和民众中的作用是非常巨大的。

如果某位领导者本身行为不端、形象也不佳，自然群众的口碑就不怎么好，那么他再会作秀，大会小会上的话讲得再深刻，说得再动听，也只会传为笑柄，还会带坏部门单位的风气。

4. 树立良好的领导形象是时代发展的需要

作为一名领导者，其事业的成功，受诸多因素影响，但在当今时代，信息技术的发展使得人们日益借助于直观、图式化的方式，去认知和了解政府及领导者。因此，领导者形象越来越成为领导过程中的某种决定性因素。时代的发展，要求领导者必须注意自身的形象。任何不正、不雅、不文明、不健康的形象被曝光，都可能让当事的领导者身败名裂。

对于任何一位领导者来说，树立领导形象首先得“看起来像个领导人”。在调查中发现，民众普遍认为，形象端庄大气，“看起来就像领导的领导者才能是出色的领导者。看起来不像的人一定不是个好领导。”今天几乎所有杰出的政治家们都深刻地认识到这种心理暗示和影响的重要性，都聘有专门的形象顾问、形象设计师以及沟通交流专家、社会心理学家等，为自己提供形象塑造方面的指导。

在1960年美国总统大选中，约翰·肯尼迪和理查德·尼克松在电视屏幕上进行了开创性的辩论。由于肯尼迪在电视上表现出的公共形象，比尼克松胜出一筹而最终当选总统，这使全世界的政治家们深切地认识到公共形象和“媒体表现”的至关重要性。

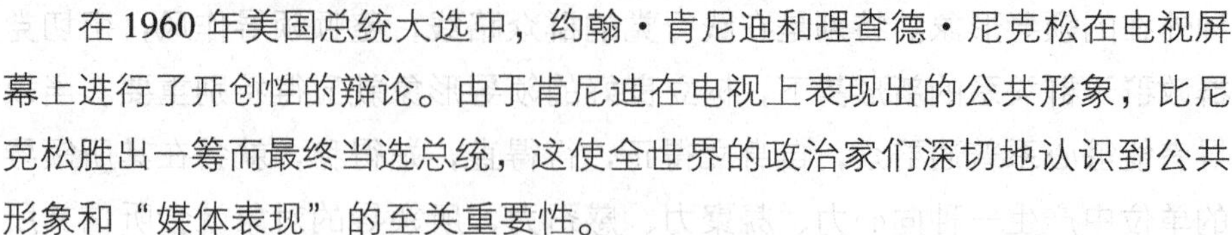

处在信息化时代，现代资讯无孔不入地影响着社会生活各个方面，人们已真正进入传媒主导公共生活的时代。传媒在领导者对社会的影响力上有着某种决定性。媒体决定了一个公共人物的社会宽度。简单化、脸谱化的大众认识方式和生活化、全覆盖的传媒介入方式，使领导者普遍面对着如何“适者生存”、如何适应这个“形象主导”的社会、如何适当进行形象艺术的包装，这样一个共同的问题。树立良好的领导者形象正是适应了这一需要，以领导力的提升、领导生涯的成功为其基本目标。

此外，**领导者的形象不能与时代精神相抵触，不能与所处环境不协调。要与时俱进，顺时发展**。曾经，形象刻板威严，作派架子十足，讲话拿腔拿调，官气盛势凌人，被认为是领导者的应有形象。但在今天，“亲民”“平和”“朴实”“普通人”式的领导形象更符合时代潮流。领导者如果要在形象上站得住，就必须体悟这种变化，多在“亲和力”“平民化”“普通人”这些方面努力下一番工夫。同时，社会心理也影响着大众偏好，大众偏好则决定着领袖塑造的基型。比如当一个民族和社会需要“铁腕”人物力挽狂澜时，“硬汉”形象就会大受欢迎。

当一个社会存在大量革故鼎新的命题时，“改革者”形象就会受到期待和拥戴。因此，领导者的形象也要根据时代的变化及时作出调整，才能跟上时代的步伐，符合大众的要求。

5. 公众期待领导者富有魅力的形象

领导形象，在不同民族、不同国度、不同时代，有着不同的公共期待或者说角色期待。但是其中也存在着超地域政治、超时代年轮特征的共性特质。诸如“亲民”“正直”“诚信”“务实”“廉洁”“效率”等被公众欢迎的领导形象。

今天，社会公众对于领导者形象的“公共期待”，可以主要概括为道德预期、魅力预期和平民预期。

（1）道德预期：具有良好的政治人格

人类经验一再表明，在任何历史时期，无论在公德方面，还是在私德方面，社会公众对领导者群体总是存在着某种“崇高”要求和预期。**对良好政治人格的追求和期待，永远散发着人类灿烂的理性阳光。**

中国古代有所谓“太上有立德，其次有立功，其次有立言”的说法。历史上，政治家良好的人格形象一直是中国政治伦理追求的目标。在西方历史上，苏格拉底、亚里士多德和柏拉图以及后来不同历史时期的思想家们，也都深刻地探讨过政治家的“善德”问题。

人们总是把政党领袖、社会活动家、政治家的个人品质与其公共责任联系起来。一个没有良好政治品质的政治家，被认为是没有正义感、安全感和责任心的政治家，有可能对社会和公共利益造成某种损害。人们期待政党领袖、社会活动家、政治家们具有纯正的品质，甚至成为“道德楷模”。正如霍布斯指出的：“最有资格当将帅、当法官、担任任何其他职务的人，应该是具有能良好地执行这些职务所需的品质的人。”

（2）魅力预期：具有智慧和领袖气质

公众所推崇的领导者往往是具有魅力和领袖气质的人，他们身上有着与众不同的形象特征，**如智慧、领袖魅力、决策力、突出的才干、热情、勇气、正直、自信等**。对于那些被公认为公众领袖的人，如马丁·路德·金、圣雄甘地、纳尔逊·曼德拉等，他们显然具有出色的领导者魅力形象，虽然他们各自表现出全然不同的特点，但均具备一种或多种让人崇拜的特质。

（3）平民预期：具有亲民化的良好形象

社会公众往往希望领导者保持普通人的本色，和民众打成一片，不要变成高高在上脱离公众的权力者。**平民期待的本质，是进入民众的领导人**

而不是站上神坛的统治者。由此，在社会公众中适度公开领导者健康的业余生活、和谐的家庭生活和个人兴趣爱好，会增加民众亲近感，会大大增强社会公众的情感依赖度，有助于提高领导者个人的形象魅力。

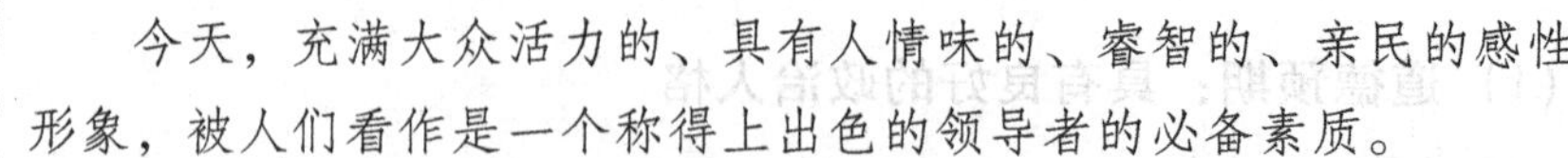

今天，充满大众活力的、具有人情味的、睿智的、亲民的感性形象，被人们看作是一个称得上出色的领导者的必备素质。

二、良好的形象有利于领导者树立权威

领导者的权威或权威效应一部分来自领导者刚性的权力，另一方面来自领导者良好公共形象所生成的感召效应和人们内心的膺服心理。良好的领导者形象会产生强烈的权威效应，构成一种柔性领导力；而不好的领导者形象，由于其人格的负面影响而必然削弱甚至动摇其领导力。

1. 没有良好形象，何来领导权威

领导形象与领导权威相辅相成。没有领导形象，就没有领导权威。什么是权威？权威就是使人信服的力量和威望。失去领导权威，领导者就失去了存在的意义和价值。

权威是人类社会性、社群性的反映，也是维护现代社会秩序的需要。恩格斯在著名的《论权威》一文中，对人类进入工业社会后，随着社会分工的复杂化需求更多的权威这一现象有深刻的阐述。恩格斯指出，在现代工业社会中，很多“问题是靠权威来解决的”“想消灭大工业中的权威，就等于想消灭工业本身，即想消灭蒸汽纺纱机而恢复手纺车”。恩格斯进一步举例说：“能最清楚地说明需要权威，而且是需要最专断的权威的，要算是在汪洋大海上航行的船了。那里，在危险关头，要拯救大家的生命，所有的人就得立即绝对服从一个人的意志。”“这样，我们看到，一方

面是一定的权威，不管它是怎样造成的，另一方面是一定的服从，这两者，不管社会组织怎样，在产品的生产和流通赖以进行的物质条件下，都是我们所必需的。”

权威效应是由对权威的信任引起的现象，又称权威暗示效应，实际上是由极度信任形成的效应。良好的领导形象是制造和强化权威效应的必需条件之一。

良好的个人形象对于领导者的权威效应影响极其巨大，其所产生的民众响应力、动员力和对于社会心理的牵动力是很大的。特别是处于某种特定的危难或历史关头，领袖形象引发的权威效应犹如巨大的光束，可以照亮整个社会舞台。

1941 年 6 月 22 日星期日凌晨 3 点，德国以 162 个师、300 万兵力、3400 辆坦克、7000 多门大炮和数千架飞机分三路突然向苏联发起进攻：南路进攻乌克兰，中路进攻莫斯科，北路进攻列宁格勒。没有进入战备状态的苏军溃不成军，一败涂地。在不到半天时间里，苏军损失了 1200 多架飞机，其中 800 多架是在地面上被击毁的。在后来的 5 个月时间里，苏军节节败退，伤亡极为惨重。1941 年 11 月 7 日这一不寻常的日子，莫斯科飘着鹅毛大雪。此时苏联已处于困难重重的境地，为鼓舞苏联人民的斗志，斯大林以刚毅、镇定的政治形象出现在莫斯科红场的盛大阅兵式上，向他的官兵们发表了激昂的演说。低沉而有力的话语，回荡在莫斯科上空，通过电波传向苏联各地和全世界。讲话的内容其实已不是最重要的了，重要的是领袖刚毅、镇定的形象本身产生的权威效应，领袖亮相本身就是一种力量，一种对局面的掌控，一种全民动员。正是斯大林的这种权威给了苏联民众巨大的精神力量，鼓舞起他们激昂的反法西斯侵略的斗志。

对于领导者来说，**权力不是一切，权力不等于权威**。领导者和领导行为要建立自己的权威，就必须建构良好的公共形象，以真理的力量和人格的力量增强感召力，实现权力的权威效应。

2. 权力和良好形象的结合构成领导权威

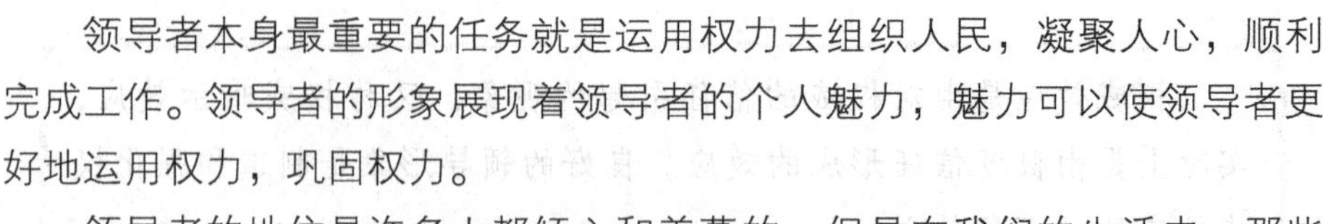

领导者本身最重要的任务就是运用权力去组织人民，凝聚人心，顺利完成工作。领导者的形象展现着领导者的个人魅力，魅力可以使领导者更好地运用权力，巩固权力。

领导者的地位是许多人都倾心和羡慕的，但是在我们的生活中，那些大权在握的领导者，究竟有几个是形象魅力十足、真正令人心悦诚服的呢？所以，一个称职的领导者必须牢记：**不光要善于把握和运用自己的权力，更要善于把握和运用自己的形象魅力，只有将权力和魅力两者有机地结合起来，领导者才能实现对下属的真正领导。**

作为领导者，必须时刻不忘树立自己的形象、建立自己的威信，要做到这些，绝不能处处表现得高高在上，要充分体谅下属，要推心置腹地对待下属，急他们之所急，想他们之所想，理解下属的苦衷，这样方能使下属受到感动。人是具有感情的动物，如果下属对你形成了一定的好感，那么，他就会心甘情愿地接受你的指派，认认真真地完成所交付的工作。

领导者在行使权力时一定要注意方式方法，绝不可鲁莽胡来，这也是塑造领导形象的一个方面。无论是生活还是工作上的事，都要考虑到下属的承受能力。不讲究工作方法的领导者，如果只是靠权势压人，这样做尽管在一定时间内能起到一定的作用，但是时间长了，人们就会从内心深处反感，直至抵触，轻则整个单位的战斗力削弱，重则人心涣散，后果将是不堪设想的。

> 作为领导者，必须时刻注意自己的形象，不断增加自己的魅力，努力在下属和群众之中赢得尊重，取得信赖，树立威信，受到拥护。

3. 良好形象可以强化领导者的表率作用

领导者优雅的风度、脱俗的气质、得体的语言、整洁的衣着、端正的外表、和谐的动作、活泼开朗的性格以及谦逊宽容的态度，都会对下属产生很大的影响，有助于陶冶下属的思想情操，便于与下属友好合作，让下属自觉顺利地完成工作任务。领导者的衣着、表情、举止、姿态等等不仅直接影响到下属的情绪，而且对下属的行为会产生潜移默化的作用。

蒙哥马利元帅以他的“贝雷帽”而著名。他在这种扁软羊毛质料的小帽上缀上他指挥的主要单位的队徽，还随时穿着一件套头衬衫，给人一个随便、舒适的形象，哪怕是在战斗最激烈的时刻，官兵只要见到一位头戴一顶缀满队徽的软帽、穿着一件套头衬衫的人，立刻知道是他们的司令官来了。

巴顿更是注重仪容仪表的领导典范。他头上戴着一顶闪亮的头盔，在腰的两边各挂一把手枪，甚至在战场上还系着领带，他的官兵也是在很远的地方就能认出他来。

艾森豪威尔无论是生活中还是在工作中，总是穿着一件自己设计的短夹克衫，最后整个美国陆军都采用这种夹克衫，而且名字就叫“艾克夹克”，这种夹克成为官兵心目中的形象品牌。

作为一名领导者，假若你想表现出领导者的气质，你就得花费点时间来塑造自己的形象，根据具体情况来决定你的穿着。

领导者要想成为下属心目中的偶像，就不仅要树立良好的形象，还要与下属打成一片。

> 领导者良好的个人形象，对于凝聚组织成员的向心力，顺利开展工作，具有非常重要的作用。领导者要想成为下属心目中的表率，一定不能忽视自己的形象问题。

4. 领导者的良好形象能够获取公众的政治认同

任何一个领导者只有以广泛的社会成员认同为基础，才能获得充沛的生命力并能长期存在下去。社会成员只有在认同的前提下，才能对其所在的组织、社会、国家等表现出最大的热忱和忠诚。

政治认同体现在各个方面。公民在体制方面的认同，有助于政治体系及其制度获得合法性，是国家获得政治稳定的前提。公民在政策方面的认同，可以使行政过程获得更多人的参与和支持，使各种方针政策得到推行、贯彻和落实。公民在政治价值方面的认同，有助于树立起共同目标，激发为共同理想奋斗的热情和信心。

政治认同的重要变量之一，是作为政治灵魂的领导者的政治形象。也就是说，政治认同与对领导者的角色认同紧密相关。

春秋时期著名政治家晏婴（前585年～前500年），是春秋后期齐国的重臣，历仕齐灵公、齐庄公、齐景公三代君王。他是一位有高尚德操和高超政治艺术的杰出政治家和外交家，具有大智大勇、大仁大义的政治家品格，又具有乐观幽默、率直善良的平民风格。

不幸的是，晏婴侍奉的三代君王一个比一个昏聩。为了国家的安危和百姓的福祉，晏婴一生坚持犯颜直谏，从不阿谀逢迎。齐灵公听信谗言，废长立幼，朝中无人敢谏，只有晏婴站出来苦苦规劝。齐灵公不听，终于造成了崔杼与庆封勾结太子光杀死公子牙的悲剧。齐庄公荒淫无道，无人敢谏。晏婴不计个人得失，先是婉谏，婉谏不成又冒死直谏，遭庄公冷遇，愤而辞职。庄公因与崔杼的妻子私通，被崔杼所弑，万人缄口，晏婴冒死奔丧，拒不宣誓效忠崔杼和庆封，险遭杀害。齐景公继位以后依然贪图享乐，横征暴敛，加重民众负担，刑罚严苛，致使"踊贵履贱"。晏婴巧妙地排除梁邱据、艾孔等佞臣的干扰，用直陈、婉谏、反激、冷嘲、隐喻、戏弄，乃至歌舞等手法劝诫齐景公不可用尽民力、伤害百姓，说服齐景公放宽刑罚，减轻赋税，减少徭役，使百姓休养生息，用仁政赢得民心。

晏婴廉洁奉公，勤政爱民，崇尚节俭，身体力行。他身居相位，却乘敝车驽马，居闹市寒舍，衣食俭朴，不尚奢华。齐景公趁晏婴出使国外，为他修建了新宅，但晏婴坚持退还新宅，返回老屋。当齐景公听信谗言，迫使晏婴告老还乡时，北郭骚和陈良不惜杀身成仁，以血肉之躯为晏婴洗冤。晏婴病重时，百姓纷纷拿起武器，前来守卫。晏婴病逝后，京城百姓全体出动为他送葬，哭声震天。晏婴一生清白，临终时留下的只有一封劝诫后人的竹简。从角色认同的视角看，晏婴对自身担当的角色有着十分清醒的认识，他把齐相这一角色，扮演得十分出色。在当时，晏婴获得的角色认同度和民众拥戴度就十分高。千百年来，赞誉之词不绝于史书，可谓千古流芳。

因此，**领导者的公共形象是其政治生涯的最大资本。**

对于领导者来说，社会对于自身的角色认同是至关重要的。它是领导者“个人表演”成功与否的一种社会评价。在领导者所担当的社会角色认同中，其人格形象是关键的因素。

第二章

美化仪容，修饰仪表

——领导者良好仪容仪表形象的设计

良好的外部形象是领导者展示自己修养与文明风度的窗口。领导者良好的外部形象，首先是通过仪容仪表衬托起的角色形象。在当今讲究文明礼仪的时代，整洁的仪容、得体的仪表展现给公众的良好形象，能够使领导者更为公众所接受，更受社会欢迎，从而更有利于领导工作的顺利展开。在领导活动中，领导者总是以一定的仪容面貌和仪表装束出现的，这是影响人们第一印象的主要因素。整洁的仪容、大方的衣着、得体的举止、高雅的气质、良好的精神面貌和真诚动人的谈吐，必定给人们留下深刻的印象，从而建立起信任关系。可见，外部形象在领导工作和个人生活中都起着至关重要的作用，每个领导者都应该树立自己的形象意识，从一点一滴做起，逐步建立自己的良好形象。

一、领导者良好仪容形象的设计

良好的仪容形象可以给人美好的第一印象，这是领导者设计良好的仪容形象的主要原因。

当今，许多受人欢迎的领导者都十分注意自己的仪容形象设计，不仅是在非常重要的场合，而且在平时的工作生活中，他们都十分注重仪容形象，以给公众留下美好的第一印象。

1. 仪容形象的基本规范要求

仪容形象是领导者形象中最基本也是最重要的内容。塑造领导者的形象，首先要设计良好的仪容形象，并且为此进行必要的美化和修饰。

根据领导者的工作性质与特点，同时结合现代礼仪的要求，在仪容形象塑造方面有以下基本要求。

（1）面容应保持整洁

领导工作不同于其他职业，在仪容方面，领导者既要体现庄重的品格，又要体现出应有的风度。尤其是面容要保持整洁，既不能胡子邋遢，也不能过分修饰。

（2）注意保持头发的整洁

头发的造型与清洁代表着个人的修养。领导者的特殊身份和工作要求，促使其必须注意保持头发的整洁。要做到经常理发，过长过短都不适宜，尤其要注意不得染彩发、留怪异的发型。

男性领导者不得留长发、大鬓角、卷发（自然卷除外）、剃光头；女性领导者发辫（盘发）不得过肩。

（3）养成良好的口腔卫生习惯

坚持每天早晚刷牙，饭后漱口，缺损的牙齿应及时镶补。领导者在上班或出席正式场合前，如口中有异味，应设法除掉。领导者不得当众剔牙，若确需剔牙时，应以手或餐巾遮掩。

(4) 保持鼻腔的清洁美观

人的仪容最引人注意的是鼻子。鼻子不洁，鼻毛外露，公众面前挖鼻孔，都是不文明的表现。因此，领导者在洗脸时应彻底清除鼻内污物，定期修剪过长的鼻毛，在他人面前不要用手挖鼻孔，不宜在宾客面前擤鼻涕。

(5) 手指甲要保持整齐、干净

严格来说，**仪容形象不光是指人的面孔，而且还包括从头到脚各种展现在人们视线中的仪态仪表**。手就是人的仪表中最显眼的一个部位。

作为领导者，需要保持手的洁净，指甲就要及时修剪，并经常清洗，做到指甲内无污垢。女性领导者不得涂抹彩色指甲油，不得留长指甲。

2. 仪容修饰需要从“头”做起

头发位于一个人的顶部，最容易引起人们的注目，要做一个仪容形象良好的领导者，发型的设计和修饰显得非常重要。因此，领导者在仪容形象设计方面应该“从头做起”，也就是注重头发的修饰。头发始终应保持干净、整齐、长短适当，发型简单大方。

作为领导者，对头发的修饰要注意以下几个方面。

(1) 头发要干净整齐

头发是人们脸面之中的“脸面”，所以应当自觉地做好日常护理。注重头发的干净整洁，是对领导者最基本的要求。要做到头发干净就要勤洗头，使头发保持清洁卫生的状态。在出席重要的领导活动和公务活动之前，应对自己的头发精心修剪，这样能使人感到自己是“有备而来”，对此次活动非常重视，也能体现出自己对交往对象的友好与尊重。所谓整齐，就是对头发进行梳理，保持一定的发型，不要使头发蓬松凌乱。为了达到整齐，可以使用少量定型、美发、护发用品，但不应涂抹太多的发胶

或摩丝。

（2）发型要简单大方

发型，即头发的整体造型。领导者在理发与修饰头发时，对此都不容回避。选择发型，除个人偏好可适当兼顾外，最重要的是要考虑个人条件和所处场合。领导者的发型应当做到传统、规范、大众，切勿过分新潮、怪异、“个性化”。男性领导者的发型，应当以整齐、简单、少花样的短发型为主。女性领导者的发型，应当在上述总体要求的指导下，根据自己的年龄、性格、工作环境等，具体情况具体对待。年轻一些的女性领导者，以短发最为得体，显得朝气蓬勃、潇洒大方。中年女性领导者，选择的发型可适当地长一些，但也不宜超过肩部。在选择发型的时候，考虑到自己的脸形，让头发凸显脸形的优点。

（3）长度要长短适中

对领导者尤其是男性领导者来讲，头发宜短不宜长。因为长发与领导者的身份、生活、工作环境极不和谐。领导者留短发既使人显得朝气蓬勃，也符合领导者办事认真和精明强干的特点。一般来讲，男性领导者的头发最长也不应当长及领口、两侧掩耳、前过额头。女性领导者的头发最好不要长过肩部，或挡住眼睛。留有长发的女性领导者在庄重的工作场合，应暂时将长发梳成发髻，使自己显得作风严谨、办事认真。

（4）保持自然美

人们在修饰头发时，往往会有意识地运用某些技术手段对其进行美化，这就是所谓的美发。美发不仅要让头发美观大方，而且要自然，不宜雕琢痕迹过重，或是不合时宜。

如果头发有先天缺陷或后天缺陷者，均可选戴假发。选择假发，一是要使用方便，二是要天衣无缝，不可过分俗气。

如果领导者能从以上几个方面对自己的头发进行适当修饰和护理，那么领导者的形象就会给人耳目一新的感觉。

3. 领导者面容的修饰和美化

面容的修饰和美化的主要形式就是化妆。在必要的时候，领导者可以适当地进行化妆。

化妆是一种美化和塑造自己形象的最好方式，是对自己的容貌进行修饰，以达到扬长避短、光彩照人的效果。领导者在日常交往中适当化妆可以显示自爱、自尊和自信的品格。

在领导者的日常生活和工作中，女性化妆较为普遍，男性很少化妆。对女性领导者来说，“浓妆淡抹总相宜”。但对男性来说，最多是使用一些护肤用品，只有一些很特殊的行业要求男性化妆。对领导者尤其是女性领导者而言，化妆是美化和塑造自己形象的重要手段之一。化妆不仅是为了塑造鲜明的个人形象，同时也体现了日常交往中对别人的尊重和敬意。

下面着重介绍一下女性领导者的面部化妆，主要应注意如下几点。

（1）扬长避短，化妆要适合自己

人的面容都不是十全十美的，都有这样或那样的不尽如人意的地方，化妆本意是为了让人更美更有活力，所以在化妆时要遵循扬长避短的原则，找出面部最富魅力的部位，着重加以美化，而对有缺陷的地方，则加以掩盖或削弱，这样才能起到化妆的最佳效果。

（2）化妆的浓淡要视时间、场合而定

成功的化妆应不露痕迹。要画出这样的妆容，打好粉底就非常重要。

比起粉底霜，固体粉饼效果更好。应选择颗粒细小、容易上妆的粉饼，均匀地涂在自己的脸部。涂口红时，应先用化妆纸吸去唇部的粉霜，涂完口红后再用化妆纸按一按，以使唇部清爽、自然。

化妆的浓淡并不是随意的，而是要根据不同的时间和场合来选择。作为领导者，如无特殊需要，均应采用淡妆。

白天与晚上、一般场合和特殊场合、不同季节的化妆要区别对待，不要一概而论。

女性领导者在上班前，可细致地把绿色等冷色眼影涂在眼睑上，使眼

脸稍有明亮感。画眼线时，可采用同色系的眼线笔，重点描画上眼梢，轻描下眼梢，使眼部显现出自然的层次感。

经过一天的风尘，下班时可能眼妆已经风光不在，这时如果还要参加应酬，最好先用卸妆液卸掉残妆，用化妆纸拭擦干净，然后重新画出跟早晨一样漂亮的眼部妆。

应酬中若有某些娱乐活动，妆容的要诀是，基础化妆用无色粉底，会自然无痕迹；使用光润的红色唇膏，会靓丽而动人；在室外运动时，用有透明感的唇膏，则清澈有活力。

(3) 不同年龄采用不同的化妆技巧

化妆的目的是使容貌更美，而容貌美中最珍贵的是“自然青春美”。要延长青春容貌的保持时间，平时应在注意保持肌肤清洁的基础上，多采用护肤用品，使皮肤免受烈日、暴风、有害气体等各种不良因素的刺激。在参加正式的会议或宴会、晚会时，年轻女领导者应化淡妆。年龄较大的女领导者，则应该比较重视自己的化妆技巧：在平时则均应以化淡妆为宜；在参加正式会议或宴会、舞会等社交活动时，则应根据不同的时间和场合，化不同的妆，以示自己对参加活动的重视。

(4) 选择合适的化妆品

化妆品的种类很多，并不一定适用于每一个人，而且有些化妆品质量低劣，会对皮肤造成损害，所以，女领导者在选择化妆品时，要根据自己皮肤的类型选择质地细腻、颜色适中的品种。

二、领导者良好仪表形象的设计

在领导活动中，仪表着装不仅反映着领导者的个性、文化素养和审美品位，同时还代表着所在政府机构和组织单位的形象，尤其是在一些重大场合下，还代表着国家政府的形象。因此，领导者的仪表形象特别是着装应当体现出相应的威信与尊严。每一位领导者都必须学习、掌握一定的仪表形象设计的要求和着装礼仪常识，除了符合一般礼仪外，还要根据工作的特殊要求，做到规范。

1. 应时与应制：领导仪表形象的基本规范

塑造领导者良好的仪表形象，首先要在着装上应时应制，这是领导者在着装方面的基本规范要求。

(1) 应时：领导者着装“三同步”原则

领导者的着装首先必须应时。所谓应时，不是指追求时髦，走在时装发展潮流的前沿，而是要求领导者的**着装必须与穿着的具体时间相吻合，并体现出一定的时代特征**。

应时原则通常包含如下三层含义。

一是要与时代变化同步。领导者的着装不应与时代脱节。不同的时代有着不同的着装习俗与特征，随着时代的发展，服装也在不断地更新换代、发展变化。当今的时代有自己的时代特征，反映在着装上便会有特定的时代要求。处于当今时代的领导者，自然应顺应时代发展的要求，在着装上体现时代的影子。

> 作为领导者，其着装固然要遵循“朴素大方”的原则，从而给人以稳重可靠、沉着踏实的印象，但这并不意味着要落伍于时代，走向另一个极端，否则便会有因循守旧、冥顽不化之嫌。

二是要与四季变化同步。服装的基本功能之一在于消暑御寒。因此在着装的选择上，任何人都必须随着四季的变换和气候的变化作出适当的改变，使着装冬暖、夏凉、春秋适宜。

在当今社会，随着改革开放的深入，人们的着装观念已经发生了很大变化。许多人在着装的选择上已不再受季节时令和天气冷热的限制，冬天里穿着短裤短裙的现象比比皆是。一般而言，人们应当尊重他人的着装选择，把着装看成是个人的私事而宽容对待。但对于领导者而言，却不可如此标新立异。领导者作为本地区、本组织和国家形象的代表，应务必使自己的着装自然而合乎常理，不宜打破常规。

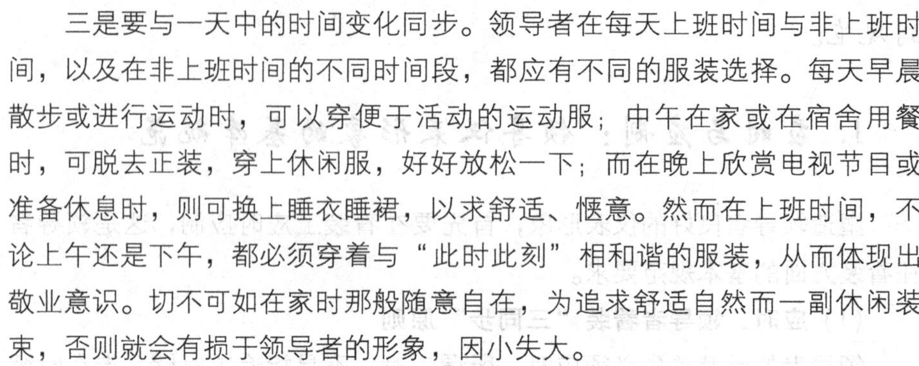

三是要与一天中的时间变化同步。领导者在每天上班时间与非上班时间，以及在非上班时间的不同时间段，都应有不同的服装选择。每天早晨散步或进行运动时，可以穿便于活动的运动服；中午在家或在宿舍用餐时，可脱去正装，穿上休闲服，好好放松一下；而在晚上欣赏电视节目或准备休息时，则可换上睡衣睡裙，以求舒适、惬意。然而在上班时间，不论上午还是下午，都必须穿着与“此时此刻”相和谐的服装，从而体现出敬业意识。切不可如在家时那般随意自在，为追求舒适自然而一副休闲装束，否则就会有损于领导者的形象，因小失大。

(2) 应制：领导者着装的“三化”原则

领导者着装必须应制。所谓应制，即要求**着装符合服装的自身规律，做到制度化、系列化、标准化**。着装是否应制，往往是着装者自身修养高低最真切的反映，也是影响他人对着装者印象的重要因素。

一是制度化。所谓制度化，即对于领导者的着装，尤其是其代表政府机关执行公务时的着装，应有制度上的规定，领导者必须对此严格遵守。有统一制服的部门人员，应在执行公务时身着制服；没有统一制服的部门人员，则应在执行公务时穿适宜的服装，不可穿有损部门形象的服装，如牛仔装、运动服、汗衫、短裤等。

二是系列化。所谓系列化，即要求在着装时树立全局思想，使衣、裤、鞋、袜、帽、包等相互协调、相互呼应。将单个美的东西杂乱无章地堆砌在一起，绝无美感可言。只有在一个“主题思想”支配下使各部分协调地组织在一起，才有整体的美的效应。

必须掌握一些基本的“系列化”着装常识，切不可“乱点鸳鸯”。例如，穿深色西服时应穿深色袜子和皮鞋，不宜穿白袜或布鞋、旅游鞋；腰带、鞋子与皮包的颜色应当一致或相近；穿旗袍时应穿肉色长统或连裤式丝袜，而不宜光腿或穿彩色丝袜、短袜等。

三是标准化。所谓标准化，是指着装时应遵循各类服装的穿着标准与方法，切勿自我发明、自成一派。在穿制服时，不允许敞怀；穿双排扣西服时，必须扣上全部衣扣，不许穿西服背心；穿单排三粒扣西服时，仅扣上中间一粒或中上两粒扣子；穿单排两粒扣西服时，只扣上上一粒扣子；

穿西服套装时宜穿白色衬衫，并打上领带，领带打好后的标准长度，是其下端恰好抵达皮带扣。

领导者着装礼仪的上述原则，是相互呼应、共同发挥作用的。应当对此全面理解和掌握，不要有所偏废。

2. 领导者着装要与场合相一致

领导者的着装还必须与场合保持一致。所谓适应场合，是要求领导者在着装时优先考虑到自己即将出现的主要活动的地点。要尽量使自己的形象与自己所处的环境保持和谐一致，绝不可以我行我素、自以为是，使自己的形象同自己所处的环境格格不入，或反差过大。不论什么人，只要到达一定的地点，就是进入了特定的环境，就成了特定环境的组成部分。在这时，领导者所做的一切都必须主动、自觉地与自己所处的特定环境保持一致。反之，就会产生反作用，既破坏了环境美，也有损于自身形象。

领导者如果能够根据其出席的各种场合而进行着装，那么往往会收到预想不到的效果。

（1）办公场合的着装

办公场合指的是一般情况下上班的单位，或是外出处理一般类型公务的场所。在这种场合里面，**领导者的形象应当合乎本单位、本部门的规定，在总体上做到正规、干净、整洁、文明。**

人们在工作之余，身穿一套牛仔服、足蹬一双旅游鞋前去风景区观光游览；或是头扎发带、身着洁白短小的网球裙，在网球场上奋力挥拍击球，这都同环境非常协调一致，让人无可挑剔。然而，穿牛仔服或网球裙去单位上班，尤其是代表单位外出执行公务，则绝对是不合适的。这只会给人以一种不务正业、吊儿郎当的印象。同样的道理，女性领导者如将一时流行的窄框金丝太阳镜、阔边扎花浪漫草帽、吊带纱裙、摩登的小背包、透明的无跟塑胶拖鞋全都披挂在身，就这样一身打扮走进自己的办公室，那么即使她这身打扮的确美不胜收，恐怕也无人恭维。

（2）**庄重场合的着装**

庄重场合主要是指领导者日常参加会议、庆典仪式、商务谈判、外事等庄严、隆重的活动场合。领导者在办理此类公事时，**无论是着装上还是神情上都应该表现出庄重、高雅、严肃，千万不能给人一种敷衍塞责、应付了事的感觉**。此外，还须遵守有关这类活动在着装方面的具体要求。领导者在执行公务时，穿制服、西服、西服套裙，显得正规而庄重，能令人肃然起敬。

参加各种会议是领导者展示自己才能的机会。在各种会议上不要穿看上去夸张的服装和令人分心的装束。选穿一套能使自己看上去健康并且具有活力的深色服装，在扣完衣服纽扣后审视一下自己的衣服是否合身。在参加大型会议时，装束要比平时更正式。

（4）**喜庆场合的着装**

喜庆场合通常是指领导者参加一些比较喜庆的活动，比如欢度节日或纪念日，与一些亲朋好友相聚，参加单位的联欢会、舞会或游园会，参加同事、朋友、晚辈的婚礼、生日庆祝活动等。这些活动大都充满了热烈、喜悦、欢快的气氛，因此领导者的形象设计相对而言，要时尚、潇洒、鲜艳、明快一些。在穿着打扮上，不一定非要西装革履，色彩上鲜艳一些也无妨，当然，在这方面要做得自然，不要脱离下属、群众，否则会给人一种格格不入的感觉。

（5）**悲伤场合的着装**

领导者免不了要参加一些追悼会，出席葬礼、祭扫陵墓以及慰问逝者家属一类的活动，这些场合都会令人心情沉重，悲伤不已。因此，领导者在形象设计上务必要素雅、肃穆、严整。比如，在参加追悼会或是向先烈的纪念碑敬献花圈时，如果穿得花里胡哨、华丽时髦，显然是非常不得体的，也是对逝者或先烈的不恭不敬。在这些场合，**最好穿深色的服装，表情肃穆但不呆板，语言上也要缓慢而低沉，给人一种稳重、亲切的感觉。**

如果一名领导者能够根据以上场合，比较适宜地打扮自己，修饰自己，那么，这样的领导者是会大受欢迎的。要指出的是，**领导者的仪表形**

象塑造对着装的规范，是因人、因时、因地置宜的。

> 特定的环境往往要求特定的着装，而特定的着装往往只适用于特定的环境。在非公务场合，领导者完全可以与普通人一样，自由自在地选择合适服装，而不必以正装示人。

3. 领导者穿着西装的形象要求

西装是人们生活中普遍穿着的服装。领导者在休闲或公务活动中如果穿着西装，应符合相关的礼仪规范，要有一定的讲究。如果穿西装时过于随意，不但会影响社交形象，还会贻笑大方，有损领导者的自我形象。

根据西装礼仪的基本要求，领导者在休闲期间穿西装时，应当注意以下六个方面的问题。

（1）拆除衣袖上的商标

在西装上衣左边袖子上的袖口处，通常会缝有一块商标。有时，那里还同时缝有一块纯羊毛标志。在正式穿西装之前，一定将它们先行拆除。

（2）熨烫平整

欲使一套西装穿在自己身上看上去美观大方，就要使其显得平整而挺括，线条笔直。要做到这一点，除了要定期对西装进行干洗外，还要在每次正式穿着前，对其进行认真地熨烫。

（3）系好纽扣

穿西装时，上衣、背心与裤子的纽扣都有一定的系法。在三者之中，又以上衣纽扣的系法讲究最多。一般而言，站立之时，特别是在众人之前起身站立时，西装上衣的纽扣应当系上，以示郑重。就座之后，西装上衣的纽扣则要解开，以防其走样。唯独在内穿背心或羊毛衫、外穿单排扣上衣时，才允许站立之际不系上衣的纽扣。

通常，系单排两粒扣式的西装上衣的纽扣时，讲究“扣上不扣下”，即只系上边那粒纽扣。系单排三粒扣式的西装上衣的纽扣时，正确的做法

有二：要么只系中间那粒纽扣，要么系上面那两粒纽扣。而系双排扣的西装上衣的纽扣时，则要求纽扣一律都要系上。

穿西装背心，不论是将其单独穿着，还是穿着它同西装上衣配套，都要认真地系上纽扣。在一般情况下，西装背心只能与单排扣西装上衣配套。它的纽扣数目有多有少，但一般分作单排扣式与双排扣式两种。根据西装的着装惯例，单排扣式西装背心的最下面的那粒纽扣应当不系，而双排式西装背心的全部纽扣则必须全部系上。

目前，在西裤的裤门上“把关”的，有的是纽扣，有的则是拉锁。一般认为，前者较为正统，后者则使用起来更加方便。不管穿以何种方式“关门”的西裤，都要时刻提醒自己，将纽扣全部系上，或是将拉锁认真拉好。西裤上的挂钩，亦应挂好。

（4）不挽不卷

穿西装时，一定要注意保护其原状。在公共场所里，无论如何，都不可以将西装上衣的衣袖挽上去。否则，极易给人以粗俗之感。在一般情况下，随意卷起西裤的裤管，也是一种不符合礼仪的表现。

（5）慎穿毛衫

要打算将一套西装穿得有“型”有“味”，那么除了衬衫与背心之外，最好就不要再穿其他任何衣物。冬季时，只宜暂作变通，穿上一件薄型“V”领的单色羊毛衫或羊绒衫。这样既不会显得过于花哨，也不会妨碍自己打领带。不要去穿色彩、图案十分繁杂的羊毛衫或羊绒衫，也不要穿扣式的开领羊毛衫或羊绒衫，否则会使西装鼓胀不堪，变形走样。

> 西装的标准穿法是衬衫之内不穿棉纺或毛织的背心、内衣。至于不穿衬衫而以T恤衫直接与西装配套的穿法，则更不符合规范。

（6）口袋少装东西

为保证西装在外观上不走样，就应当在西装的口袋里少装东西，或者不装东西。上衣、背心和裤子也应如此。具体而言，西装上不同的口袋发挥着各不相同的作用。在西装上衣上，左侧的外胸袋除可以插入一块用以装饰的真丝手帕外，不准再放其他任何东西，尤其不应当别钢笔、挂眼镜。内侧的胸袋，可用来别钢笔、放钱夹或名片夹，但不要放过大过厚的东西或无用之物。外侧下方的两只口袋，原则上以不放任何东西为佳。

在西装背心上，口袋多具装饰功能。除可以放置怀表外，不宜再放别的东西。

在西装的裤子上，两只侧面的口袋只能放纸巾、钥匙包或者零钱包。其后侧的两只口袋，则大都不放任何东西。

4. 领导者着装的若干禁忌

作为领导者，在日常工作中，讲究仪表形象特别重要的一点，是要规范自己的服饰。因为，穿着打扮代表着领导者的教养阅历和社会地位。所以对领导者着装最基本的要求，即是庄重、保守、典雅。而要正确着装，领导者必须了解着装的禁忌，并自觉地避免犯忌，这样，才不至于使自己出现着装上的不雅，影响自己的形象。一般来说，领导者的着装应注意以下禁忌。

（1）忌脏

脏，就是懒于换洗衣服，使自己的衣服皱皱巴巴，满是油污、汗迹、汤渍，甚至令人看不出衣服本来的颜色，或是其异味令人掩鼻。整天穿着脏兮兮的衣服上班的人，多会给人一蹶不振的感觉，而且还会让人怀疑其心灰意冷，对生活丧失了信心。务必要牢记，工作再忙，身体再累，都不能成为自己整天穿着脏衣服来办公上班的理由。作为有志于为人民服务者，“一屋不扫，何以扫天下”呢？

（2）忌乱

乱，就是穿着衣服不合规范。它不仅是指把适合于在办公时穿着的服装穿得不像样子，如上衣不是穿在身上而是披在身上，裤管与袖口非要卷得高高的不可；或是把本不协调的服装强行搭配在一起，如以西服上衣配牛仔裤、健美裤，穿西服套装时配布鞋、凉鞋、旅游鞋等；更指的是领导者办公时穿着不宜的服装进办公室。

（3）忌破

破，是指服装破损。我国领导者历来提倡艰苦奋斗，勤俭节约，但是这不意味着可以听任领导者在办公时所穿的服装残破不堪。纵使因为不慎，而使自己的办公服装“挂花”，也要尽快采取补救措施，如更换、缝补等，而不宜令其为外人所见。要是领导者办公时所穿的服装这儿撕开一个口子，那里烧了一个窟窿，甚至连纽扣也不齐全，是难以使人信服其工作认真、严谨的。

（4）忌露

露，就是过多暴露了本应“秘不外宣”的躯体，从而给人以不良印象。在办公时，领导者应当忠于职守，勤于政务，而不宜穿着过分地暴露自己躯体的奇装异服。在一些比较正式的场合，通常不宜身穿露胸、露肩、露背、露腰以及暴露大腿的服装。赤脚不穿袜子，也不够正式。

（5）忌透

透，就是外穿的衣服过于单薄透明，致使内衣若隐若现。在国家行政机关里，是拒绝“流行季风”，不准有意穿“透视服”的。在办公时穿“透视服”，不但会使自己的敬业精神遭到怀疑，而且还会让他人难以面对自己。弄得不好，还会给人以轻浮的感觉。应当说明，有的人在办公时的着装，未必是有意要让人“透视”自己，这主要是由于这些人缺乏基本的着装常识。例如，穿衬衫时，不知道应使内衣与衬衫在色彩上相近、相似；穿面料较为单薄的裙子时，不知道该穿衬裙等。

（6）忌短

短，在这里是指着装过于短小，将不应显露在外的肌体暴露了出来。根据礼仪规范，一般来说，领导者在办公时，背心、马夹、短裤和“露脐服”都是不适宜穿着的。女性领导者在比较重要的活动中，还须注意忌穿超短裙。穿着超短裙行动多有不便，而且还有失庄重。同时应当指出，领导者在办公时的着装应当大小、长短合身。切不可使之过于短小，不甚合身甚至捉襟见肘，显得自己浑身上下小家子气。

（7）忌紧

紧，主要是指在购买或缝制服装时，有意识地使之紧紧地包裹着自己的身体，使自己身体的线条过度地展示于他人的视野之中，既不雅观，又不文明，因而这种服装是不允许领导者在办公时穿着的。女性领导者尤其要注意，不要在办公时穿高弹的“紧身服”等。

（8）忌艳

艳，就是指领导者的着装色彩过多，过于鲜艳，图案过分复杂。在办理或执行公务时，领导者的着装应当体现出庄重保守的风格，而不应当打扮得花枝招展。因此，过多色彩、过分鲜艳、图案过分复杂的服装最好不要穿。可能的话，应当另选择深色无图案的套装，并且使全身服装的色彩不超过三种。

（9）忌异

异，就是指着装过分怪异奇特。就目前而论，着装过异主要可分为三种。其一，是款式过异，如“乞丐装”就是一例。其二，是搭配过异，即不按常规进行搭配。比如把长衫穿在里面，而将短衫穿在外面。其三，是穿法过异，即不依照正常的方法穿着使用服饰。例如，把衬衫围在腰上，把太阳镜支在头顶。

在着装打扮方面，领导者亦须做到端庄、简约，符合身份。对于着装过异的做法，领导者是切不可赶时髦、一味跟进的。

第三章

文明举止，展示风度

——领导者行为举止与风度形象的设计

领导者的形象，往往是在领导活动中或在执行公务时，通过行为举止展示于大庭广众。因此要塑造良好的领导形象，就要做到举止得体、适度，并保持一定的风度。举止得体，是要求领导者的举止动作都要合乎体统，符合身份，适应场合，并且能够恰如其分地借以传达出个人意愿。举止适度，是要求领导者的一切举止动作，都要尽可能地符合礼仪规范标准，使之适时、适事、适宜。超过了合“礼”的标准，或是达不到合“礼”的标准，同样都是失礼于人。保持风度，则是要求领导者的一切举止动作，应做得优美、潇洒、帅气。对任何一位有文化、有教养的领导者来说，潇洒的风度是塑造良好形象的关键因素。

一、领导者行为举止形象的设计

行为举止，是指人们的仪姿、仪态、神色、表情和动作。领导者的行为举止，可以小见大地体现着个人的思想和感情，可以见微知著地体现个人的喜、怒、哀、乐等心理变化和活动。因此，举止行为的好坏、美丑，对一个领导者的内在素养和心理状况有着一定的透视性。从某种意义上讲，领导者的行为举止也是一种无声的语言，但有时比有声的言语更富表现力。所以，领导者在塑造领导形象时应特别加以注意。

1. 领导者举止行为的礼仪规范

举止行为是人内心活动的一面镜子。从人们在日常生活中的所作所为，就可以推知其有无教养。同一个人在不同场合会有不同的身体姿势，或静或动，或快或慢；同一种姿势在不同的时间、不同的人面前也会有极其细小微妙的差别。这种种变化都代表着寓意各异的信号，向人们传递着不同的信息。然而，行为举止的变化，最终还是由人的心态变化所引起的，任何一种举止行为都毫无掩饰地反映了一个人当时的某种心理状态和内在素养。**我们对一个领导者的形象评价，往往就来源于对他一言一行、一举一动的观察和概括。**

> 作为领导者，在塑造自我形象中，在举止行为方面所努力追求的，是要使自己在领导工作中，特别是与人交往中做到行为得体、举止适度、保持良好的风度。这是在礼仪上对于领导者所提出的总的要求。

具体来说，对于领导者的礼仪要求，主要体现在下列八个方面。

（1）领导者的举止要规范

领导者的举止动作必须有规则。这是要求领导者在这方面必须严格地依照社会上约定俗成的习惯做法“照章办事”，尽力使自己的所作所为合乎规矩，有例可依，而不允许另搞一套。

领导者在执行公务时，代表着国家，代表着政府，因此举止动作不仅要器宇轩昂，庄严大度，气量宽宏，使人肃然起敬，而且还要表现得有规可循，合乎礼仪，让人觉得和蔼可亲。要做到这一点，领导者的举止动作必须合乎规则。

比如，接待来访者时，一般情况下，在对方提出意见或建议的过程中，领导者应当以自己的举止动作对其表示鼓励。合乎规则的做法，应当是双眼注视对方，聚精会神，并且不时地点头对其观点表示肯定。此刻，领导者如果举目四顾，心不在焉，或者频频摇头，那么给对方的感觉大概只能是极不耐心或者心怀不满。

（2）领导者的举止要自然

领导者的举止动作必须自然。这是要求领导者在遵守有关规则的基础上，一切都要从实际出发，不要过分地墨守成规，尤其是不要使自己的举止动作明显令人感到呆板、局促、勉强，或戏剧化、脸谱化。

大家都知道，我们的党与人民群众是一种鱼水的关系，因此当领导者与自己的立足之本——人民群众——进行接触时，应当面含微笑，显得亲切而热情。但是领导者此刻的笑容应当发自内心，非常自然。要是勉为其难，强作欢颜，满脸堆笑，反而会给人虚情假意之感。

领导者的举止动作必须自然，在实践中重点是要解决好两个方面的问题。一方面，是不可虚张声势，有意抬出一副“官架子”唬人。另一方面，是不可以“游戏人生”，使自己的举止动作在平凡的日常生活中显得戏剧化、脸谱化。

（3）领导者的举止要文明

领导者的举止动作必须文明。这是要求领导者的一切举止动作都要讲究礼貌，并且有意识地借此去展现领导者的文化修养和道德水准。

人们对别人文化修养与道德水准的判定，通常都是要“观其行”的，即通过观察一个人的举止动作、所作所为来得出结论。所以，领导者对于在他人心目中真实地展现着自己的“道德文章”的举止动作，是一点都不能放任自流、肆无忌惮的。

(4) 领导者的举止要稳重

领导者的举止动作必须稳重。这是要求领导者的举止动作应当显得沉着稳健，泰然自若，切不可毛手毛脚，风风火火，让人觉得领导者为人处事不够沉稳熟练，难负重任。

总的来讲，举止动作稳稳当当，令他人产生稳重之感，是领导者的本职工作使然。作为一名日理万机、忙不胜忙的领导者，在办理公务时，必须表现得有条不紊，稳妥可靠，精明强干，才会让人民群众信任自己，使交往对象钦佩自己。要做到这一点，使自己的举止动作四平八稳，真正地做到稳重，是极为必要的。

(5) 领导者的举止要美观

领导者的举止动作必须美观。这是要求领导者应当努力使自己的举止动作看起来好看，而且具有美感。爱美是人类的天性，因此在力所能及的情况下，领导者应当有意识地使自己的举止动作显得美观好看一些。在我国古代，关于人们的举止动作，就有“坐如钟，立如松，行如风”“头容正，肩容平，胸容宽，背容直”“颜色宜和、宜静、宜庄”等一系列的具体要求。其出发点，就是使举止动作、神色表情皆具有美感。

(6) 领导者的举止要大方

领导者的举止动作必须大方。这是要求领导者的举止动作要洒脱、大气，不要小里小气，显得拘束，给人以不够开放、眼界不高、没见过世面的感觉。

例如，当领导者与他人相处时，不论对方是生人或熟人、同性或异性、长辈或晚辈、上司或部下，为了表示重视对方，非常有必要不时地用自己的双眼注视一下对方的双眼。

在举止动作上表现得落落大方，是内心充实、视野开阔的传神写照，它能够自然而然地表现出领导者的丰富阅历以及自信心，有助于使自己获得他人的由衷的尊敬。

（7）领导者的举止要优雅

领导者的举止动作必须优雅。这是要求领导者的举止动作应当高尚、脱俗，既雅观、雅致，又在品位上不同凡响。

要求领导者举止优雅，不是要使领导者刻意地标新立异、脱离群众，而是要更好地向人们展示领导者在整体上的良好教养、脱俗的品位和高尚的精神境界。它同规则、自然、大方等其他各项要求，是殊途同归、并行不悖的。

欲求举止优雅，领导者除了要悉心研习技巧外，还须加强修养，在内心进行自我完善，这样才能够在无形之中展现自己不凡的气质与高尚的情操。

（8）领导者的举止要敬人

领导者的举止动作必须敬人。这是指领导者的举止动作并非单方面的行为，除了上述七点之外，它还与领导者对待他人的看法与态度有关。通过观察领导者的举止动作，大体上就能够了解其对交往对象敬重与否。

例如，椅背是用以休息的，故与他人交谈时，领导者轻易不可将自己的头部仰靠在椅背上。

在他人面前就座时，不宜架起“二郎腿”，更不能将脚尖抬起，直指他人，并反复地抖动、乱晃不止，因为这种做法是非常不雅的。

在会晤或洽谈中，不管情绪有何变化，领导者都不宜盯视或斜视自己的交谈对象，不宜用自己右手的食指反复指向对方的身体，否则就有可能被对方理解为侮辱或挑衅。特别要记住：千万别在谈话时“指点”别人的脸面。

2. 领导者挺拔的站姿要求

领导者挺拔的形象，洒脱的风度，优雅的举止，常常被人们称赞，最能给人们留下深刻的印象。

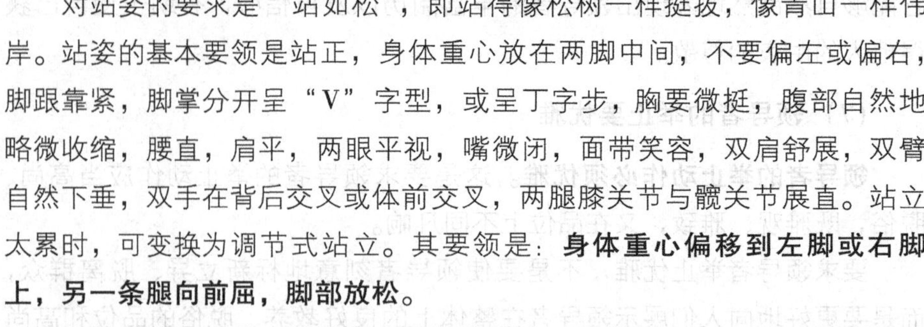

对站姿的要求是“站如松”，即站得像松树一样挺拔，像青山一样伟岸。站姿的基本要领是站正，身体重心放在两脚中间，不要偏左或偏右，脚跟靠紧，脚掌分开呈“V”字型，或呈丁字步，胸要微挺，腹部自然地略微收缩，腰直，肩平，两眼平视，嘴微闭，面带笑容，双肩舒展，双臂自然下垂，双手在背后交叉或体前交叉，两腿膝关节与髋关节展直。站立太累时，可变换为调节式站立。其要领是：**身体重心偏移到左脚或右脚上，另一条腿向前屈，脚部放松。**

优美的站立姿势，关键在于脊背的挺直。挺拔、立腰、向上是训练站姿的最基本要领。

（1）挺拔

站立时要让身体主要部位尽量舒展，做到头不东歪西倒，脖不前伸，颈部直起，背不驼，胸不窝，肩不耸，腰部挺直、不松，膝不打弯。这样就会给人以肢体挺拔、精力充沛之感。

（2）立腰

端正的脊柱是构成人体线条美的根本。脊柱本身并不是笔直的，从身体正面或背面看，脊柱是垂直的；从身体侧面看脊柱是弯曲的，有一条正常的弧线；颈椎与腰椎向前弯曲，胸椎与骶椎向后弯曲。站立时，下颌微收，胸挺起，腰部立直，臀部肌肉以及腿部肌肉保持适度紧张状态，就能使人体脊柱的正常生理弯曲孤线保持正常和适度，即达到给人以端正直立的形象。

（3）向上

站立时，要收臀，用力收缩臀部两侧肌肉和股肌，使之向大腿内侧包紧，并适度提髋向上。此时双腿直立，脚掌要用力下压，上下抵住帮助夹紧臀肌，可使躯干保持直立最佳状态。站立时，要收腹，在臀部收紧时，腰背肥肉会收缩向前，出现挺腹。这时小腹要向后收紧，把气向上提到胃的高度（用腹式呼吸）。但不要提得过高，过高就会出现挺胸和身体僵硬状态。要使臀肌向前收缩和腹肌向后收缩的两种力量，相互抵住向上拔高。这样停住片刻，感觉一下掌握正确站立时肌肉工作的力量，然后再全身放松。

> 站立时，头要正直，有悬顶感，好像头顶被一根绳索悬吊着似的。身体重心向上的人，给人以精神振奋之感；重心偏低的人，常给人一种衰老和懒散之感。

因此，领导者应该按以上顺序反复练习多次，以便掌握了解正确的站姿。

3. 领导者文雅的坐姿要求

良好的坐姿不仅给人以沉着、稳重、冷静的感觉，而且也是展现自身气质和风度的重要形式。

在比较严肃的场合，应当注意要采取正规坐姿，通常是身体挺直、双脚并拢或略为分开，手自然放在膝盖或椅子扶手上；在比较随意的场合下，坐姿也可以随便一些，如腿可以交叉叠放，手的位置也可以随意一些，上身可保持正直或稍微前倾，双脚不宜过于前伸。在无桌子或其他物体支撑的情况下，常可以肘撑膝，手托下巴，但要注意身体不要逐渐放松下落；若坐在有靠背的椅子上，则应该坐在椅座中后部，腰背要自然地靠在椅背上。

（1）注意坐姿的性别要求

男性领导者双膝并拢或微微分开，并视情况向一侧倾斜，两脚自然着地。在社交场合，不论坐椅子或沙发，最好不要坐满，要正襟危坐，以表示对对方的恭敬和尊重，双目正视对方，面带微笑。

女性领导者的坐姿应温文尔雅，自然轻松，其基本要求是，**腰背挺直，手臂放松，双腿并拢，目视于人**。如穿裙子入座时，可将裙子拢一下，以免裙底“走光”。与人谈话时通常可以把双手轻搭在沙发扶手上，但不可手心朝上；也可以双手相交，放在腿上，但不要相交超过手腕二寸。还可以将左手掌搭在腿上，右手掌再搭在左手背上。这种坐姿显得比较娴雅。坐在客人面前，谈吐之间不要手脚乱动，更忌手舞足蹈。除了特别亲昵的客人，一般不要半躺在沙发上，因为这样很不文雅。

> 良好的落座动作应是，款款走到座位前，背向椅子，左脚向后撤，使腿肚贴到椅子边，轻稳坐下。坐姿的基本要求是端庄、大方、自然、舒适，上体正直，两肩齐平，双手自然搭放。

女性领导者入座后，腿位与脚位的放置有所讲究，以下三种坐姿可供参考。

①双腿垂直式。小腿垂直于地面，左脚跟靠定于右脚内侧的中部，双脚之间形成45度左右的夹角，但双脚的脚跟和双膝都应并拢在一起。这种坐姿能给人以诚恳的印象。

②双腿斜放式。双腿并拢后，双脚同时向右侧或左侧斜放，并与地面形成45度左右的夹角，适用于较低的座椅。

③双腿叠放式。双膝并拢，小腿前后交叉叠放在一起，自上而下不分开，脚尖不宜跷起。双脚的置放视座椅高矮而定，可以垂放，亦可与地面呈45度角斜放。采用此种坐姿，切忌双手抱膝，穿短裙者慎用。

坐姿最忌讳的是弓腰曲背，两腿摇抖。尤其是女性领导者切忌双腿分开和高跷“二郎腿”；穿裙子时切忌衬裙露出，以侧坐为美。

（2）注意纠正不规范、不礼貌的坐姿

领导者在公务活动或人际交往中，通常以下坐姿是不规范、不礼貌的，要注意避免。

①骑跨椅子的坐姿。据观察，骑跨椅子的人通常在人际交往中显示的心态是在面临语言威胁时所做出的防卫行为或为显示自己压制别人谈话而做出的姿态，而这种坐姿经常给人一种放肆或处于主导地位的印象，因而是一种十分消极的人体语言信号。

②上身不直、左右摇晃或猛起猛坐，弄得桌椅乱响，往往显得修养不够。

③“4”字型叠腿，并用双手扣腿，不断地晃动脚尖，常常显示出的是过于傲慢、目中无人。

④双腿分得太开，并且伸得太远也是不雅观的坐相。

4. 领导者从容的走姿要求

人们走路的样子千姿百态，各不相同，给人的感觉也有很大的差别。领导者的走姿有的步伐矫健、端正、自然、大方，给人以沉着、勇敢、无畏的印象；有的步伐轻盈、敏捷，给人以轻巧、欢悦、柔和之感。但也有一些人由于不重视步态美，行走时或摇头耸肩、左右摇动，或弯腰弓背、步履蹒跚等，这是需要注意纠正的。

(1) 走姿的步态

走姿的基本要求应是从容、平稳、走直线。具体行姿，有两种步态可供参考。

①便步式走姿。男子行走时，两脚交替前进在一线上，脚跟先着地，然后迅速过渡到前脚掌着地同时抬起另一只脚，脚尖略向外，距离直线约5厘米，腿部具有力度感；身体重心随脚前摆迅速跟上，勿落在后脚或两腿之间，身体保持平稳前移；头正目平，用眼睛的余光注意前下方，使脸面保持在垂直线上；肩平，双臂自然前后摆动，前摆时，手不得超越衣扣垂直线，肘关节微屈约30度，掌心向内，勿甩前臂，后摆时，勿甩手腕。

②一字步走姿。女子行走时，假设前下方有一条直线，两脚交替踏在直线上，左脚前迈时，微向左前方送胯，右脚前迈时，微向右前方送胯，但送胯不得明显；两臂自然摆动，前摆时，注意肩部稍许平送，后摆时，肩部稍许平拉，其他动作要领同男性便步式走姿相同。

对领导者走姿的步态要求是：男性领导者步伐矫健、稳重、刚毅、洒脱，具有阳刚之美，步伐频率每分钟约100步；女性领导者步伐轻盈、柔软、玲珑、娴淑，具有阴柔美，步伐频率每分钟约90步。脚步要干净利索，有鲜明的节奏感，不可拖泥带水，也不可重如马蹄声。步幅（前后脚之间的距离）男性约25厘米，女性约20厘米。当然，女性领导者的步幅跟服装与鞋也有一定关系，例如女性领导者穿裙装（西服裙）、旗袍和高跟鞋时，步幅就宜小些；穿长裤时，为显示臀部曲线美，可走出较大而快的步子，流露出潇洒和轻便的姿态。行走时，切忌摇头、晃肩、扭臀、八字脚，不能低头看地，也不能两脚拖地，不可把手插在衣兜内尤其不要插

在裤袋里，也不要掐腰或倒背着手；走路眼睛平视前方，不要左顾右盼，不要回头张望，不要老是盯住行人乱打量，更不要一边走路，一边指指点点地对别人评头论足。几个人一起走路，应使自己的步伐与他人的步伐协调一致，既不遥遥领先，也不走得过慢。

步态是一种微妙的语言，它能反映出一个人的情绪。当心情喜悦时，步态就轻盈、欢快，有跳跃感；当情绪悲哀时，步态就沉重、缓慢，有忧伤感；当踌躇满志时，步态就坚定明快，有自信力；当生气时，步态就生硬、粗重。人们往往可从步态中觉察出人的心理变化。

在室内走路要轻而稳，在公园里散步要轻而缓，在阅览室里走路要轻而柔，在婚礼上步子要欢快、轻松，在丧礼上步子要沉重、缓慢。

> 领导者走姿的步态要因地、因人、因事而异。走步还要分场合，脚步的强弱、轻重、快慢、幅度及姿式，必须同出入场合相适应。

(2) 走姿的步幅、步位与步速

走路时步态美不美，关键在步幅和步位。所谓步幅是指行进时前后两脚之间的距离，即前脚的脚跟距后脚的脚尖之间的距离。在生活中步幅的大小往往与人的身高成正比，身高腿长者步幅就大些，身矮腿短者步幅也就小些。人们行进时，一般的步幅与本人一只脚的长度相近。通常情况下，男性领导者的步幅约 25 厘米，女性领导者的步幅约 20 厘米。当然，女性领导者的步幅跟服装与鞋也有一定关系，一般来讲，以直线条为主的服装特点是：舒展、矫健、庄重、大方，而以曲线为主的服装特点是：妩媚、柔美、优雅、飘逸。

步态美也与步位有关。所谓步位，是指行走时脚落地的位置。如前所述，走路时最好的步位是两只脚所踩的是同一条直线，而不是两条平行线，特别是女性领导者走路，如果是两脚分别踩着两条线走路，那是有失雅观的。

步速稳健也是步态美的又一重要体现。人们行进的速度取决于人的兴奋程度，兴奋程度高，步速也快；兴奋程度低，动作则迟缓。要保持步态的优美，行进的速度应保持均匀、平稳，不能过快过慢、忽快忽慢。在正常情况下，应自然舒缓，显得成熟、自信。当然，男女在步速上亦有差别，一般来说，男性领导者步伐矫健、稳重、刚毅、洒脱，具有阳刚之美，步伐频率每分钟约100步；女性领导者步伐轻盈、柔软、玲珑、贤淑，具有阴柔之美，步伐频率每分钟约90步，如穿裙子或旗袍，步速则快一些，可达110步左右。脚步要干净利索，有鲜明的节奏感。不可拖泥带水，也不可重如马蹄声。

5. 领导者规范的手势要求

手势是一种体态语。手势有助于说话，可以加重语气，增强感染力，能够为自己增添魅力。规范的手势应是手指并拢，手掌自然伸直，掌心向内或向上，拇指自然松开，手腕伸直，肘关节自然弯曲。

（1）手势的基本形式

领导者的手势应讲究自然协调，避免做作、僵硬、夸张。常用的手势有致意、告别、欢呼、打招呼、鼓掌等。手势有以下几种形式。

①直臂式。这种手势用来指引较远的方向，手臂穿过腰间线，但不要高于腰间线，身体侧向宾客，眼睛要看着手指引方向处或客人脚前10公分左右，同时加上礼貌用语，如“先生，请跟我来”“里边请”“这边请”等。

②横摆式。这种手势用来指引较近的方向，大臂自然垂直，小臂微微弯曲，轻缓地向一旁摆出，与腰间呈45度左右，另一手自然下垂或背在身后，面带微笑，同时加上礼貌用语，如“请”“请进”。

③双臂横摆式。这种手势用于业务繁忙或宾客较多时，两手从身体两侧经过腹前抬起，双手掌心向上，双手重叠，两肘微曲，向两侧摆出，上身微前倾，微笑施礼，加上礼貌用语，如“女士们、先生们里面请”等。

④斜摆式。亦称作双手斜式，这种手势一般用来引领宾客坐在座位上，当椅子在引领者左方，左手在前，右手在后，双手掌向椅子方向摆出，双肘微弯曲，左肘弯曲度小于右肘弯曲度，上体微微前倾，面带微笑说“请坐”。

⑤双臂竖摆式。这是一种信息提示手势。当面对众多宾客，场面比较隆重，需向全场来宾发出某一信息时，可采用双臂竖摆式，这样才能使全场来宾都能看见。做法是，双手指相对，由腹前抬至头的高度，或在向上超过头的高度，再向两侧分开下滑到腹部。

（2）手势的使用规范

手势使用规范，是指手势在正式场合的运用，应当合乎标准和惯例。

当领导者需要为他人引导或指示方向时，标准的手势应当是：伸直并拢的手指，掌心向上，腕关节伸直，指尖与手臂形成一条直线，先指向被引导者的身躯中段，随后再指向其应去之处。若是掌心向下如此运用，将是极其不礼貌的。

夸奖别人的正确手势应是：跷起拇指，指尖向上，并将拇指指腹面向对方。

表示欢迎、祝贺或支持时，可以鼓掌致意。其正确的手势是：以右掌有节奏地拍击左掌。若有必要，可站立起来并高举双手鼓掌。

这里要提醒的是，领导者与人交谈，充当听众时，不允许摆弄、“运动”自己的手指，更不能把手指当众掰得“嘎嘎”直响，否则，只能被交谈对象理解为你已经心烦意乱。

领导者在公务活动中，应当表现得精明强干、含蓄稳重，所以遇事应临阵不乱、处变不惊。虽然适当地使用一些得体的手势，可以辅助语言来增强表达能力，但总的来说，最好还是少用手势为妙。如果使用太多，滥用手势，会让人产生反感。尤其是**手势与口语、面部表情等不协调时，会给人一种装腔作势的感觉。**

领导者在工作中，有些手势会令人反感，严重影响领导者的形象。如当众搔头皮、掏耳朵、抠鼻子、剔牙等，这些都是领导者礼仪中禁忌的举止。

需要说明一点，在运用手势时要注意人体是一个有机整体。各部位是相互配合、协调动作的。尽管手势标准正确，但如果表情、语言、形体等不加以配合，仍不会达到礼仪规范要求。这就需要领导者在工作实践中综合判断、灵活运用。

6. 领导者文明举止的各种禁忌

举止上的禁忌行为，常被人称之为“小节”。“小节”虽小，但却是影响领导者形象的不利因素，而且有损于领导者的个人公德。因此，领导者不可将下列这些“小节”视为毫末小事，而应给以足够的重视。

在较正式场合里，有长者、尊者到来时或离开时，在场者应起立表示敬意。如长者、尊者是来访，在场者应起立表示敬意，待来访者坐落后，才可坐下；如长者、尊者是离去，应起立，待他们离开时即可落座，否则是不礼貌的举止。

在正式的社交场合，重要的人物出现、精彩的演讲完毕或演讲结束，可以用鼓掌来表达自己的敬意和赞赏，千万不能无动于衷。

> 拥抱是传达亲密感情的礼貌举止。通常用于外事活动中的迎来送往等场合，偶尔地用于久别重逢、误解消除等难以用语言来表达强烈感情的特殊场合，但要注意在同辈异性之间不轻易使用。

在众人之中，应力求避免从身体内发出的各种异常的声音。咳嗽、打喷嚏、打哈欠等均应侧身掩面再做。

公共场合不得用手抓挠身体的任何部位。不要当众抓耳搔腮、挖耳鼻、揉眼搓泥垢，也不可随意剔牙、修剪指甲、梳理头发。若身体不适非做不可，则应去洗手间完成。

公开露面前，须把衣裤整理好。尤其是出洗手间时，样子最好与进去时保持一样，或更好才行，边走边扣扣子、边拉拉链、擦手甩水都是失礼的。

参加正式活动前，不宜吃带有强烈刺激性气味的食物（如葱蒜、韭菜、洋葱等），以免因口腔异味而引起交往对象的不悦，甚至反感。

在公共场所里，高声谈笑、大呼小叫是一种极不文明的行为，应避

免。在人群集中的地方特别要求交谈者加倍地低声细语，声音的大小以不引起他人注意为宜。

对陌生人不要盯视或评头论足。当他人作私人谈话时，不可接近。他人需要自己帮助时，要尽力而为。见别人有不幸之事，不可有嘲笑、起哄之举动。自己的行动妨碍了他人应致歉，得到别人的帮助应立即道谢。

在人来人往的公共场所最好不要吃东西，更不要出于友好而逼着在场的人非尝一尝你吃的东西不可，爱吃零食者，在公共场所为了维护自己的美好形象，一定要有所克制。

感冒或其他传染病患者应避免参加各种公共场所的活动，以免将病毒传染给他人，影响他人的身体健康。

对一切公共活动场所的规则都应无条件地遵守与服从，这是最起码的公德观念。不随地吐痰，不随手乱扔烟头及其他废物。若非吐非扔不可，那就必须等找到垃圾桶后再进行。

在大庭广众之下，不要趴在或坐在桌上，也不要在他人面前躺在沙发里。走路脚步要放轻，不要走得咚咚作响，遇到急事时，不要急不择路、慌张奔跑。

这些不利于自己又有碍他人的行为举止，除令人生厌外，还从根本上与良好的个人礼仪相悖。因此，在领导工作中绝不可等闲视之。

二、领导者风度形象的设计

在领导活动中，人们常常用“很有风度”这句话来评价对某个领导者的总体印象。风度高雅是对领导形象较高的概括。然而，要真正成为一个有气质、有风度、有魅力的领导者，必须注重自身的素养修炼，因为风度不过是领导者内在修养的外观。

1. 高雅的风度为领导形象锦上添花

有人说：**“高雅的风度是通向他人心灵的畅通无阻的护照。”**风度是社交活动中给人印象深刻的内在潜质的综合反映。风度是一个人的姿态举止、言谈、作风等表现出来的美。这种美既是一种外在美，又是一个人内在美的自然流露。所谓外在美主要是指一个人外部形态的美，是其在身材、相貌、服饰、谈吐、举止等方面表现出来的美。内在美主要是指一个人内心世界的美，是其在文化素养、道德品质和思想境界等方面所具有的美。领导者要拥有良好的风度，从本质上讲，需要具有内在美。**领导者的风度应是内在美与外在美的统一。**

如果说气质源于陶冶，那么风度则可以借助于技术因素，或者说有时是可以操作的。风度总是伴随着礼仪，一个有风度的人，必定谙知礼仪的重要，既彬彬有礼，又落落大方，顺乎自然，合乎人情——这便是现代领导者的潇洒风度。

许多领导者之所以魅力四射，受人瞩目，除了自身的修养之外，还需有自身的性格魅力和独特的个性做基础，他们的举止风度所展现的效果非同寻常。在一个组织中，要想让上级领导和下属为之钦佩和叹服，风度的展现尤为重要。对于有教养的人，所有的大门都是敞开的。

一个言行得体、谦和友善、助人为乐、举手投足无不具有绅士风范的领导者，在人际交往的道路上将会畅通无阻，因为领导者的教养会使其魅力四射、光彩照人。

一个有风度有魅力的领导者，就会在组织中激发出一种力量，这种力量将会超越一切，为领导者的个人形象增光加彩。

只要领导者自身有教养，不管别人举止和态度如何不适当，都不能破坏其风度的展现。同时，领导者还会给人一种凛然不可侵犯的尊严，会受到所有人的尊重。

2. 培养气质优雅的领导风度

从科学上理解，人的气质没有好坏之分，但从领导风度和形象塑造方面分析，亮出自身气质中最闪光的一面，无疑是有魅力的领导者的聪明选择。今天，气质优雅已成为塑造良好的领导形象中一个不可或缺的要素。

从心理学上来说，人的气质表现在情绪产生的快慢、情绪体验的强弱、情绪状态的稳定性及变化的幅度上，也表现在人的行为动作和言语的速度和灵活性上。

如果从美学的角度来定义气质的话，我们所谓的气质，指的是一个人的风格、风度以及风貌。

每个领导者应当懂得：**这个世界上只有一个自己，这种独一无二的标志是由自我气质决定的。塑造领导的风度形象，先要从培养自己的内在气质开始。**

人的气质是在社会交往中显现出来的。在现实生活中，我们会接触到各种气质的领导者：有的人勇敢而坚定，给人以力量；有的人机智而沉着，给人以信心；有的人热情而富于同情心，使人感到温暖；有的人博学而谦虚，给人以智慧的启迪；有的人文雅而高洁，使人忘掉庸俗习气；有的人正直爽朗，心明如镜，使人感到心情开阔。这些美好气质都会给领导者一种特有的魅力。

气质与生俱来，如同风云变幻莫测。但每个人都有其固定的、与众不同的气质：或稳重沉着，和蔼可亲；或说话尖刻，叫人无法接近；或开朗活泼，富于感染力，跟谁都容易亲近；或落落寡合，使人感到郁闷，跟谁都难以相处；等等。气质可以从一个人的动作、表情、语调和待人接物的态度推测出来。

改进领导者自我的气质，要将好的一面发扬起来，把不好的一面去掉，这是欲树立良好形象的领导者的共同愿望，达到这种愿望的根本方法就是开展自我教育和培养。

自我培育的目的应该比他人给以的培育目的更为远大、更为长久，应该是改善自己的气质。这种培育，比其他任何目的的培育更触及根本，因为**只有养成美好的气质，才是一切成长、成才的基础**。只要有了这样的气质，再去接受其他的培育，也会非常容易。所以，自我培育的目标是改善自己的气质，去掉不好的一面，发扬好的一面。就方法来说，进行自我培育，也像别人对自己施以培育时一样，要对症下药，要从自己的已经相当稳定气质特点出发，来进行自我训练和培养。

3. 气质风度是领导者心灵的镜子

气质风度的根基是人的修养与品格。没有风度可以在增加修养的过程中去培养。没有修养、缺乏品格的人，无论怎样都不会表现出真正优雅的气质来。在生活中，注意自己的仪表与风度并非是没有意义的行为，**一个领导者的气质风度是反映其心灵的一面镜子。在这面镜子面前，既可照出人的美丑，还可以看出领导者品格的高尚与卑劣，优雅与粗俗。**

日常生活中，我们经常会看到一些没有修养、举止粗鲁、容易冲动的领导者，他们不会尊重别人，只知道一味地放纵自己的言行，宁可失掉众人的支持和信任也不去收敛自己的放荡言行。这种只知道一时的自我满足，而不顾及别人的领导者，可以说是有失风范的。

一个人的行为举止、风度仪表是展现自我魅力的主要方式之一。优雅的行为举止使人风度翩翩。即使最普通的人，只要他们行为得体，举止规范，自然会使人肃然起敬。一个人的一举一动、一言一行都与他自己的风度仪表相关联，注意这些小节并使之规范化，会给生活增添无限的光彩。

作为一个领导者，自己的行为举止与别人的尊敬息息相关，在管理他人时，它常常比内在的、实质性的品性具有更大的作用。热情友好、彬彬有礼的言谈举止无疑会使大家感到亲近，在这种友好的氛围中，工作开展得往往就会顺利。也就是说，亲切友好的行为举止会有助于事业成功。与此相反，不良的行为举止、粗鲁庸俗的言语只会使大家顿生厌恶之感，这样一来，什么工作都做不成。第一印象特别重要，一个人是否礼貌、客气，是否谦恭有礼，往往对第一印象有十分重要的影响。

友善的言行、得体的举止、优雅的风度，这些都是走进他人心灵的通行证。态度生硬、举止粗鲁的言行举止只会使人倍生厌恶之情，因此这种领导者在工作和生活中必定处处令人生厌，使人通身不快。

有一句众所周知的格言：**“风格塑造人”**。如果领导者都能做到心地善良、品德优秀，能举止优雅、谦恭有礼，那么他们肯定对社会更加有益，在个人人生中获得更多的快乐和幸福。

> 在一定程度上，一个领导者的风度举止反映出自我的内在品格。也就是说，外在的风度举止是其内在本性的表现。

风度反映出个人的兴趣、爱好、情感世界、性格性情以及所习惯的社会习俗等，是一个性格、气质、禀性的综合反映。优雅的风度举止在很大程度上根源于内心深处的谦恭有礼和善良友好，因此培养领导者的气质风度，应从以下几方面入手。

第一，培养自我的高尚情操。一个人的思想情感对于优雅的风度有极大的激励作用。对于一个有教养的、举止优雅的人来说，高尚的情操乃是快乐和愉悦之源。这样看来，情操也如同一个人的天赋和成就一样重要，而且对于兴趣爱好和品性具有更直接的影响。

第二，培养自我的真诚之心。**真正的礼貌风度必然源自真诚，必然是出乎内心**。缺乏真诚的优雅风度是不存在的。粗鲁的言行、粗暴的性格与优雅的风度风马牛不相及，优雅的风度举止乃是人性的一种自然流露。

真正的良好风度必出自内心的善良。同情心是打开他人心房的金钥匙，它不仅使人温和有礼、谦恭待人，而且使人心智洞开、富有远见。完全可以说，同情心乃是美好人性中的至尊至贵者。心地善良的人必然乐于助成他人的幸福，而不愿意让别人痛苦或烦恼。正如友好和善意一样，谦恭有礼自然让人感到轻松愉快。谦恭有礼与友善的行为是合二为一、不可分离的。

第三，培养自我的尊重与包容之心。**真正的良好风度总是特别表现在尊重人、包容人这一点上**。如果一个人希望别人尊重自己，他自己首先要尊重他人。他应该注意关注别人的思想、观点，即使别人的思想观点与自己相左，也要善于容纳。真正有风度有礼貌的领导者总是尊重他人的意见和看法，从不强求他人的意见与自己的一致。有时他需要控制自己的情绪，虚心听取他人的不同意见。他应该宽容，善于忍耐、克制，避免作任何尖刻的评论。

总之，那些具备良好风度的领导者，总是温良恭厚，他们总是特别谦虚谨慎，从不装腔作势、装模作样，不夸夸其谈，不招摇过市。他们总是通过自己的行为而不是通过自己的言语来证实自己的内在品性。他们总是默默无闻地做，而不是哗众取宠地说。真正有良好风度的领导者，总是朴实无华、默默无闻的人。也正是由于这种处世态度，他们才总是能够一帆风顺，并取得非凡的成就。

4. 培养稳重自然的成熟个性

成熟的个性是领导者工作出色的重要阶梯，也是塑造领导风度形象的重要条件。具有成熟个性的领导者，能够最大限度地发挥自己的气质风度和精神力量，并与环境建立和谐关系。

所谓个性，通常是指一个人的气质、性格和能力。所谓成熟，则包括成长、发展所能够达到的水平和发展过程中的机能结构的变化。具体可分为身体的成熟、情绪的成熟、社会性的成熟等。通过对一些有风度、有魅力、形象好的领导者进行研究发现：这些人的个性特征虽然各不相同，但都有一些共同的心理特征，主要表现在以下几方面：

· 在对现实的客观知觉方面，能明确区别已知和未知，事实和对这些事实的意见，事物的本质和表面现象；

· 能正确看待自己、别人和世界；

· 非利己主义，追求目标高远，不搞内部摩擦。经常考虑“我对单位有什么贡献”“我对社会能有什么贡献”；

· 能忍受孤独和寂寞；

· 有创新能力；

· 行为自然，不会由于矛盾而破坏常规；

· 看人重实际而不重表面，对有优良性格的人抱友爱态度，无出身、门第、地位的偏见；

· 不无端地敌视别人；

· 道德上是明确的，能清楚地辨别善恶，其实际行动与道德认识一致；

· 具有相对摆脱现实环境的独立性；

· 明晓目的和手段的区别，既注重目的，也不忽视手段；

· 超然于琐碎事物之上，有广阔的视野和远见，其活动以是否具有价值为指南。

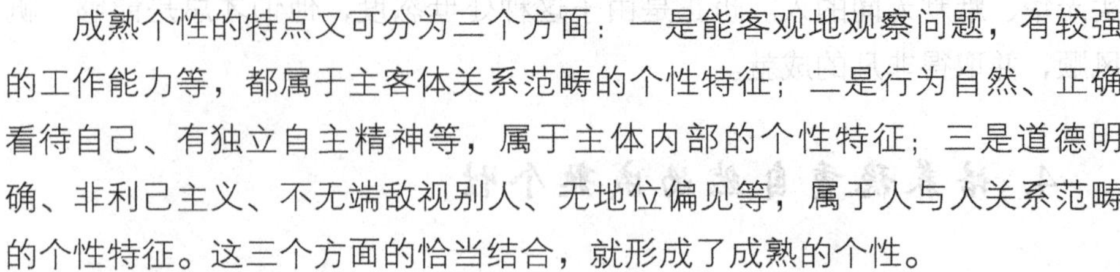

成熟个性的特点又可分为三个方面：一是能客观地观察问题，有较强的工作能力等，都属于主客体关系范畴的个性特征；二是行为自然、正确看待自己、有独立自主精神等，属于主体内部的个性特征；三是道德明确、非利己主义、不无端敌视别人、无地位偏见等，属于人与人关系范畴的个性特征。这三个方面的恰当结合，就形成了成熟的个性。

个性的成熟是受多方面条件制约和影响的。其中包括气质（基础是高级神经活动类型），心理过程的特点，经验水平（习惯、技法、知识等），信念、爱好的性格倾向性（世界观、人生观、兴趣、努力方向等）这四方面的因素。

对领导者而言，培养成熟的个性，主要在于自己的主观努力。因为每个人都要接受生活的考验和筛选，这也就有成功者和失败者之分，且会出现两种同化现象。向成功同化的人，以自己某一方面的才能成绩受到赞誉为其发端和契机，因而促使个性成熟的主观努力越来越大，其成熟的速度也就快；向失败同化的人，由于不能正确对待失败和挫折，逐步形成了无视现实和得过且过的习惯，因而也就放弃个性成熟的主观努力，表现出粗劣的品格和各种怪癖。因此，要“看”到你正在取得成功的形象，在脑中显现你充满自信地投身一项困难的挑战的形象，这种积极的自我形象反复在心中呈现，就会成为潜意识的一个组成部分，从而引导自我走向成功。

积极培养具有稳重自然的成熟个性，有利于领导者提升工作效率，增加成功的把握，有利于领导者彰显魅力风度，塑造良好的自我形象。

第四章

诚实守信，大度谦逊

——领导者良好品德形象的塑造

领导者工作的经验告诉我们：诚实守信、大度谦逊的领导行为有助于人心的凝聚，有利于权威的建树，有益于事业的成功。许多当代领导者对此深有感受。一方面，没有诚信，下属战战兢兢；没有诚信，组织如履薄冰；没有诚信，事业必然夭折。另一方面，缺少大度，思维就受局限；缺少谦逊，民意就不被听到；不诚不谦，工作必然碰壁。塑造了诚实守信、大度谦逊的形象，领导者就有了成功的资本。

一、诚实守信的品德形象塑造

“精诚所至，金石为开。”这句古老的格言历久弥新。一个领导者的诚信可以像无线电波一样迅速影响所有的组织成员，比长篇大论或华丽的词藻更能表达领导者的理念，得到下属的认同。为此，不少领导者总结到：“缺乏热诚，难以成大事。”

1. 以诚实守信树立领导权威

领导者身为组织的带头人，诚实守信才能建树权威。这样下命令下属就会去执行，有禁规就能阻止。法度不轻易改变，制度不轻易变更，领导工作就需要这样来立信。

普鲁士陆军元帅布吕歇尔是一位诚实守信的将军。有一次，他率领大军在崎岖的山路上急急忙忙地行军，想要尽快去援助威灵顿。战时一刻值千金，但此时士兵已经疲惫不堪，道路泥泞，部队实在难以快速前进。布吕歇尔不停地鼓励士兵们加油：“快点，孩子们，向前，再快点。”

士兵们早已汗流浃背，已经尽力了，不可能再快了。布吕歇尔还是不停地鼓励他们：“孩子们！我们必须全速前进，我们必须准时到达目的地。我已经答应了我的兄弟部队，你们知道吗？你们千万不可让我失信！”

在他的感召下，士兵们一鼓作气，终于准时到达了目的地。

能够征服他人，并获取他人信任，就能成为一位好的领导者。想要让下属真心服从，只有依靠领导者的诚信。要想把人才揽为己用，领导者一定要诚实守信，这是一条铁定不移的大原则。

明太祖朱元璋曾经以大胆的行为，使敌人的精壮降兵都变成了自己的骁勇战士。在他起兵攻破采石矶后，长驱直入集庆，水陆并进，先攻破陈兆先的兵营，随即就利用其中降兵。他在降兵中挑选精壮骁勇的士兵500人，直接归纳于军中。这500人都感到惊恐不安，朱元璋察觉到他们内心的情况后，便筹划着怎样才能让他们安稳而不害怕，信任而不怀疑。最后，决定采取对他们信任从而得到他们对自己信任的策略。在晚上让他们进入营区卫环侍候，自己解甲就寝，而且把原来的人员调开，仅留冯国用一人侍睡在床前。此后，人心大定，降兵都相信了他的至诚。攻打集庆时，冯国用就率领这500降兵，首先冲锋陷阵，在蒋山下打败元军。各路兵马快速奔进，一举攻克南京，这500人确实出了大力，立了大功。

一个完美的领导者总是笃行诚实守信。他们的自我标准和做法是什么呢？有这样一张实际工作的清单，对领导者建树权威、塑造完美形象很有帮助。

- 从不有意识地误导或说假话。
- 从不对问题处理采取骑墙的态度。
- 从不随意承诺，不守信用。
- 从不信口开河。
- 时刻牢记以信任来赢得信任。
- 把信任作为征服人心的巨大力量。
- 决定之后准确、干脆、果敢地落实执行，不做喋喋不休的解释。
- 对别人的误解给予谅解。
- 用自己的诚实感化别人的不诚实。
- 把难办的问题摆在桌面上。
- 不浮夸。是什么，就是什么。从不偏听偏信。

对领导者来说，应该具备的最重要的素质之一就是以诚实守信赢得人们的信任和尊重。不诚实，是无法建树领导权威的。诚实与信任还是一种领导资源，拥有这种品质，就拥有了这种资源。**是否诚实的最好检测标准莫过于自己心中的良知，它随时提醒你：你的所作所为，哪些是诚实的，哪些是不诚实的。**

正直是伴随着诚实的。对于领导者来说，你所说的、想的和做的，要保持一致。人们将注意你，把你同那些言行不一的人区别开来，相信你，希望你成功，甚至助你一臂之力。

对一个组织的领导者来说，树立权威最重要的事情是要有一个诚实守信、品德优良的好名声。成功的领导者往往正是凭此而走向卓越的，因为他们认为，“面对组织的重任和下属的期待，我无法弄虚作假，因为我的眼睛、心和嘴不肯干这样的事。”

2. 诚信的领导者值得信任

古人云：“言必行，行必果。”这是做人的学问，也是领导者使人信服、树立威信的方法。领导工作最糟糕的局面和最降低领导威信的事就是：失信于人，许了诺不兑现。这往往也成了一些领导者下台的原因之一。诺言如同激素，最能激发人们的热情。领导者只有成为守信者才能树立威信，获得下属的信任。

《商君书》记载，商鞅准备在秦国变法，制定新的法律。为了使百姓相信新法是能够坚决执行的，他在京城南城门口立了一根大木，对围观者说：“谁要能将这根木头从南门搬到北门，就赏他五十两银子！”大多数人都不相信有这等好事，恐怕商鞅的许诺不能兑现。就在大家犹豫不决时，有一个人扛起木头，从南门一直走到北门。商鞅当场兑现诺言，赏给他五十两银子。这样一来，人们都相信商鞅说的话。自此以后，人们都遵守了他所推行的新法。

虽然人人都知道守信的重要性，但是总有些领导者会由于某些特殊的原因不能遵守诺言。特别是有的领导者，当下属做了一件很令自己满意的事的时候，总会脱口而出许下一个什么诺言，并且这些许诺大多和升职、加薪有关，让下属引颈期盼。可是也许由于工作繁忙，他说过之后就忘记了，这就会极大地挫伤下属工作的积极性。领导者不遵守自己的诺言，将会使下属产生对领导的不信任感。一个得不到下属信任的领导者怎么可能带领自己所领导的组织及团队做出优秀的成绩呢?

> 领导者的成功总是与组织和团队成员的努力分不开的。因此，要么不许诺，一旦许诺就一定要兑现。哪怕需要一定的付出，领导者也要遵守诺言，否则失去的东西将会更多。

《三国演义》中的诸葛亮五出祁山时，接受长史杨仪的建议，把军队分为两部分，决定“限一百日为期，循环相转”，打算以此减少粮草需求，保持军队锐气，坚持北伐中原的战争。当第一批军队已经到期时，突然出现了严重敌情：魏将孙礼带着凉州20万人马前来助战，司马懿亲自点兵来攻，这时新军未到，老兵中的一半正准备收拾起程，杨仪建议暂时留下老兵，等新兵到了，再行替换。诸葛亮态度坚决地说：“不行！我用兵命将，向来以信义为本，既然有言在先，怎么能失信于人呢？并且蜀军该走的，都已经准备好了，他们的父母、妻子、儿女都在家中盼望着他们早日回去，虽然我现在遇到了很大的困难，但决不能改变信诺。”遂下令“当日执行”。军士们听到这番话后，群情激奋，都大呼：丞相如此施恩于众，我们宁愿不回家，舍出性命，也要大杀魏兵，以报丞相的恩德。于是，部队出城安营，以逸待劳，走得人困马乏的西凉兵刚想下寨歇息，士气高昂的蜀兵一拥而上，人人奋勇，把西凉人马杀得“尸横遍野，血流成渠”。

这里，诸葛亮的严守信义激起了士兵的求战之情，成为无声的号召，产生了巨大的激励力量。反观某些组织中的领导者，赏罚无信，承诺不能兑现，答应了不执行，言行不一。这种不诚实的领导者，必定失去威信，丧失号召力，到头来，不仅毁了自己的尊严，也毁了组织。

作为现代领导者，要激发人的动力，就要严格守信，做到言行一致。实现不了的事不说，说出的话就一定要做到。尤其涉及到组织成员切身利益时，更要讲信用。如，对赏罚、奖金与福利待遇等定出的制度，就一定要兑现；对许诺培训、升迁等，要说话算话。此外，在组织成员权利、管理人员的制约等方面，更要讲信用。组织成员的民主权利，要充分体现，决不可形同虚设；组织成员的合理化建议，要虚心采纳；组织成员监督、评审的权利，要切实得到保障。

一个领导者，从他走上领导者岗位的那天起，就应该以诚信来提升自己的形象，这样他才会在以后的事业生涯中走得越来越稳健。美国哈佛大学著名的领导学家鲁本说：“领导能力在某种程度上是领导关系的折射，因为没有信任的指示与贯彻只是一场权力的游戏。”如果一个领导的诚信精神已经衰竭，不但会让他丧失健全的人格，导致他的事业走向衰亡，更可怕的是，还会有许多意想不到的灾难降临到自己与同行身上。所以，领

导者要做到言行一致，就必须要说话有分寸。轻易表态，轻率决策，往往是造成言而无信的一个重要原因。孔子说过，一个人不可轻易表态，应以不能实现诺言为耻。这话说得很有道理。

3. 对人诚，对事诚，群众才欢迎

讲诚实，守信用，才会有群众基础；勇负责，敢担当，才会有领导权威。孔子曰："人而无信，不知其可也。"讲诚实、守信用，是领导者的首要品格，也是一个政党赖以生存和发展的首要品格。中国共产党之所以能够克服各种艰难险阻，不断走向胜利，就在于在长期的革命、建设和改革过程中，能够始终以一颗赤诚之心，努力实践为人民服务的宗旨，赢得人民的信赖和爱戴，并从人民群众的伟大实践中不断获得前进的动力。

作为党和国家事业的领导者要内诚于心，应率先垂范，身体力行，做诚信的引领者。"诚信者，天下之结也。"人生在世，每个人都必须对自己、对亲友、对社会、对国家承担一定的责任。**讲诚实、守信用、勇担责，是经济发展、社会进步的要求，也是党的生命力、战斗力和凝聚力的体现。**

> 每个领导者都有责任以诚信为本，以诚信为荣，将做人的原则化为做事的准则，以自己的实际行动，不负人民的殷殷期待。每位领导者都应认识到：对人诚信，人不欺我；对事以诚信，事无不成。

（1）诚信是一种美德

古往今来，哲人先贤们留下了无数关于诚信的佳言警语，也涌现了如"查道摘枣留钱""范式千里赴约"等关于诚信的佳话美谈。这些佳言美谈都在告诉我们一个道理，诚信是道德之本、做人之本。时代不断赋予诚信以新的内涵，使之随着时代的进步而不断散发出更加迷人的光辉。做事先做人，做人必诚信，每一个领导者都应该有诚实守信之美德，做诚实守信之表率。刘少奇同志在《论共产党员的修养》中指出："我们无产阶级革命家忠诚纯洁，不能欺骗自己，不能欺骗人民，也不能欺骗古人。这是我

们共产党员的一大特点，也是一大优点。”

（2）诚信是一种承诺

“言必信，行必果”、表里如一、说到做到，这是诚信的本义，也是诚信的力量。人民判定一个领导者是否值得信赖，是否能够为自己办实事时，不光看这个领导者提出的政治主张，更要看其能否真正把符合人民利益的政策真正落到实处。优秀领导者杨善洲的人格魅力、榜样力量，就来自他几十年如一日，始终坚守共产党人的精神家园，忠诚正直、言行一致，坚持说老实话、做老实人、办老实事，认真践行入党时的“只要生命不结束，为人民服务就不停止”等信念。与此形成鲜明对比的是，一些领导者轻诺寡信，见利忘义。他们阳奉阴违、欺上瞒下、文过饰非，热衷于做“表面文章”、搞“政绩工程”、玩“数字游戏”，这些人的行为举止严重损害了党的威信、党的形象，销蚀着党的生命力、战斗力和凝聚力，必须予以及时彻底的矫治。

领导者讲诚信能够对社会起到很好的引导作用。诚信无言，力量巨大。有了它，领导者人格的力量将更加强大；有了它，社会进步将更加铿锵有力；有了它，我们党的事业将不断创造新的辉煌。

4. 牢固坚持诚信为官的道德底线

人无信不立，领导者当一诺千金；业无信不兴，领导政绩应诚不欺民。能否真诚守信、履行诺言，是衡量领导者官德的重要尺度。宋代思想家程颢指出：“学者不可以不诚，不诚无以为善，不诚无以为君子。”缺失诚信，不仅自己欺骗自己，也必然欺骗别人。一个人可能因为一句假话的败露而丢失自己的信誉和名声。这种自欺欺人既毁坏了健全的自我，也不同程度地损害了上下级关系，损害了和谐的人际关系。

对领导者而言，真诚守信、践行承诺，是检验其官德是否纯正的试金石，是走向成功的通行证，是必须具备的一种最基本的能力和素养，是一种宝贵的无形资产。

诚是信的根基，诚的内涵比信广，信是诚的外貌，要遵守对他人的承诺；诚则生信，无诚则无信。王安石说：“自古驱民在信诚，一言为重百金轻。”

> 真诚守信是做官的基本准则，是领导者不可或缺的基本素质，是最基础的价值观，是立世之本，也是最基本的官德修养。

普通群众是否真诚为人、信守诺言，体现的是个人的品德操守和人际关系的维持，而领导者是否真诚为人、信守诺言，则事关党和政府的形象和作风。在行使公共权力的过程中，领导者必须具有真诚无欺、信守言诺的品德。诚信之“诚”是诚心诚意，忠诚不二；诚信之“信”是说话算数和信守诺言。

领导者应成为诚信守诺的典范，言必信，行必果。真诚守信的领导者是有力量、有威信的人。他对人对事皆出于真心，对上对下胸怀坦荡，脸无面具，身无媚骨，心无邪术，说实话、办实事、见实效；不会为了牟取私利而虚伪、狡诈、欺骗；绝不说一套、做一套，人前一套、人后一套，这样自然能增添人格魅力，赢得尊敬和信任。不图回报者，总会得到好报。

领导者应当从不讲诚信、弄虚作假的反面案例中吸取教训，把诚信作为必不可少的人生素质和工作素养，作为最基础的价值观和最基本的行为准则，作为道德根基、人格底蕴、立世之本。

社会主义和谐社会是诚信友爱的社会，诚信友爱是构建社会主义和谐社会的重要内容。作为领导者应把诚信意识落实到工作的每一个环节，做人办事要诚实、诚恳、表里如一、言而有信，逐步树立起“人无信不立”的道德观念，不断增强诚信意识，在为人民群众办实事的过程中，养成诚信、敬业的品格，防止信用缺失。

5. 以实际行动捍卫领导者的诚信形象

今天的中国，用几十年的时间走过了西方国家几百年走过的现代化道路。剧烈的转型发展中，一边是繁荣鼎盛，一边是焦虑蔓延。人的思想有点跟不上变化的节奏，许多领域发生了道德沉沦的事例，领导者不讲诚信的现象也时有发生。

“人无信不立，业无信难兴，政无信必颓。”近几年，地方上出现的一些事件，往往正是因为有关部门缺乏公信，导致前后说法不一，官方消息频频翻案，回应失当，进退失据，最终使自己陷入信任困境。这在很大程度上给政府敲响了警钟。如果我们把诚信社会比喻为一座大厦，那么政府就是大厦的支柱，支撑着整个社会的有序运行。唯有支柱挺拔坚强，大厦才能傲然屹立。

和那些有形资产相比，民心所向的政府诚信，是更宝贵的无形资产。领导者的诚信，就是政府诚信的基础。

任何领导者要想做出一番事业，都必须赢得民众的支持和信任。如果诚信破灭，领导者的形象与威严就会受损甚至会被撕裂。领导者的力量有软、硬两端。“硬力量”强悍威猛，但使用起来成本高，风险大；“软力量”建立在人民群众认同的基础上，温和持久，使用起来效果更佳。这里说的“软力量”就包含着诚信。

“烽火戏诸侯”讲的就是帝王无信、自取灭亡的故事。周幽王有个宠妃叫褒姒，为博取她一笑，幽王下令在都城附近20多座烽火台上点起边关报警的信号，诸侯们率领兵将匆匆赶到，发现是闹剧一场。诸侯恼了，妃子笑了。五年后，异族大举攻周，烽火再燃，但再也没有诸侯赶来助阵，幽王死，国家亡。

2011年7月，云南省昆明市发改委某官员被网民曝出聚众淫乱的照片。媒体报道后，昆明市发改委回应：“艳照视频与发改委毫无关系，已报警。”不久，该部门又确认：照片中的男子身份属实，只是照片系人工拼接而成。数日后，当地公安部门宣布了更新的说法：这是一起有预谋的色诱事件，犯罪嫌疑人想借此敲诈勒索当事人。警方的“权威”调查结果不但没有平息争议，反而引来了更多质疑。

诚信是文明社会的基石。一位公民失信于人，会被戳脊梁骨；一家企业失信于众，迟早会被市场竞争淘汰；一级政府失信于民，轻则民怨沸腾，重则祸患丛生。

领导者作为公共权力的代言人，要慎用自己的话语权。面对公众的关切，既要及时说话，还要真诚说话，说公众听得懂的话。许多经验也表

明，迎比躲更理性，疏比堵更管用，自省比推脱更有益，绸缪比救火更重要。

政府在与民众的交往中，处于时刻接受民意检验的位置。如果说诚信是政府的基石，那么每一名领导者就是这基石中的一块砖。很多时候，群众看政府是否有诚信，实际上看的还是具体的领导者。诚信素质不仅关系到其自身的道德素质，还代表着政府的公共诚信，即政府公信力。身为领导者，若能忠实履行职责，信守公正无私、诚信无欺的原则，就能使其服务的政府机关更具权威性，从而成为维系社会稳定和秩序的力量，夯实政府权力合法性的基础。当下，一些领导者缺乏作为政府行政管理者应有的诚实守信，为了早出政绩，往往迎合上级部门的考核需要，采取短期行为，甚至不惜造假；有的随意承诺却不守信用，说了不算，说了不办，说了不干；有的甚至随意罚款，欺骗百姓，损害了领导者形象，有损政府公信力。

“生命不可能从谎言中开出灿烂的花朵。”这句话值得每一名领导者深思。植树造林，非数十载难见其功；一点火星，却可毁万顷葱茏于一瞬。赢得人民群众信赖，建立公信，需要付出长期不懈的努力；而丧失这一切，或许只因为某些领导者的一点私心、一句谎言、一个劣行。

诚信比金子可贵，做好的领导者，就必须把“诚信”二字铭记于心中，本着对人民负责的精神，为人民做实事、做好事，既不给党和政府抹黑，也不给自己的人生抹黑。

6. 提高领导者诚信度的良药配方

领导工作实践的无数事实证明，领导者要树立权威，必须要取信于人，而要取信于人，自己本身必须先做到“示诚”和“取信”。

下面几条建议，有利于领导者有效地提高自己的诚信度。

(1) 态度要诚

当与他人谈事情时，要就事论事，不可东拉西扯，不知所云，让对方云里雾里。与对方交谈时，感情应真诚，少讲大道理，以免对方产生反感心理。讲出你所能做到的承诺以及如何去实现它，让对方觉得你说得很实在，实现起来也很容易。

（2）方法要诚

在向别人表示诚意时，切不可鲁莽行事，要讲究时机和方法。如果别人正在忙，或者是心情不好时，这个时候出现，将是一件比较令人讨厌的事情。所以，有时候表示你的诚意，一定要见机行事，讲究策略。

（3）用行动表明信任

培养他人对领导的信任，领导者内在的品质和外在的行为十分重要。某些外表方面和非言语性行为能够传递一个人值得信任的信息，有些非言语性行为表明一个人的可信度值得怀疑。你可以有意地控制自己是否表现出值得信任或者说值得信任的行为。比如，在对方说出一个观点时，你可以点头表示同意；或者，握握拳头来暗示你是一个意志坚定的人，这样别人会更加信任你的工作能力；还可以列举出一些你曾经很讲究诚信的例子，以树立自己的良好形象；还可以阐述自己信守诺言、下一步的内心计划及保证手段，以表明自己讲究诚信的真实性，证明自己是一个说话算数的人。在事实面前，别人会容易打消怀疑情绪，从而更加相信你的表现和诚意。

（4）衡量失信的害处

领导者要衡量如果自己不讲究诚信，对将来的工作与生活会带来什么样的害处。此外，对方可能会通过什么方式来讨回公道，维护权益。尤其在领导者背信时，或许会与你无情地对簿公堂，等等。这些都可以成为领导者要讲诚信的一种鞭策。

（5）扔掉虚荣心

虚荣，是人类进步的最大敌人。一个有虚荣心的领导者，很爱讲面子，总爱说大话，喜欢向别人夸下海口，不管日后能否兑现它。久而久之，就被虚荣心侵占了上风，也就彻底失去了做领导的诚信。

（6）敢于直面人性弱点

一个人要捡回丢失的诚信，就要敢于面对你的人性弱点，真心认识错

误，并且以行动弥补自己所造成的后果。比如，写下一张你要向人道歉的清单，以诚实恳切的态度去向别人低头认错。

(7) 坦诚面对未来

坦诚地面对过去的行为是一回事，无畏地迈向光明的前程又是一回事。假如领导者曾经失信于人，那么找到自己失信于人的弱点，就应该立即着手拟定出应对及恢复的办法，让自己绝对不犯同样的错误。不必总沉闷于过去的错误，要让别人看到你的进步，并相信你可以做得更好。

二、宽容大度的品德形象塑造

没有气度和气量的领导者，很难在为人处世中真正达到高尚的境界。大凡善于培养自己浩然之气的领导者，自然有他的气质、气度、气魄、气节、气象。气象大，气度自然大；气度大，气魄自然恢宏。一个领导者如果容不得人，容不得物，容不得世，就无法开物成务，创业立功。

1. 胸襟宽广是领导者成业的基础

气度是领导品质的外观，也是领导形象的塑造条件之一。身为领导者，气度盖人，才能容人；气度盖物，才能容物；气度盖世，才能容世；气度盖天地，才能容天地。与人为善，取人为善，用人成事，用世立功，有容方乃有济。这个容量就在于气度，气度大则容量大，成就也就大；气度小则容量小，成就也就小。

有圣人的气象，便能容纳天地；有领袖的气象，便能容纳天下。不管是亲疏好恶敌我，不管是智愚贤能不肖，都能以气度来容纳他们。

一个优秀的领导者，怎么能缺乏豁达、浩然的气象呢？天下的学问，不是以一人的智慧所能知晓的；天下的事业，不是凭一人的力量所能办到的；海洋之大，不是一川之水所能汇成的；山岳之高，不是一丘之土所能堆积的。

天地有容纳之量，想成为一个优秀的领导者，必然要有大胸襟。虽然项羽有拔山之力、盖世之气，白手起家破秦朝，而与刘邦争雄逐鹿，终究还是免不了失败。他不但无容人之量，就连范增这样的奇才都容不下。与之相比较，刘邦就能容纳人才。

宽广胸襟的修养方法，主要是能戒除忌妒、怨恨，尤其要能宽恕和容忍。这样自然能包涵宽容，不计较得失。吕坤说："学者最大的病痛，就是气度太小。"英雄豪杰贤士也不免如此，因此陶觉说："自古以来的英雄豪杰，只是为了不肯吃亏，害了多少事。"

唐书中有"唾面自干"的教训，佛家有"忍辱"的义举，耶稣有"人打了我的左脸，再以右脸相迎于他"的告诫，这都是培养大度的最好例子。要想成为一个优秀领导者，就应当具备"唾面自干"和"忍辱负重"的大度胸怀。

2. 有容德乃大，胸宽品自高

宽以待人，才会人心齐泰山移；不计小事，才能识大体顾大局。胸怀是一个"度量"的问题，是人生的大智慧。凡事要有度、有量、有标准，这是领导者的大修养。

中国改革开放的总设计师邓小平在政治生涯中有过"三落三起"的经历，而且每一"起"都是一个新的起点、新的高峰。他曾幽默地对别人讲："如果对政治上东山再起的人设立奥林匹克奖的话，我很有资格获得该奖的金牌。"无论是在中国，还是在世界的政治舞台上，像邓小平这样"三落三起"的传奇经历是极为罕见的，没有虚怀若谷的胸怀和超人的气量是绝对达不到这种境界的。

胸襟开阔、雍容大度是历代贤君名臣修身养德的境界，更是一个现代领导者应有的基本素质。"海纳百川，有容乃大。"领导者如果胸怀狭隘，没有容人、容物的肚量，不仅难以成就大事业，恐怕也难以与人亲切地交往，和睦地相处，甚至内心会永远感到孤单、寂寞、痛苦。领导者有宽大的胸怀不仅能凝聚人心，在自己身边聚集优秀人才，还能使人心悦诚服、同心协力、互助互爱。同时，也可以使自己心平气和、头脑清晰、心态平稳，见识、胆识随之拓展，为来日更好的发展打好基础。

从领导者的志向和抱负可以看出领导者的心胸，大志向需要大心胸，胸不藏志，再大的抱负也只是纸上谈兵。领导者要成就一番事业，就要胸怀大一点，站得高一点，看得远一点。因为远大而高尚的奋斗目标是超越自我的首要条件。显然，只有有了宽阔的胸襟才能志存高远。

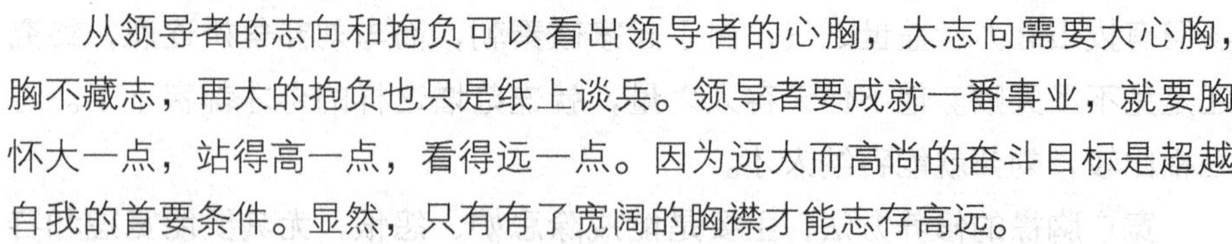
超越自我需要有动力，襟怀坦荡，心底无私，以天下为己任，急群众之所急，想群众之所想，是领导者不断超越自我、永不枯竭的精神动力。

历览人生多少事，成败常常在胸襟。对领导者而言，广阔的胸襟是事业成功的保证。作为一名领导者，其胸襟大小主要应体现在三个方面。

(1) 宽以待人

人无完人，各有所长，又都有其所短。能否容人之长，又能容人之短，是领导者搞好工作、团结同志的重要一环。经常在一起工作的同事，由于工作经历、思维方式和性格气质不同，也不可能每个人的想法、意见都完全一致，工作中难免会出现误解、分歧和矛盾。领导者要有容纳别人的缺点的雅量和吸取别人长处的肚量。要严于律己、宽以待人、相互信任、相互支持、相互尊重、相互谅解、坦诚相见。这样才能营造出愉快、融洽的工作氛围，才能"人和万事兴"，形成心齐气顺、风正劲足的局面。

(2) 从善如流

人非圣贤，孰能无过。为了事业、为了工作、为了大局，领导者应该虚怀若谷，摒弃私心偏见，善于听取各方面的意见，包括反对自己的意见。一般而言，如果批评意见尖锐刺耳、有些过火、甚至不完全符合事实，往往令人难以接受，但如果领导者能从这些意见中吸取合理有益的成分，改进自己的工作，做到乐闻直言，从善如流，那才是真正的大智慧。

(3) 不计小事

计小事不是领导者应有的胸怀和气度。能舍一池之水，便能做一池之主；能舍一江之水，便能成一江之气。领导者应懂得取舍之道的真谛。在领导者心目中，孰为大，孰为小，应泾渭分明。严格区分大局与小局，大事与小事，公事与私事。对事业、对大局、对团结，应视为大；对个人的名权利禄，则应尽量看得小些、淡些，真正做到大事讲原则，小事讲风格，不为琐事所累。

领导者要做到心胸开阔、坦荡无私，就要在实践中学习优秀人物的思想和风范，不断加强自身修养，提高自我气度。在处理工作和人际关系中，不计个人恩怨，不搞亲疏远近，更不能搞“窝里斗”，从事业的大局出发，大事讲原则，小事讲风格，求大同存小异，遇事多沟通。思想境界提高了，心胸才能宽广，品德情操才能日臻完善，才能做到胸怀宽广如海洋、心灵明亮如日月。

3. 豁达大度才能获得自我精神的解放

心胸豁达，是领导者应一生坚守的课题；心胸豁达，是领导者应终生追求的目标。豁达，其意是心胸开阔、性格开朗；豁达是大度与宽容，体现的是一种修养。推己及人，对人对事就能保持一种公正客观的态度。豁达是一种高尚的情操，是一笔可贵的精神财富，是现代领导者的基本素质。如果领导者真正拥有豁达的心胸，就会变得超凡脱俗，勇往直前。

古往今来，凡事业上建功立业、取得成就的人，绝非是那些胸襟狭窄、小肚鸡肠的人，而是那些襟怀坦荡、宽宏大量、豁达大度者。

豁达是一种超脱，是自我精神的解放；豁达更是一种宽容。恢宏大度，胸无芥蒂，肚大能容，吐纳百川。飞短流长怎么样，黑云压城又怎么样？心中自有一束不灭的阳光。以风清月明的态度，从从容容地对待一切，待到廓清云雾，必定是柳暗花明。能做到这一点就是豁达的领导者。

豁达的人，常常有着高度的主动性和自觉性，慎权、慎欲、慎微、慎独。豁达的领导者，对待事物常常“不以物喜，不以己悲”；对待名利常常“得之淡然，失之泰然”；为人处世能“退一步风平浪静，让三分海阔天空”；在困难挫折面前能“一蓑烟雨任平生”；为人民利益能“心底无私天地宽”。他们总是经常保持满意、喜爱、愉快的情绪，有着健全的品格

和良好的心境；他们豪爽、坦荡、热情、开朗，在意志上自觉而不盲目，果断而不武断，坚韧而不固执，自制而不放任。

豁达的领导者能正视人生，不会争功诿过。他们懂得“整体大于局部之和”的系统原理，把领导活动的着眼点放在全局和整体利益上；他们能够高瞻远瞩，立足当前，预见未来，做好工作，创造有利于未来发展的条件。他们见贤思齐而不嫉贤妒能，光明磊落而不暗箭伤人，置身于人民群众中间而不高高在上，是热爱别人也被别人所爱戴的人。豁达的人，多谋而出于公心，善变而利于事业，容忍谦让而不是“难得糊涂”。

领导者只有心存豁达，才会少些怨气和烦恼；只有心存豁达，才会多些宁静和安详。很显然，对人对事多一点豁达，多一点宽容，不仅可以使自己保持愉快的心情，提高自身的工作效率，而且还能密切与人民群众之间的关系，可以促进社会的和谐。

由此可见领导者培养豁达的心胸十分重要。从古今中外那些心胸豁达的志士仁人的经验来看，领导者培养豁达心胸要着重做到以下几点。

(1) 思想要通达

凡事想通了，才豁达。这就需要讲道理而不认死理，小道理服从大道理，软道理服从硬道理，旧道理跟上新道理，坚持对的、放弃错的、校正旧的、创造新的，从教条主义、经验主义的桎梏中走出去。为此，领导者需要树立正确的人生观、价值观、名利观，履行社会责任和法律义务，知荣辱、讲廉耻，重诚信、保操守，从拜金主义、享乐主义、极端个人主义的囚笼中走出去，眼界和天地自然就宽阔，心胸也就宽阔了。

(2) 加强修养，节制欲望

领导者要注意加强道德修养和文化知识修养。克制和抛弃私欲乃是加强品德修养的核心。**一个人不为一己之利去争、去夺、去斗，扫除“报复之心”和“嫉妒之念”，自然就“心底无私天地宽”**。与此同时，要努力提高自己的文化修养。一个有知识、有学问的人，能够洞察事理，胸怀开阔，就愈有广阔的胸襟。

(3) 善于顾全大局

豁达就是心系大局、服务大局，正确处理个人、局部与全局的关系。

坚持在大局中思考，理性表达利益诉求，合法取得必要利益，心平气和，自然豁达；坚持在大局下行动，认真理事、扎实办事，多办实事、好事、大事。

总之，豁达是一种美，更是一种崇高品质；豁达是一种精神文明，更是一种精神境界；豁达是一种成熟，更是一种升华；豁达是一种形象显现，更是一种身心和谐。豁达的反义词是遮蔽和拥堵。遮蔽和拥堵易生自闭、烦恼、郁闷以及种种痛苦。豁达就是从历史纠葛、恩怨情仇、怨天尤人以及徘徊焦虑中走出来，拨开乌云见太阳，使遮蔽的豁亮、使拥堵的通畅、使郁结的豁然开朗乃至豁然贯通、使不愉快的愉快，就是除了自卑，多了自由；少了忙乱，多了从容；去了怨恨，多了温煦；戒了偏激，多了沉着；忘了委屈，多了愿景。

> 豁达需要时间和实践的积淀与净化。领导者要心存豁达、宽容大度，以豁达的心态去对待事业、对待同志、对待名利、对待社会、对待人生，这样才会获得事业的成功。

4. 领导者的气量也是一种力量

气量小，周瑜才被诸葛亮气死；气量大，廉颇才被蔺相如钦服。对领导者而言，气量也是一种巨大的力量。气量，指的是人的胸怀、眼光、度量，它是人的才识、品德和道德诸方面所达到的程度和水平的综合体现。作为一名领导者，要担当决策、用人、协调甚至统帅全局的重任，必须要有气量修养，要有容人的雅量，有海纳百川、有容乃大的胸怀，不计自己对他人之恩，不计他人对自己之怨。对待群众的批评，乐闻直言，从善如流，能以谦虚的态度认真听取，有则改之，无则加勉，即使别人批评错了，也不打击报复。

无论我们是详尽地考察历史，还是深入地研究现实，都会发现一个非常普遍的事实，那就是：每个人所能取得的成就大小，与他的心胸宽窄是成正比的。

一个领导者的气量大小，与其事业成就的大小有着最直接、最密切的联系。领导者的心胸，其实就是他的气量。一般来说，有多大的气量，才能掌多大的权。“将军肩上能跑马，宰相肚里能撑船”，就是领导气量的最好体现。

宽宏的气量是领导者取得成功不可或缺的内在力量。拥有大气量可成大事，小肚鸡肠难成事，古今中外，概莫能外。刘邦善用部下之长，才使自己夺得天下；而项羽虽武功盖世，却因“自矜功伐，奋其私智”，专横跋扈，不可一世，结果自刎乌江，了结一生。类似种种，举不胜举。

在日常工作中，领导者要能容人之长、容人之功，少听顺耳的话，多听逆耳的话；要经得起误会、冲撞乃至受得了一些委屈，绝不能搞“一言堂”。领导者要善于团结志同道合的人，更要团结与自己意见相左的人，特别是反对自己的人，变消极因素为积极因素，共同促进事业的蓬勃发展。领导者要“以人为本”，广纳贤才，要有容人纳贤的气魄和度量，用人之长，敢于用那些比自己强的人，并善于容人之短，略人小过。

领导者度量宽宏的实际表现是不计较小事。所谓计较小事，就是在个人名利、待遇、面子等非原则问题上，甚至于在鸡毛蒜皮的琐事上，争长竞短，斤斤计较。因此，领导者要通过理论学习和党性修养，牢固树立“立党为公，执政为民”的思想，摆脱名缰利索的羁绊，从而开阔自己的眼界和胸怀，增大度量和气量，跳出名、利、欲的诱惑。不斤斤计较个人一时的利害得失，不斤斤计较享受的条件和待遇，不为一些鸡毛蒜皮之事和庸庸俗世的看法所左右，对个人名利始终保持一颗平常心。只有把名利看得淡一些，把群众事业看得重一些，胸怀大志、思想超脱、行为坦荡，才能全身心地投入到工作、事业中去，才能达到“心底无私天地宽”的境界，才能真正地为人民服务。

> 领导者气量小，就会失去自己的魅力，就会使自己的世界变得狭窄起来，同时还会失去一部分人的支持，尤其是对人才无法产生强大的吸引力、凝聚力，也就不利于广纳群贤。

人生中，总是有得有失，有沉有浮。得失也好，沉浮也罢，关键是要有“海纳百川，有容乃大”的胸襟。各级领导者要身体力行地贯彻落实科学发展观，始终坚持“立党为公，执政为民”，就不能没有开阔的胸怀、容人的气量。

只有严于律己，宽以待人，拥有宽厚的胸怀，容忍误会和冲撞，不计较个人得失，别人才会对你更加钦佩、敬重、拥护和信赖，才能够产生巨大的感召力。

三、谦逊待人的品德形象塑造

谦逊不骄是君子风度，狂傲无礼乃小人所为。谦恭的领导者，并不比别人学问少、本事小，只不过在人际交往中固有一种优秀的素养。越是傲慢者越显无知，越是自大者越被众人小视。“谦受益，满招损”自古以来都是如此。

1. 谦逊是领导者的优秀品质

做人既是一种人生大智慧，更是一项人品大修炼，其中很重要的一点就是要谦逊做人。因为谦逊既是一种品质和美德，又是一种价值和资本。

美国前总统克里斯有一则脍炙人口的轶事，让人从中颇受启发：克里斯在阿姆斯特大学的最后一年，获得了一枚金质奖章，它是由美国历史学会颁发的荣誉。这在全美国来讲，也是人人钦羡的。可他没有向任何人炫耀，甚至连自己的父母都没告知。毕业后，聘用他的裁判官伏尔特，无意中从 6 周以前的一份杂志的消息中发现了这一记载。这使他对克里斯备加赞赏与青睐，不久便给了他一个很重要的职位。

克里斯从一名小小的职员一直上升为著名的总统，正是以这种真诚谦逊的风貌出现在众人眼里，才使他的身价由此倍增。可见，平素以真诚谦逊待人，博得大众的好感，可以更好地为自己事业的腾飞奠定基础，并最终为自己赢得极大的成功。

有人说，“天赋的谦逊”是美国南北战争时期南方联盟的战将杰克逊

显著的特性和优秀的品质。还在西典军官学校时，他便以谦逊著称。**对于“石城”战役，他一再坚持说，功劳应属于全体官兵，而不属于他自己。**在墨西哥战斗中，总司令斯哥托对他的指挥能力予以了极高的评价，而杰克逊从未向任何人提起过这事。

不过，杰克逊并不是视功名如粪土。从墨西哥战争开始时他给他姐姐的一封信中便可以看出，他充满了树立声誉、博得大众注目的向往，那个时候他只不过是一个徒有虚名的副官。在他后来的事业进程中，这位勇敢、谦逊而聪明过人的人，巧妙地运用了他向上进取的每一个计划，使斯哥托将军对其大有好感并不断进行提拔。

> 只有目光短浅、胸无大志的人才会时时标榜自己做了什么，甚至在大众面前掩饰自己的过失。伟大的人物深知，人们所乐意接受和尊敬的是谦逊的人，因此，他们都能超脱这种浅薄的虚荣。

保持谦逊的品德对于人际交往有着不可忽略的作用。**一个背着自负自傲沉重包袱的领导者，他的友谊财富必然少得可怜。**这里，谦逊须以坦诚为基础，否则就难免陷入虚伪的泥潭。比如讨论问题时，明明自己有不同意见，为表谦逊而不明白说出，或者吞吞吐吐，言而不尽；对方批评自己时，当面唯唯称是，背后却又发牢骚。

再者，还应划清两个界限。一个是谦逊与虚荣的界限，如果一个领导者故作谦逊姿态，以求得到“谦逊”的美誉，就是虚荣的一种常见的表现。这种虚荣心一旦被对方察觉，还哪里会有愉快的交往可言？另一个是谦逊与谄媚的界限，有些领导者在交际时爱对对方说一些言不由衷的溢美夸饰之词，以为只有这样才显得自己彬彬有礼，谦恭而有教养。殊不知，过分溢美，几近谄媚。正如伟大的政治家和作家本杰明·富兰克林所说的一样：“虽说谄媚也可造成协调，但这种协调是借奴性无耻的罪过或欺骗所造成的。”

2. 任何时候都不要狂妄傲慢

狂妄傲慢是骄狂与怠慢两种情绪的结合体。狂妄是目中无人的盲目行为，傲慢是不自量力的狂妄举动。

狂妄傲慢常常与无知连在一起。凡是狂妄傲慢的领导者，都会过高地估计自己，过低地估计别人。他们口头上无所不能，评人论事谁也看不起，总是这个不行，那个也不行，只有自己最行。

狂妄傲慢最粗俗，它哗众取宠、盛气凌人，往往摆出趾高气扬，不可一世的俗态。

狂妄傲慢是无知，它庸俗浅薄、狭隘偏见，表现出夜郎自大的心态，是虚荣和一知半解结合的怪物。

狂妄傲慢是愚蠢，它故作高深、附庸风雅，其实是井底之蛙的仰望，是矫揉造作的不高明的表演。

狂妄傲慢是自负，它会使人觉得难于接近，只得敬而远之，或避而躲之。

狂妄傲慢是流沙，它常常导致事业大厦的垮塌。

狂妄傲慢的结局是自毁，是失败，这是被无数事实证明了的客观规律。

法国历史上的风云人物拿破仑，屡次以少击多，出奇制胜，被人视为战争之神。他因此越来越狂，武断专横，为所欲为，终于在亲率60万大军进攻俄国时，被打得一败涂地，后来被流放到圣赫勒拿岛。一个人不管有多大本事，只要一狂妄，就会失败。如果狂妄到底，必然彻底垮掉。

在现实生活中，无知者狂妄，当然令人鄙夷；就是一些有本事的人，狂起来也毫无益处。有了本事自视过高，进而变得狂妄，表面看来，似乎狂得有点“道理”，其实，这是不知天高地厚的浅薄气在作怪。他们不懂得天外有天、山外有山的道理，妄自尊大，总想出人头地露一手。岂不知，等待自己的只能是摔跟头。

人生在世，总是谦逊一些、谨慎一些，多一点自知之明为好。人们常说“天不言自高，地不言自厚”。自己有无本事，本事有多大，别人都看得见，心里都有数，不用自吹，更不能狂妄。看看那些成绩斐然，为人类社会作出重大贡献的著名科学家们，看看那些功力深厚、饮誉世界的艺术大师们，他们当中，绝少有人认为自己具有足够资本可以狂一狂的，他们倒是非常自知而又非常谦逊。所以，我们的行动准则，应是戒骄破满，为人勿狂。

要做到不狂妄傲慢需要注意如下两点：一是认识自己；二是平等待人。防止狂妄傲慢首先要认识自己，一个人要正确认识自己是很不容易的。狂妄傲慢的人要么自以为有知识而清高，要么自以为有本事而自大，要么自以为有钱财而不可一世，要么自以为有权势而压人。殊不知，山外有山，楼外有楼，还有能人在前头，人贵有自知之明，古今中外成大事业者，都是虚怀若谷，好学不倦，从不傲慢的人。

与人交往一定要做到平等待人。平等待人不仅是文明礼貌的行为，也是人品修养的体现。平等待人是针对傲慢无理而言的，它要求人们在社会交往中，不管彼此之间的社会地位和生活条件有多大的差别，都一视同仁。待人要切忌“势利眼”，古人说“不谄上而慢下，不厌故而敬新”，就是告诉我们待人时不应用卑贱的态度去巴结逢迎有权势、有钱财的人，而怠慢经济条件较差、社会地位不高的人。人本无高低贵贱之分，每个人都有自己的人格，人格作为人的一种意识和心理深深地附着在人的身上，需时时加以维护。人格的基本要求就是不受歧视，不被侮辱，即要求平等。

> 如果不愿遭到别人的反感、疏远，那么就切勿狂妄傲慢。如果人人都注意加强品德修养，人人都谨防狂妄傲慢，那将会使人际关系更加和谐，使生活更加幸福和愉快。

3. 戒骄戒傲，谦恭谨慎地做人

“夹着尾巴做人”，似乎有些世故圆滑。但处世过于矫情做作，过于自傲，肯定难得到他人的信任和帮助。所以，还是“将尾巴夹起来”好。

“包装”一词是目前最流行的语言之一，意思是把自我缺点掩饰起来，把优点放大。在一个流于社交应酬，盛行宣传、广告、包装的商品时代，“笨人”无疑是可笑的。但实际上，人际关系最根本的要点在真、在诚，无论交际的技巧如何老练，若无善心，过分工于心计，其处世不会久长，交友也不会长久。

宋儒吕本中在《童蒙训》中说："每事无不端正，则心自正焉。"有了诚心方能办诚事。交友、处世首先不是一个技巧问题，而是一个诚心问题。所以吕本中认为"凡人为事，顺是由衷方可，若矫饰为之，恐不免有变时。任诚而已，虽时有失，亦不复藏使人不知，便改之而已"。这就是说处事待人千万不要虚情假意，矫揉造作，意不由衷，口是心非。

在今天首先要学"笨"些，而不是学"精"，就是说多保持一些诚实的东西，少来些虚假的东西，才能有大成就。若顺应商业化社会只重交际技巧，矫揉造作的路子发展，不会有大作为。

人生处世要放长远眼光，大智若愚，这一道理是中国大儒们努力追求的。

曾国藩给其弟的信就说明了这一点。信的大意说：弟来信自认为属于忠厚老实一类人，我也相信自己是老实人。但只因为世事沧桑看得多了，饱经世故，有时也多少用一点机巧诈变，使自己变坏了。实际上因这些机巧诈变之术总不如人家得心应手，徒然让人笑话。使人怀恨，有什么好处呢？这几天静思猛省，不如一心向平实处努力，让自己忠厚老实的本质还我以真实的一面，回复我的本性。贤弟此刻在外，也要尽早恢复忠厚老实的本性，千万不要走入机巧诈变那条路，那会越走越卑下。即使别人以巧诈待我，我仍旧以淳朴厚实待他，以真诚耿直待他，久而久之，人家有意见也会消解。如一味勾心斗角，互不相让，那么冤冤相报就不会有终止的时候了。曾国藩是最反对人傲气的，他的家书中，指出傲气是人生一大祸害，切要根除，他说："古来谈到因恶德坏事的大致有两条：一是恃才傲物，二是多言。"

在另一封信中曾国藩又讲到这个问题，告诫其弟一定要戒牢骚。信上大意说：在几个弟弟中，温弟天资本是最好的，只是牢骚太多，性情太懒。我曾见过我的朋友中的那些爱发牢骚的人，后来有很多的挫折……这是因为无故而埋怨上天，上天就不会给他好运；无故而埋怨别人，别人也决不会心服。因果报应的道理，自然随之应验。温弟现在的处境，是读书人中最顺畅的境地，却动不动就牢骚满腹，怨天尤人，一百个不如愿，实在叫我不可理解。以后一定要努力戒除这个毛病……只要遇到想发牢骚的时候，就反躬自问："我是不是有什么毛病以致心中这样的不平静？"应狠

心自我反省，决心戒除不足。心平气和谦虚恭谨，不只是可以早得功名，而且始终保持这种平和的心境，还可以消灾减病。盛气凌人也罢，牢骚太盛也罢，都是自傲的一种表现。

> 自傲是人生一大误区。做人自谦，从个人来说这是最老实的态度，世界之大，无奇不有，个人无论如何神通也不过宇宙间一个尘埃而已。更何况山外青山楼外楼，水平高的人多的是，只是你未看见而已。

“夹着尾巴做人”不是虚伪而是诚心。朱熹在给其长子的家信中说：“凡事谦恭，不得盛气凌人，自取耻辱。”这就是说自谦招福，自傲招害。《三国演义》中的马谡，纸上演兵，盛气凌人，结果兵败人亡。所以《颜氏家训》中说：“满招损，谦受益。”真是为人之真言。

为人处世，尾巴不要翘得太高，而是应永远放下来、夹起来。这样做似乎弱些、软些，一时还会让小人得志，其实笑到最后的一定是你。真正聪明的人处世的高明之处正在于着眼于大处，着眼于长远。

第五章

博学多才，精明强干

——领导者能力形象的塑造

“工欲善其事，必先利其器。”出色的领导工作业绩，首先源于出色的领导素质修养。一个高水平、高能力、高素质的优秀领导者，自身必然具有深厚而坚实的知识素养与精明能干的工作能力。

领导者的知识素养与工作能力，作为一种获取与更新知识、认识与分析事物、提高与升华素质的基础，是领导形象塑造的必备要素，也是领导者人生进步与发展的品质根基。在新的历史起点上，做好领导工作，必须具备良好的知识素养和出色的工作能力，这是形势发展与领导任务的需要，也是完成使命与担当责任的要求。

一、博学多才的能力形象塑造

成为领导者的一项基本能力要求，就是有知识、有才华。增长知识是塑造博学多才的领导形象的重要方面。在很大程度上我们可以说，在塑造领导形象的要素中，博学的知识是其中重要的基石。处在当今时代，知识需要不断更新，领导者只有不断地用知识充实自己、塑造自己，才能做好领导工作，也才会具有持久的领导魅力。

1. 知识丰富的领导者更有魅力

对于知识的价值，古人早有认识。我国东汉哲学家王充说："人有知学，则有力矣。"

一千五百多年后，英国学者培根也作出了"知识就是权力"的论断。虽然在翻译成中文时，这句话的习惯表达方式是"知识就是力量"，但这两种说法的意思是一样的。

在20世纪末，美国未来学家阿尔温·托夫勒在《权力的转移》一书中指出：人们正处于一个权力转移的时代，知识的力量将变得越来越重要；在未来社会中，最有权力的就是那些拥有知识的人们。

对于领导者来说，知识作为一种"力量"，首先表现在它可以减少行动的盲目性，增强行动的正确性。如此一来，就能够极大地增强领导者果断采取某种行动的魄力。

普遍地说，人们知识水平的高低，与他们活动的有效性是息息相关的。尤其在关键时刻，领导者知识储备的数量多少和质量高低，甚至关系到其所领导的群体究竟是绝处逢生还是前功尽弃。

这一说法绝对不是信口开河，更不是危言耸听。只要看看下面这个真实的事例，就能够明白其中的道理了。

1791 年深秋，拿破仑的一支大军在皮合格柳的统帅下向荷兰进军。荷兰军队自知不是对手，便把运河的水放出来阻挡法军前进。法军面对茫茫大水，面临着是否撤退的抉择。

这时，正在苦思的皮合格柳看见树上的蜘蛛在大量吐丝结网，他马上从中得到启发。

也许在一般人看来，蜘蛛吐丝结网与是否撤军毫不沾边，简直是风马牛不相及。但是，皮合格柳对这件不起眼的小事情却极为重视，并由此做出了不撤军的决策。

原来，皮合格柳有丰富的昆虫学和气象学知识，他知道蜘蛛大量吐丝是干冷气候到来的前兆。气候一干冷，河水就要结冰；河水结冰，军队就可以踏冰前进，继续进攻。

事情后来的发展果然如此，法军由此取得了一次重大胜利。试想，如果皮合格柳没有丰富的昆虫学和气象学的知识储备，事情的结局很可能就截然相反了。

领导者要有多面、立体的知识储备。俗话说："肚里有知识，手中钥匙多。"丰富的知识储备，是帮助现代领导者不断获得成功的不可缺少的因素。

唯物辩证法告诉我们，世界是普遍联系的，而现代科学的飞速发展，则使事物间的联系进一步加强，并涌现出许多复杂的、崭新的、大大小小的联系系统。

在此情况下，人们原有的知识结构就会变得和社会分工不适应了，这就迫切需要领导者既要具备多种知识的广博性，又要具备对专业知识的深度性，成为所谓的"T"型人才。

日本、美国等国家对这一点的认识很深刻。日本汽车业的崛起充分证实了领导者具有高深的科技知识的作用。第二次世界大战后，日本满目疮痍，在盛行美国福特汽车组织大批量生产方式的时代，日本人还处于手工作坊的原始阶段。时过40 年，日本汽车业已经完全令世人刮目相看，与美国并驾齐驱了。

一度跃居世界第一大汽车组织地位的丰田汽车组织，曾经率先打破了“福特”模式，确立了现代化汽车工业发展的新阶段，每年生产汽车达数百万辆，销售额高达300多亿美元。

丰田汽车的起飞，关键在于该组织的领导者——丰田佐吉——是一个具有丰富科学技术知识的人。他先后采取了六项科学技术决策，每项都取得了十分显著的成效。在我国，随着社会经济的发展和改革开放的不断深入，作为各种组织的领导者，整个组织生存和发展的决策权都掌握在领导者的手上，形势迫切需要领导者掌握现代科学技术知识和现代管理方法。

只有知识丰富的领导者，才能以权威影响力成功地驾驭组织，引领组织顺利前进。

2. 以广博的知识赢得下属的追随

文化知识已成为当代领导者不可缺少的素质，是领导者开拓思维、拓宽视野、把握发展方向、加强凝聚力和影响力的基本要素。

从现代社会发展要求来看，领导者除了政治素质以外，还必须具有全面的现代科学知识。中国新时期的大多数领导者都受过高等教育，但他们在学校学的只是某一项专业，这对于承担领导责任是远远不够的。为在领导组织发展的实际工作中，正确处理各种复杂的矛盾，领导者必须具备一定的经济学、管理学、政治学、法学、伦理学等社会科学知识，并了解现代高新科技动态。以科学为基础，具备科学的头脑，才能在顺利履行各项领导职责、实现领导工作目标的同时，在下属中树立威信，使下属产生敬佩感。

如果领导者既是下属的工作上级，又能成为下属获取知识的重要来源，那么在领导关系之外就又会与下属形成“师生”关系，使下属对领导者产生深厚的感情，领导者也就必然会产生对下属的强大影响力。

领导者在具有一定的知识内涵的同时，还必须具有非凡的运用知识进行创新的能力，即非凡的智力水准。没有创新的智力水准，一切都只能是纸上谈兵、脱离实际。曾以《未来世界》《第三次浪潮》两书闻名全球的未来学家阿尔温·托夫勒在他的《权力的转移》一书中充分论述了知识对于权力的作用。他认为，将来高质量的权力来自于知识的应用，知识是用途最广的社会控制的根本来源。知识实际上是一切事务的放大器，是未来权力变移的核心。他指出："对知识的控制，是明天世界上的每一个人力资源机构争夺的关键所在。"

拥有知识的数量和质量将决定领导者内在的领导素质潜力。"知识就是力量"在领导者的实践活动中就体现得十分明显。知识储备少、知识结构乱、知识水平低，就不会有力量。这样的人是无知者、无力者，当然也就不能胜任领导工作。现代社会或知识经济时代对领导者的领导知识素质提出了前所未有的高标准和高要求。

领导者高水平的能力来源于他的知识内涵。只有具备了广博的知识，领导者才能具备或提高自己的观察分析、判断决策等方面的能力，因此可以说，知识素养是成功的基础。知识经济时代瞬息万变，新问题、新事物层出不穷，对领导的文化知识素质的要求也越来越高。纵观当今世界各国的政治家、军事家、企业家及其他社会各界的领导者中，受过大学教育的约占71%，中专占5.1%，中学占2.5%，自学成才或学历不清楚者仅占2.4%；同时，研究还发现，职务越高，受教育程度越高。在美国企业界，从20世纪以来高级主管人员文化程度的变化是巨大的。1900年仅有28%的人拥有大学学历，6.8%的人拥有科学学位或工程学位。到了1964年，有大学学历者上升到74.3%，33%的人拥有科学学位。到了20世纪80年代，全美500家大组织中，竟有半数以上的组织总经理都具有高级学位，其中包括企业管理硕士学位、法学学位、金融和商学学位等，而没有受过高等教育的则不到3%。美国布鲁金斯学会的报告指出，40%以上的最高联邦行政官员都在美国名牌大学受过教育，如耶鲁、哈佛、普林斯顿、斯坦福、芝加哥、密执安等大学。而且随着时间的推移，这种比例在逐渐增长。此外，在美国军界，如今96%以上的军官都达到了大学文化程度，其中90%以上的军官拥有学士甚至是硕士、博士学位。日本前首相大平正芳曾经说过："战后日本经济复兴是依靠人的头脑、进取心、纪律性和不屈不挠的精神这些无形的资源发展起来的。""受过高等教育的和精通业务的人是日本最有价值的源泉。"教育的发展，培养和造就了大批高素质的人才，也使许多受过高等教育的人才走上了各级领导岗位，这些人懂经济，懂管理，善于敏锐发现新事物，接受新事物，有效地保证了日本经济的腾飞。

知识经济是以知识决策为导向的经济，其基本特征是决策和管理必须知识化，因此领导者必须摒弃传统的观念和思维方式，改变自身的知识结构，使自己能够成为知识经济中的创新型领导者。

当今世界已迈入新的世纪，知识经济时代的到来对新世纪的领导者提出了更高的要求。无论在当今还是在将来，领导者的科学文化素质越高，知识面越广，发现问题、解决问题的领导能力和领导水平也就越高。

领导者要想获得广博的知识，就必须有强烈的求知欲。强烈的求知欲也是领导者必备的基本素养之一。一般而言，凡是有成就的领导者，他们对知识的渴求，都是非常迫切的。对新事物拥有好奇心，不学到手，不探求明白就不罢休，也是这些优秀人才的天性。

3. 现代领导者应具有合理的知识结构

知识广博的领导者，能够领导任何组织。但这一说法也不可绝对化。人们一定都见过那种对某一行业仅有非常有限的技术知识，却能在一个陌生的环境中干得有声有色的人才。同样，也有很多的优秀技术人才却因为欠缺领导能力而失败。

这样的事例容易给人一种误解：领导者不需要具备专业知识。其实不是的，它实际上只是给领导者的一个警告：过分相信专家的意见或看重自己的专业知识将会导致失败。许多领导者的非权力影响力来自他拥有和领导的行业的技术知识，毫无疑问，这是领导者富有成效地进行领导的最佳基础。然而这只是一个基础而已，并非是整个结构。任何缺乏这一基础的领导人，都必须认真获取这方面的知识。然而，只具有专业知识却无其他知识的领导者，必然会发现领导并不是件容易的事。现代领导者要提升领导力，除了要有较高的专业知识素养，还需要合理的知识结构。

从当前领导活动实践看，各级领导者应当具备以下三方面的知识：一是硬科学知识（工程技术等专业才能方面的知识），二是软科学知识（决策管理、经营管理的知识），三是社会生活知识（政治生活、经济生活、社会交往等方面的知识）。其中现代领导科学知识和决策管理科学知识即软科学知识，在我国领导者层面中较为缺乏，这是我国当前种类组织发展中的知识结构方面的阻碍因素，所以要加强这方面锻炼与培训。

可以说，领导者只有专业技术知识而没有领导与管理科学知识，是不可能完成肩负的重任的，也是不称职的，因而也就很难获得非权力领导力。

许多学者通过研究领导者角色失败的案例，得出这样的普遍结论：一般员工的主要能力是技术能力；经理的主要能力是管理能力；随着等级地位的提高，领导能力的相对重要性增加，而技术能力的重要性减弱。一些专家学者甚至提出，身为领导者，专业技术能力要弱，决策能力要强。因为实践表明，领导者专业技术太强反而有害，容易产生家长制作风。这一结论一针见血，击中问题的要害。决断和推动决策目标的实现是领导者根本的职责所在。作为一个领导者，没有丝毫专业技术素养，特别是对其重要战略性的认识，当然是一个缺陷甚至有些不可思议。但是，如果专业技术能力超过他的统御能力，搞技术的兴趣大于做领导的热情，那么他就会不自觉地放弃自身的领导职责。

具有较高专业水平的领导者无论是否真正懂得领导艺术，都有可能犯这样的错误：他不仅可能认为在专业方面是最高权威（其实是以势压人），一切按他的意思办，而且还会把这种做法作为一种经验应用到其他方面。在专业技术上或许能有一两次成功，但异想天开、生搬硬套的移植是迟早要碰壁的。由于头上有专家的光环，手里又有领导的权杖，这种人做起事来就会过于自信而无所顾忌，变得武断专横和自命不凡，官僚主义和家长制作风也就势在难免。

> 一位领导者若其他能力样样具备，只是缺少知识，那就像盛装打扮之后，却没有地方可去一样。但如果领导者凡事都有所见、有所识，那就会给他的魅力要素指明方向。

许多研究领导科学的专家认为，技术知识固然重要，但不是一切。知道如何做某件事，也不一定就能把它做好。领导者的角色是通过别人把知识发挥出来，以便生产出产品，或是把事情做好。

在高度技术化的组织中，这种观点也许并不被接受。然而确实有许多专业知识渊博的人不能成功地做一位基层的领导者；有许多卓越的艺术家不能成功地做一位文化组织的负责人；一些优秀的技术人员不能成功地扮演组织领导的角色。

一位领导者对于自己负责监督的每一项工作，都能够有所了解固然好处很多，但是，如果这种专业知识占据了他大部分的时间和精力，就会反受其害了。他会变成一个只会做事而不会领导的人，这样还不如放弃自己的领导角色，成为一位技术人员。

所以优化领导者知识结构是培养出色领导者的必不可少的措施。其中最重要的一条途径就是：领导者要立足现实，要不断学习，更新知识。

当代领导者必须以领导者的理想知识结构为参照，努力提高自己的知识水平，完善自己的知识结构。对于缺乏专业知识的领导者来说，领导虽然会因为缺乏技术知识而处于不利状态，但这种状况是不会持续太久的。首先，他会找出哪些事情在职能上是重要的。第二，他会找出各个下属在做什么事情，以及其中有无问题。然后他会跟主要人员进行一系列的磋商，以便完全彻底地了解情况。这样，他就逐渐知道私下必须加紧学习的是什么了。对于从事专业技术工作出身的领导者来说，要努力学习领导科学的知识，提高自己的管理技能。中国有一句名言："活到老，学到老。"在知识更新十分迅速的今天，即使领导者的知识结构已经达到较为理想的境界，也要不断地学习，力争自己不落后于时代的要求。

4. 领导者需要储备知识，及时充电

丰富的知识储备，是现代领导者不断获得成功不可缺少的因素。从领导工作本身的特点和要求来看，领导者的知识储备应当是多面的、立体的。在掌握大量知识的基础上，领导者再对它们加以重新组合、切割、融汇贯通，就如同将几种产品重新加以组装，贴上自己的标签，成为一种全

新的产品，这种组合创新的方法，可以称之为“拼积木法”。

领导者要善于以储存的知识激发自己的创造性思维。创造性思维需要一定的知识做基础，才能由此及彼，触类旁通。离开以知识为依托的创造能力是不存在的。当然，更为关键的是领导者将知识组合以后的创造能力。拥有大量知识并加以运用，最终产生新的知识，这是领导学习的最高境界。

古人说：“非学无以广才，非学无以明智。”对于现代领导者来说，知识素养更为重要，因为在实施领导行为的过程中，知识素养决定着领导者的思想观念和思维方式，而思想观念和思维方式又决定着行为方式。**只有具备了广博的知识，领导者才能具备和提高自己观察分析、判断决策、组织交往等诸多方面的能力。所以说，知识素养是领导工作的成功基础。**

当代的领导者必须有广博的知识。但这并不意味着领导者应当成为万能博士。事实上，在浩如烟海的现代知识中，任何人都不可能通晓一切。如果对自己应具备的主要知识素养没有明确的认识，即使勤奋学习，也可能事与愿违。因此，正确理解和设计自己的知识结构，有利于领导者明确努力方向，提高自身素质。

（1）提升知识素养的内容构成

提升领导者的知识素养应当由基础知识、专业知识两部分内容构成。

①基础知识。领导者必须学习党和政府制定的有关方面的方针、政策，尤其需要关注的是党和政府最新颁发的有关政策和法规。领导者还要学习和掌握一些社会科学知识，至少要懂得这些学科的基本常识。此外，还要密切注视世界科技新成就、新趋势，以开阔自己的视野，明确工作的方向。

②专业知识。领导者的专业知识，大体上可分为两类，一类是自己所在部门和岗位的专业知识；另一类是领导科学、领导方法方面的知识。

（2）实现知识储备的途径

领导者提高自己的知识素质实现知识储备，有两条基本途径。

①知识要不断更新。当今时代，瞬息万变，那么知识素养的重要性就更加突出了。在这个知识急剧爆炸的时代，仅20世纪70年代的10年间，

人类的发明创造已超过过去2000年的总和，知识转化为直接生产力的过程大大缩短；加上新兴学科大批涌现，知识的陈旧率大大加快，领导者只有不断更新自己的知识，才能跟上时代的步伐。

②知识结构的合理化。知识素养也包括知识结构的合理化。如果把知识比作营养的话，营养本身是不能保证身体健康的，只有通过合理的营养结构才能达到健康的目的。没有合理的知识结构，即使学识再高也无济于事，甚至是危险的。知识广博的领导者，历来为下属所赞颂。一个领导者不好学、又不好思，就不能成为受人尊敬和欢迎的领导者。大凡成功的领导者都注重学习，因为聪明离不开勤读好学，天资再高，也要求学，地位再高也要尊师，饱读诗书并且善于向老师请教者，才能德才兼备。

身为领导者既要让别人“宜慎勉，莫自满”，自己也应如此，即使身居高位，也要经常把自己当成学生看待。只有“学”才能“生”，只有不断学习，及时“充电”，才能成为才智过人的成功领导者。

（3）善于读书学习，提升知识素养

成为一名高素质的领导者，不仅应当具有坚定的政治信念，始终保持清醒的头脑，自觉坚持党的基本理论和基本路线，经得起各种风浪的考验；而且应当具有渊博的知识，开阔的视野，熟悉国情，了解世界，解放思想，实事求是，务实创新，开拓前进。领导者要具备良好的知识素养，要把自己锻炼成为一名高素质的干部，最基本的有效途径是学习。

当然，成为一名高素质的领导者决非一日之功，也不只是单凭勤奋好学的知识素养就能做到。但正如习近平总书记所言：“好学才能上进。中国共产党人依靠学习走到今天，也必然要依靠学习走向未来。我们的干部要上进，我们的党要上进，我们的国家要上进，我们的民族要上进，就必须大兴学习之风，坚持学习、学习、再学习，坚持实践、实践、再实践。”这本融汇了诸多领域、诸多学科知识的书，目的是希望通过知识的传递与交流，帮助广大领导者早日跻身于高素质、有作为、出政绩的卓越领导者行列之中。

二、精明强干的能力形象塑造

能力是领导者做好工作、取得业绩的根本依靠，是领导者胜任工作、履行职责必不可少的本领。实际上，一个领导者就像一个乐队的指挥一样，当每一种乐器各自为政地演奏时很吵闹，但通过指挥者的深刻洞察及协调、指挥、控制、凝聚等活动，就可以将每个乐手、每种乐器配合演奏出动人的完美乐章。正是这一特殊使命和特殊身份，要求领导者必须具备多方面的优秀才能，尽可能成为一个"通才"。否则，他们就无法扮演好自己的角色。

1. 有能力，才会具有领导力

能力就是实力，有能力就有实力，有实力才有魅力，才可以造就深刻的影响力，形成强大领导力。领导者最怕什么？最怕的是没有工作能力！无能的领导者会被下属瞧不起，如果连自己的下属都瞧不起你，自身的影响力、领导力何来？队伍的执行力、战斗力何来？才高才能服众，领导者应该是能力出众的组织者和领导者。千百年来，无论在政治、军事还是经济领域，因领导无能导致组织团队毁灭的事例屡见不鲜。

"人有不如己有，靠天不如靠自己"，领导者自己能力出众才是最可靠的。有些领导者错误地认为，当领导不必自己本事大，只要手下的人有本事就行了，当领导只要会用人就可以了，何必业务精通。领导者会用人当然重要，但如果自己能力低，对工作不熟悉，业务是外行，又怎么能识别人才、使用人才呢？就算用对了人，也难保不被下属当外行蒙骗。

> 工作能力是领导力的基石，有水平、能力强的领导者，具有较强的号召力、亲和力与感染力。才能平庸的领导者，是很难被下属信服的。

在今天的社会管理活动中，对领导者的素质能力要求愈来愈高。一个称职而有为的领导者，应该是一个学有所长、业有所专的人才，是其所在部门、所在领域的优秀人物。要知道，权力只能让人慑服，能力才能让人折服。

领导者不能只是单纯的技术专家，也不只是精通领导艺术的专家。他们必须学识广博，能谋善断。只有这样才能领导群众同心协力地完成既定目标，不断创造新的事业。

西方领导学中有一句非常著名的格言：**“一头绵羊带领一群狮子，敌不过一头狮子带领的一群绵羊。”**领导者对于团队组织的作用，就是这么重要。一个地区、一个部门、一个组织的发展前景，首先取决于带头领导者的自身能力和领导素质。俗话说“打铁先要自身硬”，领导者的自身素质直接影响群众的积极性，影响地方事业的发展。有些原本发展很好的地方，却在一任领导的主持下每况愈下，直至民怨载道。归根到底还是领导者的能力问题。

俗话说，“兵熊熊一个，将熊熊一窝”。领导者作为群众的主心骨，不仅要凭借自己的才能谋好思路、干好工作，更要以超凡的能力来凝聚人心、带好队伍，组织率领人民群众共同前进。

作为今天的领导者，不仅要有组织才能，还要有专业才能，即对工作领域和岗位专业，也同样要精通，这就是所谓的“内行”领导。“内行”领导不仅需要领导者对自己分内的工作流程有基本的了解，实际上更是对领导能力的要求。现在，有许多地方政府倾向于从基层中培养提拔领导者。这些地方政府所看重的就是这些人有着适合于当地情况的工作经验，在专业知识方面是一个内行。

总之，领导者的能力是领导力的有效保证，也是勤政为民的重要资本。

没有人是天生的领导者，作为领导者，需要通过不断地学习与实践，使自己精通本职工作，依靠勤奋工作和加强学习，不断提高领导工作的能力，从而创造更佳的政绩，得到广大群众更多的拥护。

2. 努力培养多元性能力

面对今天的社会发展和执政条件，要求领导者不能只是专才，而且还要成为“通才”。这就意味着每位领导者应当具备的领导能力不是单一的某种能力，而是具有多元性的领导能力。

根据我们的国情要求，领导者的多元性能力至少应具备以下几个方面。

（1）把握宏观战略的总览全局能力

在当前复杂多变的形势下，领导者能否以战略头脑，远用战略思维，把握事物发展的方向，统览全局，预测未来，以做出科学的判断和决策，事关国家与百姓的前途命运。因此，每一位领导者都需要修炼总览全局的能力，能够从大局出发，从宏观入手，以远见卓识的战略眼光，领导群众共创和谐社会与光明的未来。

（2）科学预测形势的判断能力

时代在不断进步，社会在快速发展。正确地认识和科学地判断形势，是领导者总览全局、科学决策的重要前提和重要依据，也是领导者勤政为民所必须具备的一项重要能力。今天的领导者只有以宽广的眼界观察世界，不断提高科学判断形势的能力，才能正确把握时代发展的要求，才能在工作中与时俱进，不断做出正确决策，取得出色的政绩。

（3）兼顾均衡发展的统筹能力

领导工作中，需要统筹全局，兼顾各方，统筹好经济社会发展各个环节，协调好社会各阶层、各群体的利益关系，既要照顾到方方面面，又要抓住中心环节，合理地配置各种资源，使社会生产、群众生活等各方面都能够有序地发展。因此，对于领导者来说，就需要在动态发展过程中，练就出色的统筹能力，综合平衡好各项工作。

（4）多谋善断的决策能力

领导决策就是在正确的时间做正确的事。决策失误将给人民、给组

织、给国家、给社会带来难以弥补的损失，甚至会带来毁灭性的灾难。作为领导者，要提高自己的决策能力，必须在调查研究基础上，在科学判断的前提下，运用科学的方法，以做出正确的决策。

(5) 任贤用能的用人能力

做领导工作，用人问题关系到事业的成败。**领导者必须高度重视人才问题，把识才、选才、用才作为领导智慧的核心，不断提升领导用人的能力，抓好任贤用能、职能匹配这一领导工作的第一要务。**

(6) 不讲条件的执行能力

领导能力的差距从根本表现在执行力的高低上。不讲条件，不找借口，高效地执行，才是实现领导目标的唯一途径。可以说，一个领导者的执行力决定了一个地区或部门的发展。只有提高领导执行力，领导决策才有生命力。领导执行是一切正确决策的生命线。

> 领导者执行力的强弱，是能否有效执行党的方针、政策的关键。如何快速而有效地提高执行力，是当今各级领导者显示自身才华，取得工作业绩的根本保障。

(7) 张弛结合的管理能力

领导工作涉及面广，头绪多，多项工作常同时进行，既要管人管事，又要管财管物。因此，领导者只有在实际工作中不断提高自己的管理能力，才能将事情化繁为简，紧抓中心环节，科学布置工作，做好工作的落实。同时要做到张弛有度，刚柔相济，提升领导工作效率。

(8) 化解矛盾的沟通能力

沟通能力是领导者必备的基本能力。做好领导工作，必须善于进行组织内外的信息和情感的交流。领导者运用沟通途径协调各部门与层级的关系，在信息交换中消除误解达成一致，从而实现组织的和谐。如果缺乏沟通能力，那么整个组织就必然信息闭塞，矛盾丛生。

(9）展现魅力的讲话能力

领导工作往往与领导者的语言组织、说话方式、表述分寸以及说话态度有着密切的关系。作为领导者，要展现个人魅力与领导艺术，就必须具备高水平说话能力，否则沟通效果将难如人意。领导者有一副好口才，需要言必由衷，传必求通。

(10）和谐有序的协调能力

领导者身在高位，手握权力，在布置工作时必须兼顾各方，协调平衡各种关系，才能顺利履行领导职责。既要协调平衡好人事关系，也要协调平衡好工作关系，二者不可偏废。要做到这一点，其前提就是必须具备合作精神与协调意愿，不随意排斥他人；同时，还要学习相应的协调平衡方法与技巧。

(11）终身自觉的学习能力

我国正处于社会转型时期，社会形势日益复杂，矛盾与困难逐渐增多。领导者要处理复杂局面，必须自觉培养与提高自己的学习能力。领导者学习能力不仅关乎个人发展，更关乎国家兴衰和执政大业。身为一名领导者，更应该站在时代的前列，成为一个自觉学习、善于学习、终身学习的人。领导者只有善于学习，才能够胜任工作。

(12）积极开拓的创新能力

开拓创新能力是一种着眼长远、开创未来的预见能力和行动能力，反映了领导者勇于改革现状、不甘抱残守缺的积极进取精神。具备开拓能力的领导者通常反应灵活，思维敏捷，而且灵活多变。要想跟上时代的步伐，迎接层出不穷的挑战，领导者就不能鼠目寸光，墨守成规，而必须眼界开阔，勇于创新。同时，不要畏惧变化，而要对新事物、新观念、新环境、新技术有敏锐的感受和捕捉能力。

具有开拓创新能力的领导者，总是思想解放，勇于探索，敢于变革，不遵循守旧，能抓住机遇带领群众开创无限美好的未来。

(13) 临危不乱的应变能力

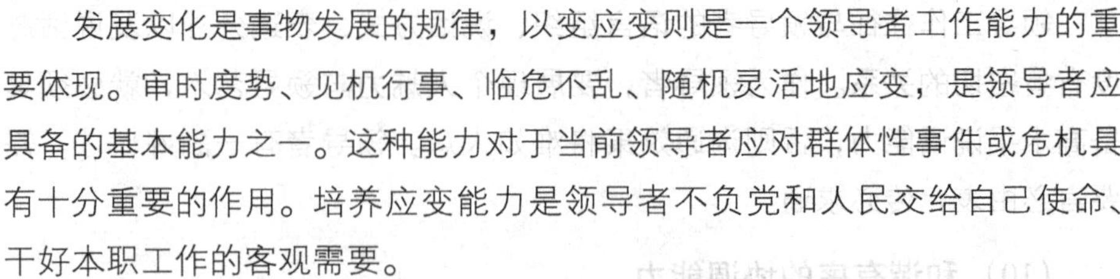

发展变化是事物发展的规律，以变应变则是一个领导者工作能力的重要体现。审时度势、见机行事、临危不乱、随机灵活地应变，是领导者应具备的基本能力之一。这种能力对于当前领导者应对群体性事件或危机具有十分重要的作用。培养应变能力是领导者不负党和人民交给自己使命、干好本职工作的客观需要。

随着形势的变化发展以及各地方情况的差异，领导能力并不仅限于以上所列内容，但是上述的十三个方面无疑是每一个领导者当前工作中必须具备的最基本、最关键的领导能力，领导者只有做到这些，才能形成多元化能力。

3. 培养素质过硬的业务能力

领导者想要胜任今天的工作，其中一项基础的素质能力就是要锻造更加精良的业务素养，在组织、指挥、协调上过得硬。这种素养不仅是领导者应该具备的能力和品质，更重要的是带领广大群众善打硬仗的需要。

这就要求领导者做到业务过硬，即做好以下几个方面。

(1) 必须认真实践

经验在于实践，知识在于积累。领导者只有不断地刻苦学习，才能获取必要的科学知识以丰富自己、武装自己，才能拥有认识世界、改造世界的精神武器。向实践学习，直接获得知识和经验；向别人学习，特别是通过书本和其他媒介向别人学习，间接获得经验。

(2) 必须重视调查研究

毛泽东同志指出，“要了解情况，唯一的方法是向社会作调查”“没有调查就没有发言权”。作为领导者，在实际工作中如果只满足于坐在办公室里，要数据，听汇报，或者仅仅根据上级文件办事，或者下到基层走马观花以示调查，不愿做艰苦、细致的调查研究，在这种情况下作决策，是没有不失误的。

(3) **必须上升到理性认识**

善于对调查得来的材料进行研究，进行分析综合，抽象概括。要认识客观世界，必须进行调查，但调查不能代替研究。仅凭调查得来的材料去认识事物，往往是一种感性认识。感性认识只能认识事物的现象和局部，还必须上升到理性认识，认识事物的全局和本质。领导者在对事物的认识处于感性阶段时，是无法作出科学决策的。

(4) **必须善于借助"外脑"**

这里的"外脑"主要指智囊组织。智囊组织的主要职能是协助决策核心拟定决策方案，即他们的主要工作是"谋"，领导者的"拍板"是"断"。领导者既要尊重智囊组织为领导决策提供的备择方案，又必须有自己的独立见解和决断能力，要善于根据决策目标要求，权衡利弊、得失，比较鉴别各种预选方案，在有充分的把握时当机立断。

4. 培养开拓进取的创新能力

领导创新是一个地区、一个组织、一个团队持续发展的不竭动力，也是形势和任务对领导者提出的重要要求。经济发展和社会进步要求领导者必须具有强烈的创新意识和不畏艰险的创新勇气。开拓进取的创新能力，对于团结带领广大群众不断夺取改革开放和社会主义现代化建设的新胜利，具有重大而现实的指导意义。

邓小平同志曾强调指出："要善于学习，更要善于创新。"江泽民同志也曾指出："创新是一个民族进步的灵魂，是一个国家兴旺发达的不竭动力，也是一个政党永葆生机的源泉。"

(1) **不断解放思想、实事求是、与时俱进**

实事求是是我们大力倡导的优良作风，也是领导工作创新的根本原则。改革和建设事业能否有所突破，不断前进，从根本上说，就看各级领导者能否始终如一地坚持解放思想、实事求是，能否坚持开拓创新、与时俱进。领导者要自觉地从不合时宜的观念、做法和体制的束缚中解放出来，从对马克思主义错误的和教条式的理解中解放出来，从主观主义和形而上学的桎梏中解放出来，善于在解放思想中统一思想，用科学发展观指导新时期的工作实践，用创新的理念去谱写事业新篇章。

（2）改进作风、求真务实、开拓创新

> 领导作风直接关系着党的路线的贯彻执行，关系到党的形象和战斗力，影响着党风和民风，事关党与国家的前途和命运。实践表明，各级领导者要完成党的各项任务，必须树立和发扬良好的领导作风。

领导者要按照胡锦涛总书记提出的“八个方面良好作风”的要求，在思想作风上坚持解放思想、实事求是，反对因循守旧、不思进取；在工作作风上坚持密切联系群众，反对形式主义、官僚主义；在领导作风上坚持民主集中制，反对独断专行、软弱涣散，坚持党的纪律，反对自由主义；在学风上坚持理论联系实际，反对照抄照搬、本本主义；在生活作风上坚持清正廉洁、艰苦奋斗，反对骄奢淫逸。各级领导者要拿出巨大的勇气和魄力，全面加强作风建设，体现时代性，把握规律性，富于创造性，以高度饱满的热情、求真务实的态度、开拓创新的精神，敢于负责，勇挑重担，不断开创各项工作的新局面。

5. 在实践中不断增长知识与才干

领导才能的锻炼和培养，知识的获得与丰富，既可以通过学习来获得，还可以通过实践来增长。

在今天的领导者工作中，努力在实践中增长知识才干，是每个领导者应当高度重视并加以解决的重要课题。领导者要增长才干，担当起历史使命，就要以坚忍不拔、奋发有为的良好精神状态，积极投身到实践中去，接受锻炼和考验，在实践中磨练意志、增长才干。

实践出真知、出经验、出理论、出人才，这是历史唯物主义的基本观点。作为领导者，无论是先天的个人条件，还是后天的知识积累，只有在实践中才能形成能力，形成意志和品格。没有深刻的历史变革，就难以产生伟大的理论；没有挫折和失败，就难以积累经验和教训；没有血与火的考验，就难以锤炼钢铁般的意志。总之，脱离实践，天资再好，也会变成庸人。

社会实践是人们认识世界和改造世界的根本途径，也是培养造就领导者的最好学校和广阔天地。事物总是在矛盾的不断运动中向前发展的。**人们对世界的认识，总是在实践、认识、再实践、再认识的过程中不断实现的。这是不断推动事业向前发展的规律，也是干部成长进步的规律**。古往今来，各种人才尤其是领导人才，大都是从社会基层开始，经过艰苦环境的锻炼和考验而成长起来、脱颖而出的。

（1）在实践锻炼中增长领导才干

在实践中接受锻炼、经受考验、增长才干，历来是领导者成长的重要方法，也是领导者成长的最广阔道路。毛泽东、邓小平等老一辈领导人，之所以具有超人的胆识，丰富的政治经验和卓越的治党、治国、治军才能，这同他们长期从事革命和建设的伟大实践，经受过各种难以想象的艰难困苦和尖锐复杂斗争的锻炼和考验是分不开的。在新时期，一大批优秀领导者走上领导岗位，可以肯定，他们的政治、文化和专业素质是好的，弱点是阅历不多、经验不足，缺乏在实践中的艰苦磨练，迫切需要加强实践的锻炼。

（2）在实践锻炼中磨炼领导意志

在实践中接受锻炼，就要用艰苦奋斗来磨练意志。**艰苦奋斗能培养顽强的意志，增强耐性和磨练韧性**。顽强的意志是一个人战胜挫折、增强心理承受能力的力量源泉，每位领导者只有自觉加强意志品质锻炼，提高自身对经济社会发展变化的承受能力，才能做到勇于承受各种挫折，百折不挠，积极向上。具备艰苦奋斗的耐性，就是指能在平凡的工作岗位上沉下心来，克服急躁心理，经受住时间和环境的考验。无论在什么行业、什么岗位上，实干最可靠，踏实最可贵。越是在顺利的环境下，就越要居安思危、勤勉工作、老实为人，防止产生骄纵、懒惰的心态，防止得意忘形、盛极而衰。在逆境中，要坚定信心。越是在艰苦的条件下，越要懂得“艰难困苦，玉汝于成”的道理，坚忍不拔、愈挫愈勇，不畏艰难、勇往直前。只有这样，才能在克难奋进中经受锻炼、增长经验，丰富阅历、增长才干。

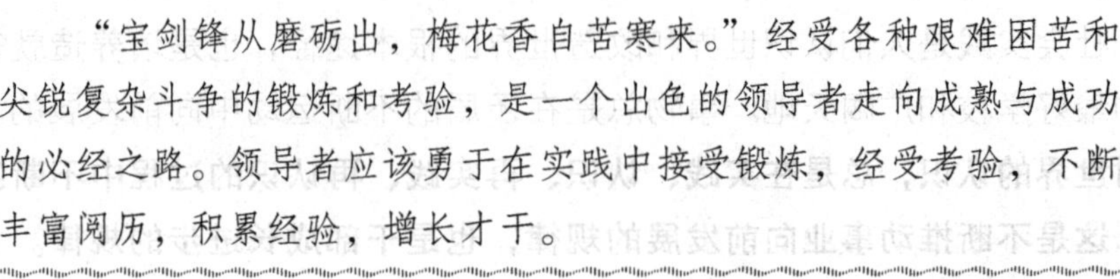

“宝剑锋从磨砺出，梅花香自苦寒来。”经受各种艰难困苦和尖锐复杂斗争的锻炼和考验，是一个出色的领导者走向成熟与成功的必经之路。领导者应该勇于在实践中接受锻炼，经受考验，不断丰富阅历，积累经验，增长才干。

第六章

恪尽职守，勤政敬业

——领导者工作形象的塑造

做好领导工作，首先必须树立“事业大如天、责任重如山”的意识。勤奋敬业，恪尽职守，是一切领导工作的灵魂，从中也折射出每一个领导者的道德水平和能力素质。对领导者而言，职务就意味着责任。一个地方、一个部门的领导者，守土有责、富民有责、兴业有责，肩上的责任可谓重大。各级领导者，只有在自己的岗位上勤奋敬业，认真履行职责，尽心竭力，扎实工作，才能保证各项事业的健康发展，才能为人民群众谋利益。

一、勤政的工作形象塑造

"在其位，谋其政；司其职，负其责。"这一古训，是对从政者的要求，也是衡量领导者是否称职的标准。作为领导者，身在其位，当勤其政。这是履行领导职责的必然要求，也是领导者有位而有为、尽其所能争创人民满意的政绩的基本要求。

1. 勤奋是履行领导职责的必然要求

领导之职与领导之权，都是人民赋予的。身为领导者，在其位，就要谋其政，勤其业，就应该在工作和事业上勤奋敬业，尽心尽力，尽职尽责。这是最基本的要求，也是第一位的要求。

各级领导者只有在自己的岗位上勤奋敬业，认真履行职责，尽心竭力，扎实工作，才能保证各项事业的健康发展，才能为人民群众谋利益。**如果领导者在其位而懒其政，甚至失职、渎职、不称职，就无法履行领导职责，辜负了党和人民的期望。**

反观我们的一些领导者，忘了前人告训，忘了党和人民的重托，为官不勤，平庸工作，业绩平平，有位无为。如有的领导者因循守旧、故步自封，安于现状、不思进取，工作上回避矛盾、不敢负责，得过且过，只想当个"太平官"；有的领导者缺乏责任意识和敬业精神，成日小心翼翼捧着一顶乌纱帽，唯恐有失；有的领导者墨守成规，只知凭经验、按惯例、盲从上级意图，他们的为官哲学是"无过"就是"有功"，所以做工作总是随众行事，免犯错误。对这几种领导者，老百姓形象地称为：**"平平安安占位子，忙忙碌碌装样子，疲疲沓沓混日子，吃了喝了捞票子。"**可见，为官不勤，平庸度日，虽不像贪官那样直接吸食民脂民膏，但他们拿着人民的俸禄，却在其位而不谋其政，其危害也是显而易见的。

勤奋敬业，是一种精神境界，身为领导者，就是要具有这种精神。领导者勤政为民，最重要的是要有对党和人民的事业极端负责、极端认真的精神。领导者有了这种精神，做到勤奋敬业就有了根本保证。

“勤政为民”四个字所说的不是为官者的政绩，而是为官者的政德，这四个字从方向上和宗旨上解决了领导者要为谁而“勤”、为谁而“政”的问题。

2. 勤政为民来自对人民的尊重和热爱

为人民而“勤”，为人民而“政”，这样的官员才符合“为人民服务”的宗旨要求。只有做到了为人民勤政务，尽职守，才能解决“廉政”的问题，才能解决“德政”的问题。

勤政为民是来自领导者对人民群众的尊重和热爱的责任感。这种责任感体现着领导者的高尚道德。**领导者只有尊重人民群众，热爱人民群众，才会以勤政为民的强烈责任感赢得人民群众的尊重和热爱，才会享有极高的领导权威。**

勤政是官德的重要组成部分。政者，正也。勤政就是勤于做有益于国家、有益于人民的正义之事、正当之事、正派之事、正确之事。人正才能权正，权正才能国正。

党的好干部郑培民同志，就是勤政为民的优秀代表。

1990年5月，湖南省湘潭市市委书记郑培民被调往湘西土家族苗族自治州，出任州委书记。湘潭和湘西，一字之差，天壤之别。湘潭是湖南省经济较发达的地区，离省城长沙只有1小时车程；湘西是全国著名的少数民族贫困山区，去省会长沙要坐14小时火车。湘西工作是只有硬肩膀才能挑起来的重担子。多年来，湖南省委一直把湘西的脱贫致富放在突出位置。

省委领导与郑培民谈话，刚一谈起去艰苦地区工作的重要性，郑培民笑了：“请直说吧。”调动的意向被和盘托出，做郑培民思想工作的话没有必要说了。平级调动，又是“从米箩里跳到糠箩里”，多年后的今天，人们还在为他的痛快回答而敬佩不已。

郑培民一上任就问："哪个村子最穷啊?"随后就根据得到的回答，去了叭仁村。

"叭仁"是苗语，意思为山顶上。要到达这个三面悬崖一面山的村寨，首先要从湘西的首府坐车到乡里，然后喘着粗气，手脚并用，耗费4个小时，徒步行走12公里的陡峭山路。苗族群众之所以多年后还记得郑培民，就是因为他是到过这里的最大的领导。在他之前，只有乡干部爬上过这个走起来累死人也吓死人的山头。

两年多时间，郑培民跑遍了全州218个乡镇，住过30多个乡镇。这只是一个粗略到乡镇、尚不包括村寨的统计。除去在省里州里开会、办公需要的时间，在"开门见山"的湘西，这是一个没有喘息之机的数字。

形象也是干出来的。在湘西州委的选举中，郑培民全票当选州委委员，全票当选州委常委，全票当选州委书记。有的干部誉称他是"三个百分之百"，郑培民当即纠正说:"只有一个百分之百，那就是全州人民对共产党百分之百的信任和感情!"

2002年3月11日，时任湖南省委副书记、省人大常委会副主任的郑培民被调到北京参加中央干部考察组，工作中，急性心肌梗塞突发。连郑培民自己都不会相信，困扰了他多年的病魔，一转眼就会变成死神。在赶往医院的路上，他已无力地倒在秘书肩膀上，嘴里还在嘱咐司机"别闯红灯"。谁想得到，一棵生命的大树就这样倒下了!

但是，倒下的郑培民擎起来的却是精神上的火炬，他经常念叨的四句话"大浪淘沙，警钟长鸣，不忘宗旨，永葆本色"已经变成了他的精神遗产，时时被人们享用着。不需要更多的语言描述他，不需要更多的词藻雕琢他。"郑培民"这个名字让人们记住了：天地之间，曾经有过这样一个一心为民、顶天立地的共产党人!

3. 履行勤政职责必须恪尽职守

恪尽职守是对领导者在履行职责方面的目标要求。每个领导者都承担着与其权力相适应的职责，领导者的权力越大，职责也就越重。因此领导者是否恪尽职守，是评判其是否称职的重要标准。身为领导者，就应该经常反躬自省：为什么当干部？当干部为什么？怎样当干部？领导者必须时刻牢记党的性质和宗旨，把为人民谋利益、做好事、办实事，作为自己全部工作的出发点和落脚点。必须时常记住权力是人民给的，为人民做事情是职责所在，即使群众对有的工作比较满意，也不该让群众感谢，更不值得大肆炫耀；对于群众的批评更应该虚心接受。必须在工作实践中努力做到“三律”。

（1）严于律己，克己自律

严于律己，这是对领导者的基本要求，也是做到恪尽职守的基本功夫。**许多事实证明，管住自己就是自我负责，放纵自己就是自我毁灭。**每个领导者首先要洁身自好，克己自律，慎独慎微，清清白白做官，堂堂正正做人。要严格遵守有关廉洁自律的各项规定，防止在政治信仰、思想觉悟、执行纪律上出现滑坡、懈怠和疏忽，努力做到不正之风不染、不义之财不取、不法之事不做、不净之地不去、不正之友不交。

（2）敢抓敢管，勇于律他

勇于律他，这是领导者勤政敬业、恪尽职守的具体实践。领导者仅仅满足于独善其身、洁身自好是远远不够的，还必须勇于律他，对自己管辖范围内的不正确的议论和行为要敢抓敢管、善抓善管和勇于监督，创造良好的工作环境和工作氛围，促使广大群众养成良好的工作作风。

（3）接受监督，闻过则喜

乐于接受监督，这是领导者勤政敬业、恪尽职守的重要保证。领导者要充分地保证广大群众对本单位各项工作的知情权、参与权、管理权和监督权，要自觉地、主动地、高高兴兴地接受党内监督、群众监督、社会监督、舆论监督和专门机关监督等各种来自自身外部的监督和批评，做到“闻过则喜”。

领导者手中的权力是把双刃剑，若不正确运用它，就可能置自己于万劫不复的深渊，更会给党、给国家、给人民造成无法挽回的损失。

4. 要把心血全部投入到领导工作上

一个合格的领导者，只有立足于岗位积极工作，才能够对组织、对社会、对人民有所贡献；一个有贡献、有作为的领导者，其职业生涯才会精彩。

许多刚刚踏上领导岗位的人，他们有种不良的倾向，就是高高在上，养尊处优，“一杯茶，一支烟，一张报纸看半天”。他们不愿到基层，严重地脱离群众，不愿担负艰苦和风险高的工作任务。

领导工作是一个需要全身心付出和奉献的工作。不付出艰苦的努力，不打好坚实的基础，即使有一个好的平台，也会因为缺乏必要的准备而难以胜任，再加上吃苦耐劳和乐于奉献精神的严重缺乏，到了领导岗位上就不会勤奋敬业，就不能恪尽职守。**只有那些不仅在位而且在岗，不仅在岗而且把心血投入到工作上，踏踏实实付出、实实在在创造工作实绩的领导者，才能最终受到人民群众的欢迎和上级组织的信任。**

从事领导工作，一个具有勤政敬业精神的领导者才会坚守岗位、积极贡献、表现出高超的职业道德和事业心，才比较容易获得职位升迁、个人进步。实现这些，必须要做到：人在岗上，岗在心上，心思在工作上。一旦走上领导岗位，就要切实做到用心想事、用智谋事、用力干事。

“在其位，谋其政”，这是农耕时代对官员的起码要求。今天的领导者不仅要在其位上其岗，而且要岗在心上，心思投入在工作上。这是党和人民的利益所在，也是领导者的使命与职责使然。

> 领导者要做到岗在心上，就是要用心想事，要心无旁骛地把心思用在研究、解决工作中面临和出现的问题上。

当前，确实有些领导者，或是由于缺乏责任心和使命感，心不在焉，不知道要干什么事、该干什么事；或是把心思用错了地方，对领导的事热心，对亲友的事操心，对自己的事专心，就是对岗位上的事不上心，群众的事不关心。这样做的后果是，既耽误本地区、本部门的发展，影响科学发展、社会和谐的大局，辜负人民群众的信任和期待，同时也直接影响了自己的工作效率、事业前途。

“十二五”时期面对更加艰巨复杂的改革发展任务，领导者必须把用心想事和做事，作为一种政治责任和党性要求，要抛弃私心杂念，牢固树立立党为公、执政为民的意识，聚精会神搞建设，一心一意谋发展。同时，要开动脑筋，发挥自己的聪明才智，把心思投入到工作上，不断探索促进社会和谐的新思路、新途径。这样的领导者才能适应时代发展的要求。

领导者是否在其位勤其政，最直观的表现就是看其是否能在领导工作中踏实工作，积极作为，把全部心血投放到岗位工作上。

二、敬业的工作形象塑造

没有责任心的领导者不是合格的领导者！不能尽心尽责的领导者不是称职的领导者！当党和人民对政府工作不停地呼唤诚信、强调执行力、重视领导力、倡导“自动自发”、要求“没有任何借口”的时候，责任、责任心、责任感正是广大领导者勤政为民、做出人民满意成绩的真正支柱。

1. 责任心是高效执行的真正保障

领导者的责任心，就是政府工作的防火墙。其实执行力的提高与领导者的责任心息息相关。而领导者的责任心，又与政府的形象与公信力有关。俗话说：润物细无声。需要责任心的地方，并不一定都马上涉及组织的生存，反而往往是那些看似无大碍的小节之处。而这些小节的积累，往往就注定了组织的命运。

在一些政府机关中，人们经常见到这样的现象：电话铃声持续地响起，大家仍慢条斯里地处理自己的事，根本充耳不闻。一屋子人在聊天，投诉的电话铃声此起彼伏，可就是不接听。问之，则曰：“还没到上班时

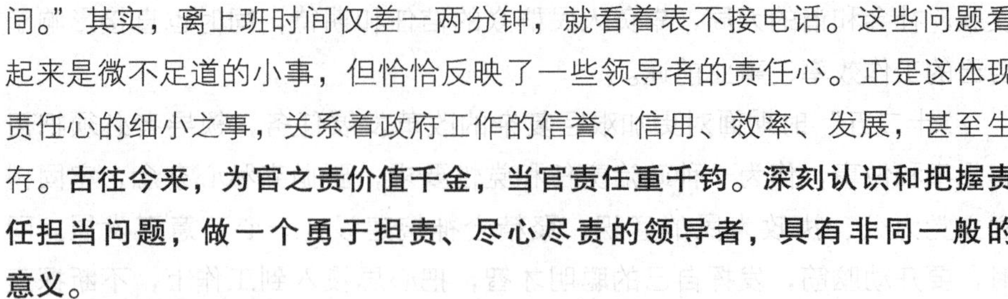

间。”其实，离上班时间仅差一两分钟，就看着表不接电话。这些问题看起来是微不足道的小事，但恰恰反映了一些领导者的责任心。正是这体现责任心的细小之事，关系着政府工作的信誉、信用、效率、发展，甚至生存。**古往今来，为官之责价值千金，当官责任重千钧。深刻认识和把握责任担当问题，做一个勇于担责、尽心尽责的领导者，具有非同一般的意义。**

能不能担当责任，是衡量人品高下的重要尺度。尽心尽责，是一个领导者社会责任感和正义感的体现；是社会稳定、安全、和谐的基础；是自强不息浩然正气的象征。作为一名领导者，在国家大事、社会难事面前，是退避三舍，还是担起责任，不仅看出思想境界和自我能力，也决定着最终是否有所作为。

领导者作为个人的价值在于能担当。人的提升，在于能够适应更高的要求，担当更大的责任。担当的责任越多，往往证明其价值越大。人生在责任中成长，在勇于担责中前行，在尽心尽责中辉煌。古人讲：“为天地立心，为生民立命，为往圣继绝学，为万世开太平。”作为领导者，有了这份心系苍生的责任感，怎能不激发创造力，怎能不出勇气、出智慧、出力量？有了责任感才会迎难而上、锐意进取。个人的潜能往往在尽心尽责中得到充分发挥。遇事推诿、裹足不前，在逃避担当的同时，往往也错过了成就事业的机会。

> 职责与使命如影相随，指引人生路径，照亮人生前程。领导者的人生追求要有所建树，必须坚持尽心履职，尽责担当，这是实现人生价值的重要法则。

反观现实社会，有一些政府领导者，遇大事难事，不敢担责、不愿负责。有好处可得时趋之若鹜，要承担责任时则避犹不及。面对各种责任，有的人认为自己不在其位，不谋其政，无法担当；也有的人认为自己职权有限、能力有限，无力担当；有的人则认为讲责任太沉重，担责任太劳累，不愿担当；还有的人干脆说“天塌下来有高个子顶”，自己无须担当。在日常工作中，人浮于事、推诿扯皮的现象常常出现；在危难和考验面前，逃避退缩、把一些重要的工作留给别人去做。

因此，在政府工作中，越是艰巨的任务，领导者就越应该主动去承担。而承担艰巨的任务是锻炼自己能力难得的机会，长此以往，领导者的能力和经验会迅速得到提升。**在完成艰巨任务的过程中，也许有时会感到很痛苦，但痛苦会让领导者变得更成熟，能力更强。**

为什么很多人喜欢推诿？原因无非是两条，一是嫌麻烦，二是怕承担责任。有了这样心态，就算是自己职责范围内的事情，都不愿意做，都恨不得把责任推给别人。最好的执行者绝不允许推诿，既然问题出现了，就一定要解决。

敢负责，就没有什么难事。即使工作中出了错，只要善于总结，及时纠正，今后再遇到同样的问题就能轻松解决了。

作为当代领导者，属于自己职责范围之内的事情，就绝不要推诿。假如每个人都不愿意承担，把责任推给别人，那事业怎么发展，工作如何推动，个人又哪来的机会？所以，领导者做事情应尽心尽责决不推诿。

2. 锻造过硬的承担责任的能力

领导者能否出色地履行好岗位职责，取决于其是否具有较高的能力素养，取决于其思想道德品质、政治素质、知识水平、业务能力、敬业精神的综合水平。在领导者多方面素养中，起决定和基础作用的要素主要是责任能力。领导者只有锻造过硬的责任能力，才能积极地“在其位、谋其政”，适应形势任务变化要求，实践科学发展观，妥善处理各种新情况新问题，保证党和政府各项任务的顺利完成。

强调领导者要有过硬的能力和本领，从哪个方面讲都不为过。从完成党的执政使命看，我们迫切需要有一支政治上靠得住、工作上有本事、作风上过硬的行政干部队伍，迫切需要有一支能在各方面发挥先锋模范作用的社会管理队伍，只有这样，我们党才能担负起领导时代发展的重任。从增强党的威信和影响力看，我们迫切需要拥有一大批既忠于党、忠于人民，又具备各方面专长和本领的领导者，使我们党成为优秀人才聚集、在群众中有凝聚力和号召力的党。如果领导者的本领比群众还差，这样的领

导者不可能赢得群众的尊敬和拥护，政府整体形象也会大打折扣。从自身的发展要求看，现在社会竞争日益激烈，领导者如果能力有限，不要说为党和人民事业做出贡献，自身都可能面临被社会竞争所淘汰的命运。所以，于民于国于己，领导者都应不断增强本领。

能力和本领从哪里来？从学习中来，从实践中来。加强学习和实践，是克服“知识恐慌”“本领恐慌”的唯一途径。1939 年 5 月 20 日，毛泽东同志在延安在职干部教育动员大会上的讲话中指出：“共产党要领导革命，就要发起学习运动。抗日战争后，我们的同志要适应斗争的需要，要加强学习，而很多现象显示，我们的队伍里有一种恐慌，不是经济恐慌，也不是政治恐慌，而是本领恐慌。过去本领只有一点点，今天用一些，明天用一些，渐渐告罄了。好像一个铺子，本来东西不多，一卖就完，空空如也，再开下去就不成了，再开就一定要进货。我们干部‘进货’，就是学习本领，这是我们干部所迫切需要的。”领导者要锻造自己过硬的责任能力，要从以下几个方面做起。

首先要加强理论学习。高尔基曾说：“人的知识愈广，人的本身也愈臻完善。”对领导者来说，要胜任政务工作，不仅要熟悉理工类科学知识，还需要了解和掌握人文社会科学方面的知识。21 世纪是一个日新月异的时代，对领导者最重要的素质和能力要求，就是要善于学习、善于自我反省和不断超越自我。

> 每个领导者都要积极面对新形势带来的新任务、新挑战和新考验，在学习中提高，在学习中完善，努力成为面向世界、面向未来的学习型政府工作人才。

其次，要加强对新知识的学习。我们所处的时代，是知识“大爆炸”的时代，也是综合国力竞争日趋激烈的时代。在这样一个充满竞争的时代，领导者应当带头加强对新知识的学习。要努力学习现代化建设所需要的一切知识，用人类创造的优秀文明成果充实自己、提高自己。

再次，要加强对新技能的学习和钻研。知识是能力的钥匙，但知识并不完全等同于能力。**领导者要真正做到有本领，除了要勤奋学习文化知识**

外，还应当钻研和掌握做好岗位工作所必需的技能。如果当机关干部的不能搞调查研究，当基层干部的不深入到群众中，接待信访的领导者对政策条文还不如上访者熟悉，又何来责任心，何来政绩，这样的领导者就不能令人信服。

当然，人的能力有大小之分，本领有高低之别，岗位要求也各不相同。要求领导者责任能力强，并不是说要求每个人都必须成为专家学者，成为学贯中西的“大家”，而是希望领导者养成自觉学习的习惯，树立终身学习的观念，善于向书本学、向他人学、向实践学，通过不断地学习，不断总结提高，努力增长实际工作的能力，尽可能多地掌握为党工作、为人民群众服务的本领。同时，作为领导者个人，也应当创造条件，努力加强精神修养，强化自己的责任能力，使自己能胜任新的历史条件下的政府工作，在自己的岗位上有更大的作为，多为民众办实事办好事，争做一名优秀的人民群众满意和欢迎的领导者。

3. 将责任心根植于内心

职务就意味着责任，权力就意味着压力。有职务没有责任，有权力没有压力的好事是找不到的。而且领导者的职位越高、权力越大，肩上的责任就越重。充满热情地干好本职工作，认真负责地处理好每件事情，不论在哪个地方、哪个部门的工作都干得有声有色，应该成为领导者追求的目标。领导者应当对党组织负责、对人民负责、对事业负责、对自己负责、对家庭负责，特别是对自己的工作要恪尽职守，尽职尽责，敢于担当，在岗一日，尽责一天。

责任心，就是领导工作的防火墙。其实许多工作的失误，就是与领导者责任心的缺失有关。

责任心是衡量一个领导者成熟与否的重要标准。责任心是一种习惯性行为，也是一种重要的素质，是一个优秀的领导者所必需的。

高度的责任心能够让一个领导者具有最佳的精神状态，精力旺盛地投入工作，并将自己的潜能发挥到极致。辩证地看，一个对工作负责的领导者，才是对自己真正负责的人。在责任心的内在力量驱使下，领导者常常

会有一种崇高的使命感和归属感，把工作当成一项伟大的事业，从而用整个生命去为之奋斗。

> 同为领导者，所从事的岗位工作不尽相同，能力和作用不尽相同，但无论是统管全局的主管领导者，还是平凡岗位上的一般干部，系于责任就没有小事。

不负责任的领导是不称职的领导，不负责就是渎职。领导者的负责指的是对党、对人民、对事业的负责，不负责就等于不干事、不管事，当领导不干事、不管事的实质就是渎职。不负责，何谈改变面貌、发展经济；不负责，何谈为民办实事、办好事。那种推着干、拖着干、等着干、看着干，没有好处就不干、有了好处就胡干的领导者，不仅会损害党和人民的事业，迟早还会葬送自己。

古人有“在其位、谋其政、做其事、尽其责”的说法，现在的人也爱说“当官不为民做主，不如回家卖红薯”。忠于职守、勤勉尽责是每一个领导者起码的职业操守和道德品质。每个领导者的岗位不尽相同，所负责任有大小之别，但要把工作做得尽善尽美、精益求精，就离不开一个共同的因素，那就是具备强烈的事业心、责任感。负责任，说着简单做起来不易。常言道：“责任重于泰山”。责任不是空洞的、泛泛的要求，而是要立足于本职，体现于行动，负起现实责任、岗位责任。决不能在其位不谋其政，在岗位不在状态；不能敷衍塞责，逃避责任；不能遇到权力往里揽，遇到责任往外推；不能在位时不尽责，离任后乱指责。

作为领导者，要视人民的利益高于一切，敢于承担风险，敢于担当责任。在所管辖的范围内就应该大胆决策、放手工作，要自己破解难题、自己化解矛盾，对工作中出现的问题和困难不回避，不拖延，不放过盲点和死角，问题不上交、矛盾不乱推、困难不下转，不做老好人，更不能拿上级领导当“挡箭牌”，积极主动地解决工作中遇到的问题。在组织实施决策中，按照分工切实履行好个人的职责，宏观在胸，微观在握，通过抓根本、抓主要矛盾，促进全局工作。在谋划好全局工作的同时，带头抓棘手问题，带头抓具体事情，不搞大而化之，不搞层层批示，不当甩手掌柜，千斤重担大家挑，齐心协力排难求进；同时，要勇敢地支撑起一片天地，充分调动各方面的积极性，善于为下属承担责任，善于做下属的坚强后盾，让下属大胆工作、放手工作，以开拓进取的姿态创造性地开展工作。

4. 既要敢于负责，又要善于负责

对于领导者来说，敢于负责是一种真正干事的心态，体现在工作中就是具有强烈的事业心责任感，不怕困难，不回避矛盾，敢于碰硬，敢担重任。然而如何做到敢于负责、善于负责呢？

（1）强化责任意识，不当“局外人”

责任意识是检验领导者党性修养、工作作风的试金石。责任心强，就会把困难想在前面，把工作做在前面，把干事创业放在心上；反之，就会对职责范围内的事情该抓的不抓，该管的不管，以致耽误工作、错失发展良机。各级领导者要着力强化责任意识，带头严格落实责任制，对社会影响比较大的公共事业等重点工作带头抓、带头干，遇到急难险重任务，亲临一线，靠前指挥，妥善解决问题，绝不能逃避责任、消极观望，当局外人。

（2）敢为人先，不当“太平官”

随着国家建设步伐的不断加快和发展形势的不断变化，领导工作面临着许多新情况、新问题，都需要在实践中探索，在探索中求突破。

> 作为领导者，要牢固树立敢为人先的意识，从“稳”的思想、“守”的观念、“怕”的心理中解放出来，破除因循守旧、故步自封的思想，做一个有胆有识、敢为人先、奋发有为的领导者。

领导者要把“无功便是过，平庸就是错”作为工作的座右铭，善于用发展的观点和创新的思维，分析形势、把握全局，善于用改革的办法、市场的手段，破解发展中的矛盾和难题。

(3) 敢于管理，不当“老好人”

领导者负有抓班子、带队伍的责任。一些领导者奉行“多种花，少栽刺”的理念，不敢管人，喜欢当“老好人”，这是一种得不偿失的做法。在下级看来，这种领导畏首畏尾、不敢管事、怕承担责任，不值得尊敬；在上级看来，这样的干部没有责任心、工作失职，不值得重用。因此，作为领导者一定要找准位置，认真履行岗位职责，具有刚正不阿、无私无畏的作风，对工作中以权谋私、拨弄是非、破坏团结、影响大局的人，要大胆管理、敢于问责、严肃处理。

(4) 敢于负责，不当“庸指挥”

“为官避事平生耻”。**领导班子作为一个单位的核心，其形象至关重要。对内，它引导和影响着干部群众的价值取向；对外，它标志着一个单位的整体形象**。只有敢于负责的领导班子，才会涌现出敢于负责的干部队伍；只有敢于负责的领导集体，才能赢得广大群众和社会各界的好评。因此，各级领导者必须改变怕难畏险、因循守旧的行为方式，树立真抓实干、敢于负责、锐意进取的良好形象，团结和带领干部群众，奋力拼搏，干事创业，当好指挥官。

领导者勇于负责是一种迎难而上、勇往直前的意志力量，具体体现就是要忠诚履行自己的职责，顾全大局，不畏艰难，迎难而上，勇于承担责任，决不推卸。

(5) 勇于履行职责，破除胆怯思想

作为领导者要立足本职，爱岗敬业，认真履行职责，尽职尽责，切实履行好岗位职责。首先，要学会认清责任。只有认清责任，才能明确岗位要求自己做什么、应该做什么，才能做到心中有数。其次，要勇于承担重任。只有承担责任才会有压力和动力，才能激励自己克服困难，实现预定目标。最后，不能畏首畏尾、谨小慎微。要培养果断坚定的办事风格，始终保持目标的坚定性和行动的果断性，看准了的事，就要果断决策，不能瞻前顾后、患得患失。

(6) 顾全大局，破除狭隘思想

只有树立强烈的大局观念，才能营造团结干事的良好氛围，才能激发领导者勇于负责的激情和动力。有些领导者，承担重任初期信心十足，一遇到困难和挫折就意志消沉，畏缩不前，工作往往半途而废。这种“关键时刻掉链子”的人，不值得委以重任。一个人想成就一番事业，就必须要有知难而进、迎难而上的雄心壮志，有百折不挠、锲而不舍的顽强毅力，只有这样才能够充分发挥自身的主观能动性，最大限度地挖掘个人的潜能，主动战胜困难，努力做好工作。

(7) 勇于承担过错，破除“争功诿过”思想

工作中难免会出现失误、遇到失败，勇于承担过错是领导者人格魅力的集中体现。有些领导者看到成绩蜂拥而上、争功邀赏，一旦失败或遇到挫折，就一味地推卸、敷衍塞责，这是不负责任的突出表现。其实，犯了错误，越推卸逃避越被动。勇于承担过错，才能得到群众的信任、领导的谅解。勇于承担责任，也会促进自己的成长和发展。

(8) 善于负责，既敢干又会干

善于负责，对于领导者来说是一种干事创业的能力，具体体现就是要会抓落实，在处理矛盾和问题上讲究策略，既有勇有谋、有胆有识、游刃有余，又有理有节。

善于负责要求领导者要做到以下两个方面：一是要严格遵守程序，二是要好中求快。干工作必须遵章守纪，严格规范，按程序办事。要从岗位职责、运行程序、工作内容和监督管理等方面，健全完善各项规章制度，使每个工作岗位、每个工作环节、每项工作程序都有明确的要求和规程，做到按制度办事、靠制度管人，不断提高工作的规范化、科学化水平。同时，也要清醒地看到，工作头绪多、任务重，除常规性的工作外，临时性、突发性工作也很多，没有高效率、快节奏，难以按时圆满完成任务。

> 各级领导者必须强化效率意识，增强时效观念，定下来的事情就要抓紧实施，部署了的工作就要以最快的速度向前推进，做到急事快办、难事巧办，今日事今日毕。

在当前国际国内经济发展形势下，各级领导者如何在我国经济发展关键时期确保党中央各项决策部署的落实，特别是保增长、保民生、保稳定，任务光荣而又艰巨。各级领导者在面临责任和挑战的时候，不仅要勇于负责，而且要善于负责，特别是要落实责任，主动办好发展的大事、解决群众的难事。也许，付出不一定能得到现成的利益回报，但是，群众会看在眼里，会记在心里，付出一定会赢得尊重。

5. 在大事难事面前敢于担当

敢于担当是领导者一项极为重要的领导素质，是领导者激发斗志、凝聚人心，团结带领部属干事创业的基本条件。老话说得好：大事难事看担当，顺境逆境看襟怀。一事当前，对工作、事业、任务、困难，敢于负责，勇于担当，这是领导者使命所在，是强烈事业心的表现，是顽强意志品质的反映。

所谓担当，就是在职责需要的时候，毫不犹豫、责无旁贷地挺身而出，全力履行自己的责任，并在承担责任中激发自己的全部能量。敢于担当，就要一切以党和人民的事业为重，对组织的重托和上级的决策，想尽千方百计去谋划，不怕千难万险去克服困难，历尽千辛万苦去完成。**一个遇事不敢担当的人，没有资格当官，当官也绝对不是好官。**现在有少数领导者，缺少的不是能力，缺乏的不是智慧和思维，而是没有敢于担当的精神和勇于负责的勇气。毫无疑问，领导者的担当，就是平常时刻看得出，关键时刻站得出，危难时刻豁得出。鲁迅先生说过："我们从古以来，就有埋头苦干的人，有拼命硬干的人，有为民请命的人，有舍身求法的人……这就是中国的脊梁。"党政机关的各级领导者，毫无疑问应当成为鲁迅先生所说的中国的脊梁。

然而，现实生活中，一些领导者在其位而不担其责，有的满足于当"传声筒""收发员"，浑浑噩噩，遇到问题绕道走；有的对工作中出现的新情况、新问题和群众的意见，只限于做做批示、提提要求，不敢一抓到底；有的不敢面对矛盾，"得罪人"的事不干，"讨人嫌"的话不说，只要不出事，宁愿不做事，一旦出了问题，往往推卸责任，甚至金蝉脱壳。实践证明，敢不敢于担当，是一个领导者事业心责任感强弱的具体表现。不敢负责，没有担当，说到底还是因为个人得失之心太重，患得患失。

作为党和国家事业的组织者、推动者，领导者的责任不仅关乎个人，更关乎一个地方的发展、一方百姓的福祉。如果缺少担当，在位就不可能在状态，就会错失机遇、耽误进程，干不出成绩，打不开局面。

> “沧海横流，方显英雄本色。”领导者要以攻坚克难的勇气、敢于负责的态度，知难不畏，排难而进，义无反顾地承担起时代和历史赋予的使命，切实做到敢于担当、善于担当。

敢于担当体现了对责任的敬畏之心。**俄国著名诗人普希金说过，“大石拦路，弱者视为前进的障碍，勇者视为前进的阶梯”**。面对矛盾、问题、困难，有的人勇于攻坚、化难为夷，有的人裹足不前、畏首畏尾，关键在于境界不同。一个地方、一个部门的领导者，守土有责、富民有责、兴业有责，肩上的责任可谓重大。树立“事业大如天、责任重如山”的意识，拥有责任感，是一切为官者的灵魂，它折射出每一个领导者道德水平的高低和人格的高下。领导者有了责任感，就能经常进行自我检查、自我监督、自我评价。做了有利于人民的事，就会感到满足和欣慰；若为官一任，一事无成，甚至损公败业，就会深感内疚、惭愧和悔恨。作为一名领导者，必须以强烈的事业心和忘我的敬业精神，保持蓬勃朝气、昂扬锐气和浩然正气，兢兢业业，脚踏实地，尽职尽责，大胆创新，真抓实干，诚心竭力为群众办好事、解难事，不断让人民群众得到实实在在的利益。

敢于担当就要迎难而上。领导者要解决问题必然要触及各种矛盾，甚至会得罪一些人，受到阻挠和责难。如果没有敢于碰硬的精神，没有一身正气和坚定信念，是难以做到迎难而上的，也是解决不了问题的。特别是那些久拖不决、积重难返的问题，解决起来难度很大；在那些各种利益盘根错节、消极腐败现象严重的地方，影响问题解决的因素很多。倘若领导者不敢碰硬，听任问题发展下去，问题就会越积越多，贻患无穷。其实，对于问题越是回避，就越是陷入被动；如果真正敢于碰硬，反而能够攻克

它、解决它。况且，敢于碰硬、解决问题是对党和人民负责的表现，必然会赢得广大人民群众的拥护和支持。

敢于担当就要果断决策。**古语有云："当断不断，反受其乱。"顾虑重重，怕这怕那，畏畏缩缩，往往会贻误时机，后悔莫及。**2008 年贵州发生的"瓮安事件"、2009 年湖北发生的"石首事件"，最初都源于一件刑事案件，但由于当地领导议而不决，没有及时采取应对措施，结果"小事拖大，大事拖炸"，酿成震惊全国的群体冲突。疑虑拖延是决断的大敌。有些决策，特别是一些非常规性的决策，本身就包含着一定的风险，何况有些问题来得急，需要当机立断，否则稍纵即逝，错过良机。这就要求领导者要有决断的魄力，勇于承担责任，果断定下决心。切不可畏首畏尾，议而不决。

敢于担当还要勇于承担工作失误的责任。政府工作实践证明：领导者能取得出色业绩，原因是多方面的，其中重要的一点就是作为党和人民的代言人在重大的历史任务面前要表现出彻底的、大无畏的担当精神。作为领导者对自己工作中出现的问题和失误，必须实事求是地弄清其产生的原因，主动自觉地查找自己在主观意识和工作方式、方法上的责任，不推不拖，不遮不掩，诚心诚意地接受群众的监督，不断总结经验教训，改进工作，这才是责任意识强的表现，才有助于达到改进和推动工作的目的。只有这样，才是一个负责任的领导者对待党和人民事业的正确态度。

前人有这样一段话：**"大事难事看担当，顺境逆境看襟度，临喜临怒看涵养，群行群止看识见。"**这四"看"讲的是在人生的各种关口，最能看出一个人的品性、胸怀、修养和境界。其中首句的"大事难事看担当"，集中体现了一个人的人格力量的强弱和道德境界的高低。对担负着政府工作责任的领导者来说，更应大事难事勇于担当。

担当，有不同领域、不同层次、不同形式。"一人做事一人当"，是普通百姓对担当率直快意的表达；"天下兴亡，匹夫有责"，是仁人志士丹心报国的担当誓言；"穷且益坚，不坠青云之志"，是有志者身处困境自我担当意念的袒露。人生需要担当，有担当的人生才能尽显大气与豪迈；家庭需要担当，有担当的家庭才能拥有和谐与融洽；一个单位需要有担当的成员，有担当方能成就"经世之事业"；一个社会需要有担当的脊梁，有担当方能谋取天下的福祉。作为领导者，担当不仅是修身齐家的需要，更是勤政为民的需要。

三、把工作当作生命来热爱

一个人的成功与其说是取决于人的才能，不如说取决于对事业的热忱。领导工作从来都是为有着敬业精神和热忱态度的人创造机遇的。这些具有真正使命感和自信心的人民公仆，即使到生命终结的时候，依然热情不减。无论出现什么困难，无论前途看起来是多么暗淡，他们总是无怨无悔，执著奉献。因为他们坚信，热忱敬业可以把心中的理想图景变成现实。

1. 热忱的工作态度是领导者成功的条件

诚实、能干、忠于职守，所有这些特征，对准备在事业上有所作为的领导者来说，都是不可缺少的；但是更不可或缺的是热忱的工作态度，即把为党和人民的事业而奋斗、拼搏看作是人生的快乐和荣耀。

热忱的工作态度是领导工作成功的条件。历史上，所有人类文明的先行者和杰出的领袖，无论来自什么种族、什么地区，无论处在什么时代，无不是充满热忱的人。

热忱是战胜所有困难的强大力量。热忱的工作态度能使领导者在工作中时刻保持清醒，使所有的神经都处于兴奋状态，恪尽职守地去履行领导职责。**热忱从来都会拒绝懒惰、平庸、不负责任，更无法容忍任何有碍于实现既定目标的干扰。**热忱的工作态度，是领导工作所有伟大成就的取得过程中最具有活力的因素。它融入了领导者的勤奋敬业、热爱民众、不断创新、不断进取当中。热忱的本质就是一种积极向上的精神力量，源源不断的热忱，使领导者永葆青春、心中永远充满阳光。

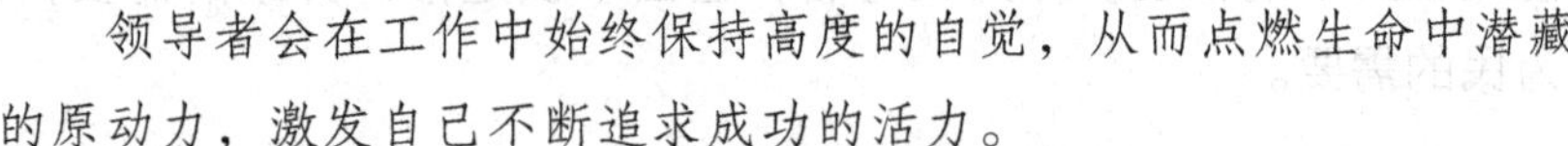
领导者会在工作中始终保持高度的自觉，从而点燃生命中潜藏的原动力，激发自己不断追求成功的活力。

热忱是生命的原动力，没有它，任何人可能拥有的能力，都只能是静止不动。可以肯定地说，几乎每个人都有许多尚未发掘出来的潜能。一个人也许有正确的判断力、远大的理想、丰富的学问，但是除非投以高度的热忱，将自己的心放入思想和行动中，否则成就都是有限的。

20 世纪英国著名首相狄斯雷利认为："一个人想成为伟人，唯一的途径便是：做任何事都要怀着热忱的心。"

美国著名思想家爱默生也曾说过："伟大的事，没有一件是可以没有热忱而能成就的。"

美国著名社会活动家贺拉斯·格里利说："只有那些具有极高心智并对自己的工作怀有真正热忱的人，才有可能创造出人类最优秀的成果。"

水一定要沸腾，才能转动机器，推动火车。每个领导者的成功，必是热忱工作的结果。缺乏热忱，就像开一辆水尚未沸腾的蒸汽机车，是无法运行的。同样，领导者的工作态度若如温热不足的水，绝无法推动事业的机车。

领袖人物是那些知道怎样鼓舞他的追随者发挥热忱的人。如果把热忱和工作混合在一起，那么，工作将不会显得辛苦或单调。

热忱就像阳光，既温暖了自己，也同样普照了他人。领导者的热忱是会传递并影响其他人的。在一个积极热忱的领导者面前，下属和群众很难保持冷漠的态度。同时，热忱会使领导者即使工作再辛苦，再繁忙，也会精神百倍，昂然奋进，充分释放出自己身体里蕴涵的能量，发掘自己巨大的潜能。

总之，热忱的力量有着不可思议的魔力。当这股力量被释放出来支持明确目标，并不断用信心补充它的能量时，它便会形成一股不可抗拒的力量，足以克服一切障碍和艰难。一个充满热忱的领导者，还可以将这股力量传给周围的人们，激发他人的想象力，激励他们进行创造，帮助他们和伟大的成功如期会面。

2. 爱岗才能敬业，敬业才有政绩

敬业的领导者，其工作绩效要比不敬业的高出数倍。如今在选拔领导者时，德比才更加受到重视。一个热爱岗位工作、乐于勤奋敬业的人，往往在干部提拔中，成为首先考虑的对象。爱岗敬业，往往比职业技能和工作经验更加宝贵，也更容易做出让群众满意的政绩。

对从事领导工作而言，爱岗敬业不仅是一种精神，同时也是一种能力，甚至比其他能力更重要。领导者所有的能力只有通过爱岗敬业才能体现出价值。一个人能力再强，如果他不愿意付出，不热爱本职工作，就不能创造价值；而一个愿意为事业全身心付出的人，即使能力稍逊一筹，也能够在岗位上创造出最大的价值。当代领导者能力是否突出固然很重要，但最关键的还是看其是否热爱自己的岗位工作，乐于以饱满的热情去勤奋工作，恪尽职守，做忠诚敬业的“员工”。

大量事实表明：一个领导者是平庸还是卓越，不在于能力的强弱，关键要看他是否热爱岗位工作，是否具有敬业精神。敬业是领导业绩的基石，也是个人职业进步的根本。

“不爱岗就会下岗，不敬业就会失业。”这句话对领导者同样适用。

在现实中，我们时常看到有些领导者，在工作中偷于理政，热心钻营，不负责任，牢骚满腹，根本就没有敬业精神，更不会把敬业看作是一种神圣的使命。这种不具备敬业精神的人，是不适合做领导工作的。而那些敬业的领导者，在工作上所表现出来的是认真做事，一丝不苟，办事始终充满热忱。

只有认真工作，工作才有意义。与其牢骚满腹、闷闷不乐，不如快乐工作、热情做事。只有热爱工作的人才能成为一个敬业的人。爱岗敬业胜于能力，热忱就是最大的能力。

> 阿尔伯特·哈伯德曾说：“一个人即使没有一流的能力，但只要你拥有敬业的精神，同样会获得人们的尊重；即使你的能力无人能比，如果没有基本的职业道德，一定会遭到社会的遗弃。”

作为领导者，爱岗不爱岗，敬业与不敬业，结果是完全不同的。不爱岗敬业者既不会得到提拔和重用，工作也无业绩可言；爱岗敬业的领导者，会以极大的热忱投入到事业中，投入到全心全意为民众服务中，做起事来也会更加积极主动，并能从中体会到快乐，从而获得更多的工作经验，取得更大的工作成就。唯有爱岗敬业，才能使领导者在任何岗位上都能出类拔萃。

当今领导工作所面临的是更加艰巨复杂的挑战。**一个领导者的热忱与敬业精神如何，在很大程度上决定着所在组织、部门、地区的工作成败。**每个领导者无论身处在哪个岗位上，只有热情饱满、全心全意、尽职尽责地工作，才能在自己的领域里出类拔萃，这也是领导者勤政为民、务实工作的直接表现。

爱岗敬业，既是为了事业，也是为了自己。因为爱岗敬业的人能从工作中学到比别人更多的经验，而这些经验便是自己向上发展的奠基石。就算以后换了岗位、从事权力更大、责任更重的领导工作，这种精神也必会为自己带来帮助。因此，把爱岗敬业变成工作习惯的领导者，走向任何岗位，从事任何工作都容易成功。

总之，热忱与敬业是从事领导工作应有的思想境界和职业素养。具有这种境界和素养的领导者，一定可以激发自己无穷的潜能，从而在工作中表现得更加出众，并由此获得更多的成长机会和构建更高的成功平台。

领导者唯有爱岗敬业，才能在自己的领域里出类拔萃，才能实现自己的人生价值，获得成功。

3. 执著于信念，以目标激励工作热忱

领导工作如何才能取得满意的结果？通过对领导工作的成功经验总结，得出这样一个结论：结果是以热忱支持的坚持获得的，伟大是由执著于信念得来的。

有人说，世界上能登上埃及金字塔塔尖的动物只有两种：一种是老鹰，另一种是蜗牛。老鹰凭借的是一双其他动物无可企及的强健翅膀，而蜗牛仰仗的则是它坚强的韧性和永不言败的执著。韧性来自于勤奋和热

忱，执著来自于目标的激励。

领导工作的成功都有一个必经的路径，那就是瞄准目标，坚定不移。坚定不移、坚持到底，就能坚持到胜利和成功的“结果”。

做领导工作，有结果就是有能力，没有结果就是没有能力。领导者的责任心、工作思路和工作方法，归根结底是通过工作的结果来证明。

领导岗位也是个竞技场，比拼的就是耐力和毅力。所以干什么都要坚持！要成功就一定要有饱满而不懈怠的热忱，要有永不放弃的精神，当学会永不放弃的时候，你才开始进步。领导者要想在自己的岗位工作保持优势并得到认可，创造更大的辉煌，就必须执著于信念，为了大目标的实现而坚持到底，才能在领导岗位上做出更多的业绩。

领导者的敬业态度与能力，都可以通过对信念的执著体现出来。在遇到困难阻力时，很多人是进行再选择而不是将原来的选择坚持到底，成功的领导者却通常不会这样，他们与常人相比，差别并不在智力，而是为目标而坚持的毅力。

没有目标的人，就如没有舵的船，只能漂泊在失望、受挫折与打击的大海中。许多人会犯同样的错误，一辈子都没有收获。因为他们做事情只会盲目地跟着别人兜圈子，往往总是与成功擦身而过。问他们为什么用这种方法做事，他们的理由是：别人都这么做。哈佛大学曾做过一项跟踪调查，对象是一群智力、学历、环境等条件差不多的年轻人，调查目的是测定目标对人生有着怎样的影响。调查结果发现：27% 的人没有目标；60% 的人有模糊目标；10% 的人有清晰但比较短期的目标；3% 的人有清晰且长远的目标。

25 年的跟踪研究结果表明，占 3% 的人 25 年来几乎都不曾更改自己的人生目标。他们始终怀着自己的梦想，朝着同一方向不懈地努力，25 年后他们几乎都成了社会各界顶尖的成功人士，其中不乏行业领袖、社会精英。

占 10% 有清晰短期目标者，大都生活在社会的中上层。他们的共同特点是：短期目标不断实现，生活状态稳步上升。因此，这些人成为了各行各业不可或缺的专业人士。

其中占 60% 的目标模糊者，几乎都生活在社会的中下层面，他们的生活与工作倒是安稳，但没有什么特别的成绩。

剩下27%的没有人生目标的人，几乎都挣扎在社会的最底层。他们的生活都过得不如意，失业、吃救济、抱怨他人、抱怨社会几乎成了这些人生活的大部分内容。调查结果表明，目标对人生的影响深远。远大目标成就远大理想、短期目标实现生活小康、模糊目标求得生活稳定、没有目标只能在社会底层挣扎。

目标是对成就事业的真正决心。没有目标，不可能有任何事情发生，也不可能积极采取任何措施。如果一个人没有目标，就只能在人生的旅途上徘徊，永远到不了成功的彼岸。正如空气对于生命一样，目标对于成功也有绝对的必要。如果没有空气，没有人能够生存；如果没有目标，没有任何人能成功。

当然，为了远大的目标而不懈的追求，也是一件不容易的事，甚至包含一些痛苦的考验。但为了实现目标无论付出什么样的努力和代价都是值得的。

对领导者而言，要自觉地以饱满的热情去勤政敬业，即使面对困难和挑战，也能用积极的心态去完成任务。当自己的预想目标确定后，潜意识中就会受到这种自我暗示的影响，就会激励自己进行工作，纵有千难万险，也会奔向正确的方向。

这样一来，领导工作就会变得有乐趣。领导者也因受到激励而愿意付出努力。领导者对自己的目标思考得越多，就会越有热情，为目标而坚持的愿望就变得更加强烈。同时会对一些机会的把握变得很敏锐，善于利用这些机会帮助自己达到目标。

成功的领导者都不是空洞的梦想家。他们凭借着为目标的努力而不断创造出色的业绩，因而激励自己加倍地奋斗，最终成就领导工作的大目标！

4. 勇于承担责任，敢于正视错误

所谓责任，就是分内应该做的事情；负责任，就是承担应该承担的任务，完成应当完成的使命，做好应当做好的工作。人生中，没人能逃脱这样那样的责任，不管是对工作、对家庭，还是对社会。只有富于责任心的人，时时处处尽责的人，才不愧为真正的人、大写的人。

勇于承担责任，起码有这样三层含义。一是出色地履行职责。作为一个地方、一个部门的主要领导，就是要承担起这个地方、这个部门的改革之责、发展之责、稳定之责，而作为分管领导就得勇敢地承担起分管的那一块责任，不过多地牵扯主要领导的精力，与相关部门一道把分管的工作做好，出色完成组织交给的任务。二是“好汉做事好汉当”。一旦工作出现纰漏或因疏忽而引起错误，要勇于承担责任，认真从自己身上找原因，而不是找借口开脱自己。三是要正视困难和问题，敢于负责，并主动“收拾残局”，采取措施防止事态恶化、扭转局面。

从领导工作的角度来理解勇于担当责任，有这样几方面意义。

首先，勇于承担责任是一种领导素质、一种决策能力、一种人格魅力。**责任感是优秀领导身上应有的品质，因为肩负责任，才敢于果断决策，才敢于面对工作中的挑战**。丘吉尔说过，“高尚、伟大的代价就是责任”。梁启超说过，“这个社会尊重那些为它尽到责任的人”。小到一个家庭，大到一个单位和国家，莫不如此，责任和责任心都不可或缺。反之，家庭就不会稳固，单位就缺乏合力，民族就会逐步走向衰亡。领导者的人格魅力源于所负的责任，对言行负责，把握行为，依法用权，敢于碰硬，敢于治庸，敢于坦然地向人民群众交代。

> 一个领导者做事多少与所负责任成正比。可以想见，一个没有责任感，害怕承担责任，喜欢推卸责任的领导者，何谈履行职责，何谈成就大事！

领导者负责任是激发下属斗志，振奋工作精神，鼓励下属敢于负责任的强心剂和定心丸。

其次，勇于承担责任是对一名领导者起码的要求。领导就意味着责任，就意味着负责。作为一名领导者，勇于负责、敢于负责、主动负责，是对其起码的要求。主动负责表现在实际工作中，就是积极主动，能想在

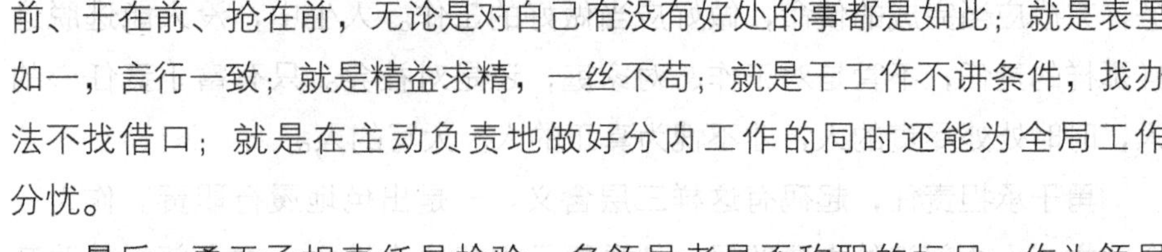

前、干在前、抢在前，无论是对自己有没有好处的事都是如此；就是表里如一，言行一致；就是精益求精，一丝不苟；就是干工作不讲条件，找办法不找借口；就是在主动负责地做好分内工作的同时还能为全局工作分忧。

最后，勇于承担责任是检验一名领导者是否称职的标尺。作为领导者，应有主动负责的意识。有了这种意识，工作才不是差事，负责才不是负担；有了这种意识，工作才能有热情，负责才能主动；有了这种意识，工作才能有创新，负责才能有精彩；有了这种意识，工作才能有乐趣，负责才能有业绩；有了这种意识，工作才能用生命去追求，负责才能用崇高去超越。这样才能称得上是用内心的爱去从事工作、认真负责的干部，称得上不吝啬智慧、不吝惜热情、不惜留创造力而全力以赴、勇于负责、敢于负责、负责得了、负责得好的领导者。“任大事，不觉难；做小事，不敢忽”，应该成为领导者主动负责的一种境界。

领导者勇于承担责任的一个突出表现，就是敢于承认错误。承认错误是领导者勇气的表现、诚实的表现。这样的领导者不但能融洽上下级的关系，创造平和氛围，而且能提高自身的威望，增进人们的信任。只有那些自尊心特别脆弱的领导者，才不敢在犯了错误以后向大家认错，这种领导者是很难使他人信服的。因为人们信服的领导者都是敢做敢当，不推卸责任的领导者。

> 承认错误是一个人的力量源泉。身为领导者，工作中难免有失误之处，敢于正视错误，是对工作负责任的体现，也是勤政敬业应有的工作态度。

1979 年 11 月 4 日，美国驻伊朗大使馆突然被几百名伊朗学生占领，100 多名使馆工作人员被扣为人质。事件发生后，美国计划秘密进行军事营救，然而这次营救却由于 3 架直升机在营救途中发生故障而被迫撤销。当时主张军事营救的美国总统吉米·卡特没有逃避责任，而是立即在电视里郑重声明：“一切责任在我。”仅仅因为这句话，卡特总统的支持率骤然上升了 10% 以上。这说明：民众及下属对一个领导者的评价，取决于其是否具有责任感。勇于担当，承担责任的领导者，不仅使下属有安全感，而且也会使大家对工作进行反思，反思过后及时补正缺陷，从而使领导工作沿着正确的方向进行。

领导者敢于对失误承担责任，表面上看是把责任揽在了自己身上，使自己成为受谴责的对象，实质上不过是为了使问题解决起来容易一些。假如一个领导者，在上级面前为自己的下属承担了责任，那么这位上级是否也会反思？在组织中或工作中，形成勇于承担责任的风气，便会杜绝互相推诿、上下不团结的局面，使领导工作有更强的凝聚力，从而更有竞争力。

人总有自己的缺点，谁都难免会犯一些错误。当我们犯错误的时候，脑子里往往会出现想隐瞒自己错误的想法，害怕承认之后会很没面子。其实，承认错误并不是什么丢脸的事。反之，在某种意义上，它还是一种具有“英雄色彩”的行为。因为错误承认得越及时，就越容易得到改正和补救。而且，由自己主动认错也比别人提出批评后再认错更能得到别人的谅解。更何况一次错误并不会毁掉今后的道路，真正会阻碍事业的，是那种不愿承担责任、不愿改正错误的态度。

勇于承认错误和失败，也是领导工作成功的法则。只有勇于承认失误，在今后的领导工作中才可以避免更大的损失，才可以重新调整工作的策略，从而获得更多成功的机会。

四、雷厉风行，高效率地工作

领导者勤政敬业，真抓实干，最根本的是要提高领导效率。一件老百姓迫切关心的事，如果领导者久拖未决，不仅失信于民，群众不会满意，更会有损于政府和国家机关的形象与声誉。我们的政府应当是一个高效率的政府，我们的领导者应当是一个工作雷厉风行、高效办事的领导者。

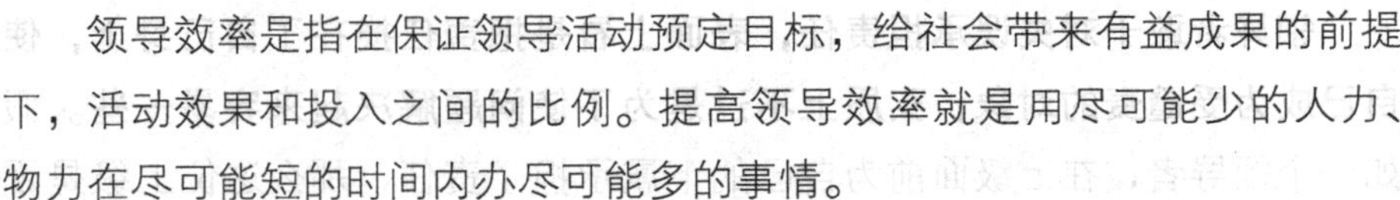

1. 树立效率意识，提高领导效率

领导效率是指在保证领导活动预定目标，给社会带来有益成果的前提下，活动效果和投入之间的比例。提高领导效率就是用尽可能少的人力、物力在尽可能短的时间内办尽可能多的事情。

那么作为领导者，应当如何树立效率意识，提高行政效率，以取信于民呢?

(1) 强化现代意识，增强效率观念

领导效率的高低直接与领导者的观念有着密切的联系。要提高领导效率，必须从转变思想入手，努力增强领导者的现代效率观念，确立“效率就是生命”的现代观念。进入21世纪的今天，我们正面临着空前的机遇和挑战，正处于率先实现现代化的奠基期、经济结构的调整期、经济体制的完善期，每个领导者都必须确立高效观念，从而以效率观念对待日常的各项工作，使行政机关乃至整个社会人人重视效率，事事讲求效率。

(2) 按级负责、按职尽责

明职尽责、职责分明，不推诿、扯皮，是保证各项工作按程序进行、顺利运转的重要条件。各级领导者在认真做好本职工作的同时，还要不侵权、不越权。不侵权，即各级领导者需在自己职权范围内活动，尊重他人职权，不允许以任何借口干涉他人工作，侵犯他人职权。不越权，即各级领导者实行逐级指挥，尊重下级职权，不得有超越层次的越权行为。

(3) 学习现代行政理论，掌握现代管理技术

每个领导者都应当首先具备专业知识和能力、提高行政专业化水平，成为“专才+通才”的复合型人才，即T型知识结构的人才。一是领导者应当精通和熟知本部门及相关部门的业务知识，成为所谓的“专才”；二是领导者还应当精通和熟知现代管理方面的知识和管理技巧，成为所谓的“通才”。现代科学飞速发展，现代化的技术手段不断涌现，现代国家已广泛将组织行为学、系统论、信息论、心理学、信息技术、网络技术等理论和方法运用到政府行政管理之中。例如：可以学习管理心理学中关于人的生理心理需要的论述，努力挖掘人的潜能，使每一个党政领导都能发挥出他的最大工作能力；运用系统论科学处理大量的行政事务，既可以使工作时间不空闲，也可以有效减少行政事务的积压和等待；运用管理信息系统和办公自动化系统处理各类数据和公文，相比于手工操作，不仅可以极大地提高行政工作效率，而且可以做到准确无误。

（4）改进工作作风，破除官僚主义

官僚主义是影响领导工作作风改善的重要因素。一个领导者脱离实际，不关心公众利益，官气十足，铺张浪费，贪图个人安逸和享受，必定会导致工作效率低下。官僚主义从某种意义上说就是行政效率低下的代名词，官僚主义的基本经济含义就是政府效率的损失。

（5）注重工作节奏，改进工作方法

> 要提高效率，并不是使领导工作永远处于高度紧张的状态，整天马不停蹄地紧张工作，绝不是现代领导学所提倡的工作作风。

现代领导工作所提倡的是鲜明轻快而富有弹性的工作节奏。如同乐曲一样，没有节奏是不会悦耳动听的，没有节奏的领导工作也必然枯燥、单调，毫无生机。领导者要做到注重工作节奏，就应当注意：一是要有合理的安排，将工作按轻重缓急分类，根据自身状态合理分配精力；二是切忌本末倒置，打乱已有的工作节奏，因为已形成的工作节奏可能就是完成工作的最佳选择，这时的效率也是最优的；三是处理好效率和效果的关系，在这个竞争激烈的时代，追求效率是无可厚非的，但是要使工作张弛有度，就应当用效果来衡量效率。在实际工作中，效率就像拉动马车前进的马，领导者不能信马由缰，而应掌握好手中的缰绳，把握好节奏使马车快速而准确地抵达目的地。

同时要注意改进领导工作方法。**对于领导者而言，面对工作任务的变化，要能不断创新，改进工作方法，才能提高效率。**一是要明确有哪些工作任务的完成需要工作方法的改进。二是要分析完成此任务的每一个步骤。比如说，这个步骤是由谁来完成的？为什么必须完成这个步骤？应该

怎样完成？为什么要这样完成？三是设计出更好的方法。工作方法的改进可以通过简化、减少、合并工作步骤或改变工作步骤的程序这几个方面来实现。四是养成及时完成工作的习惯。所谓及时完成，就是在工作需要完成的前一刻及时做完，不提早，也不延误。也许有人会说，为什么“及时”完成而不是“提前”完成呢？“提前”完成不是比“及时”完成更好吗？当然，有些工作能提前完成最好提前，但如果提前完成反而有碍于工作的质量，那还是及时完成最好。有时“提前”未必是好事，“及时”完成才能创造高效率。

雷厉风行、紧张快干、不拖不等、讲求效率，是我们党和政府一贯倡导的工作作风，也是各级领导者勤政敬业，为民谋利，取信于民应尽的责任。

那么，领导者怎样在日常工作中做到“及时”呢？应当注意如下几个方面。

- 在平时就养成准时的习惯，避免拖沓。
- 切忌操之过急，俗话说得好，“欲速则不达”。
- 做好细致的准备工作。
- 预测工作完成进度，制定详细的计划表。
- 严格按照既定的计划进行，若计划需要调整，则按调整后计划严格执行。
- 注意合作中的沟通和交流，避免信息滞后延误决策。

要做到及时完成工作，还要求领导者有较强的自控能力，避免受外界突发事件或自身情绪波动的干扰。

其实，这些都取决于领导者的日常生活习惯，努力按照以上原则执行，持之以恒，及时完成工作就会是习以为常的事。

2. 管理好时间是高效率工作的保证

身为领导者，自然每天都比较繁忙，但有时会有这样的感受，感觉自己一天有许多事情没有完成，常常会为自己的计划无法完成而懊恼不已；常常自责自己忘记了某件事情，虽不太重要，但终为憾事。很多领导者都抱怨时间不够用，每天忙得不可开交，甚至不得不加班才能把工作做完，可是这样不仅谈不上效率，也未必有效益。天天如此，月月如此，时间一长就觉得压力太大，对工作产生厌倦感。

如果领导者能把时间管理好，就不会有这样的烦恼了。

时间是一种重要的资源。一天的时间都是相同的，但是每个人却有不同的心态，主要是人们对时间的态度颇为主观。不同经历与不同职务的人，对时间会抱持不同的看法，在时间的运用和控制上也各不相同。面对时间的流动应进行自我的管理，把未来作为现在努力的方向，好好地把握现在，运用正确的方法做正确的事。

时间最长又最短，最快也最慢。时间虽无始无终，但失去了却再也无法找回来。时间永远不会停止，时间可以成就一切，也可以毁灭一切。对领导工作来说，时间是一种不可替代、不能再生的资源，时间既是创造效率的天使，也是挥霍效率的魔鬼。因此，浪费时间就等于消耗工作的宝贵资源，减少事业的有效收益。不能管理时间，领导工作便什么都不能管理。

领导者要高效率地完成工作，就必须管理好和利用好自己的时间。能否对时间进行有效的管理，直接关系到工作效率的高低。时间是有限的，不合理地使用时间，计划再好、目标再高、能力再强，也不会产生好的效果。

人生最宝贵的两个资产：一个是头脑，另一个是时间。一个人无论做什么事情，即使不用动脑，也要花费时间。一个人管理时间的水平高低，会决定他的事业成败。高效率的领导者有一个共同点，就是他们都是管理时间的高手。

为了在有限的时间里产生领导工作的最大效率，每一个领导者都应将其设定的目标根据其效益的认定编排出行事的优先顺序。其顺序为：第一优先是重要且紧急的事；第二优先是重要但较不紧急的事；第三优先是较不重要但却紧急的事；第四优先才是较不重要且并不紧急的例行工作。没有计划，行动的效率就会大打折扣；计划后才能看出实际行动中可能产生的风险，以便提醒自己注意，使理想与现实能够结合。

时间是不可逆的，领导者是否有过为自己漫不经心或杂乱无章地做事

情，耽误了时间而捶胸顿足的经历呢？其实，在抱怨自己为何白白浪费了那么多时间的时候，又有一段时间已经从他们的面前悄然溜走了。漫不经心是意识问题、心态问题，而做起事来杂乱无章则是方法不对头。只要进行了合理的时间管理，就不会总是手忙脚乱。对于每一个成功者来说，时间管理是很重要的一环。善于为时间做计划，是管理时间的重要战略，是时间运筹的第一步。领导者在执行过程中必须杜绝工作中的随意性，将自己从低效无功中解放出来，真正做到高效率和高效益。

> “凡事预则立，不预则废。”作为领导者，能够制订出一个高明的工作进度表，并且能够真正地掌握时间，就一定能在限定的时间内出色地完成上级交付的任务。

正如一位成功领导者所说：“你应该事前制订一个计划，仅仅 20 分钟就能节省 1 个小时的工作时间，牢记一些必须做的事情。”

谁善于利用时间，谁的时间就会成为“超值时间”。凡在工作中表现出色的领导者，都有一个使他们取得成功的好习惯，就是抓住工作时间的分分秒秒。

时间管理最重要的守则就是珍惜今天，当日的事情当日做完。把今天当做生命中的最后一天，那么今天的事情就要全力以赴地做完。每一天都要这样告诉自己，同时也要这样认真地去做。要快速地选择，哪些事情不做，就要明确地表达我不做；哪些事情一定要做，就明确地表达要全力以赴地做。

时间对每一个人都是平等的，每个人都拥有相同的时间，但是时间在每个人手上的价值却不同。要很好地完成自己的工作就必须善于管理自己的时间，不懂得利用时间就是失败的、无能的管理。浪费时间就等于浪费财富、浪费生命。所以，领导者应该学会管理好自己的时间，在管理时间的同时还要让自己的时间增值。

一个人如果不能有效地利用有限的时间，就会被时间俘虏，成为时间的奴隶。一旦在时间面前成为弱者，他将永远是一个弱者。因为放弃时间的人，同样也会被时间放弃。

3. 兵贵神速：雷厉风行不拖拉

《孙子兵法》中有一个重要的原则，就是“兵贵神速”。正如叶剑英元帅所说：“在一定条件下，时间因素对战斗的胜败起着决定的作用。”

人民军队格外重视部队雷厉风行作风的培养。有了这种作风，没有战机时可以抢夺战机，有了战机可以抓住战机，处于被动地位可以转为主动，处于主动可以进一步扩大战果。历史上，解放军获得的许多重大胜利，都与雷厉风行的作风息息相关。

战争中的“分秒之争”，决定了战争的胜负。在战争中，形势的转变往往在几分钟内发生，许多战争中的获胜方，往往只是比对手早几分钟占据战场枢纽，比敌人早几分钟渡过河，比敌人早几分钟到达目的地。

雷厉风行的作风，在军队中又被生动地叫做“接力棒”作风。这是指上级有了指示，下面就像接力赛跑一样，一级一级地接下去，不间断、不停歇、不拖拉，坚决、快速贯彻落实。与雷厉风行相反的是疲沓、散漫、松垮、拖拉。接受任务后，慢慢吞吞，磨磨蹭蹭，半天不见动静。这样的部队，肯定没有战斗力；这样的下属，哪个领导也不会喜欢。

兵贵神速、雷厉风行的作风，不仅适用于战争，也同样适用于领导工作。

检视今天的领导工作作风，有两种表现：一种是闻风而动；另一种是雷打不动。前者是接到上级任务和下面来的事情，像接力赛跑一样，拿到任务马上就去布置，马上解决；后者是踢皮球，你踢给我，我踢给你，这种作风是官僚衙门办事的作风。我们领导者要打破官僚主义的拖沓现象，不要把任务交代下去就石沉大海，杳无音信，这是人民群众最愤恨的作风。

当前，有的单位和部门人浮于事、执行不力、行政效率低下；一些领导者庸庸碌碌不负责任，不思进取，办事拖拉无所作为，工作散漫不在状态，严重影响单位和部门的执行力。这样下去，必定会严重影响工作，贻害我们的事业。因此，增强雷厉风行、真抓实干的执行力势在必行，迫在眉睫。

雷厉风行既是工作作风，也是工作态度。雷厉风行，就是贯彻领导指示必须态度坚决，行动迅速，抓落实而不能有疲沓的作风。对于已经确定的大政方针、既定目标、各项工作彻底落实，不折不扣，讲求工作效率，做出成效。

> 一个勇于负责的领导者，无论在何种情况下，对安排的任务都不会拖延，不会过多地去想成功还是失败，而是分秒必争，马上去做自己该做的事。

任何一件应该去做的事，都要立即去做。做，也许会失败；不做，只有失败。

对于一个高效执行奋斗目标的领导者来说，立即去做该做的事情是他们有效执行和完成任务的具体表现。富兰克林说："把握今日等于拥有两倍的明日。"

立即执行是目标任务完成的前提条件。一个勤政的领导者不会让任何一个想法溜掉。当自己产生了好的工作思路时，他会立即把它记下来——即使是在深夜，他也会这样做。他的这个习惯十分自然，毫不费力。一个优秀的领导者就是一个雷厉风行的执行者，他对工作的热爱，立即执行的习惯，就像艺术家记录自己的灵感一样自然。

在一开始的时候，领导者会觉得做到"马上行动"很不容易，但是若长期坚持这样，就会发现这其实是一种工作的习惯和态度。而当领导者体验到"马上行动"给自己的工作和生活所带来的益处时，领导工作效率就会大大提升。

领导者要记住，不管做什么事情都应该争分夺秒，雷厉风行，马上行动。

培养领导者雷厉风行的作风，关键在于以勤政敬业、高度负责的态度去抓好工作的落实，从而鼓"实在劲"，办"实在事"，凝神聚力，分秒必争，不断推进党和人民的事业健康发展。

4. 今日事今日毕，别把工作留给明天

对于领导者来说，“今日事今日毕”是最基本的守则。

以勤政敬业的态度做好领导工作，就要对每天要做的事都要有目标，有结果，做到日事日毕。唯有如此，才能确保工作的有效执行。清朝人文嘉有一首著名的《今日歌》，其内容是：“今日复今日，今日何其少，今日又不为，此事何时了？人生百年几今日，今日不为真可惜，若言姑待明朝至，明朝又有明朝事。为君聊赋《今日诗》，努力请从今日始。”这首诗歌告诉人们：一定要珍惜今天，今日事，今日毕。这也是领导者提高工作效率保证执行的重要途径与方法。

领导者应该今日事今日毕，否则无法做大事，也不可能成功。所以应该经常抱着“必须把握今日去做完它，一点也不可懒惰”的想法去努力才行。

周恩来同志是坚持每日事情每日毕的典范。原中央统战部副秘书长李佐民同志在《言传身教益我终身——周恩来鼓励我学好藏语文》一文中曾经记载过这样一件事。有一次，周总理同达赖喇嘛的谈话持续了一整天。在开始谈话时，周总理对我说：“我们一大段一大段地谈。这样可以把一个问题谈完整，你也好翻译。估计我讲半小时，你翻译可能需要一小时。这期间我要睡一会儿，你翻译完了叫我一声。”这样，周总理每讲完一大段话，便在沙发上向后一靠，很快睡着了，睡得很香。我翻译完后轻轻叫一声“总理”，他立即醒来，用手帕揉揉眼睛，开始谈下一段。中午吃完饭，我请总理正式休息一下，他却说：“谈话就是休息，我在谈话过程中不是已经休息过了。工作很多，要抓紧时间，已安排好的一天的工作还没有做完，怎么能想到休息呢？不是有句话叫‘当日事当日毕’吗？你去问达赖喇嘛，看他是否要睡午觉。如果他不睡，我们接着谈。”我问过达赖喇嘛后，谈话又接着进行，一直谈到下午7时。“今日事今日毕”是领导工作中杜绝拖延、提高工作效率、保证落实的重要途径和方法。“今日事今日毕”要求每个领导者都要养成一种良好的工作习惯：今天的工作不要拖到明天，上午的工作不要拖到下午去做，白天的事不要拖到晚上去做。

每个领导者都应该向周恩来同志学习，工作一旦开始，就要一鼓作气地把它做完，完成一项，接着再做下一项，这样会使工作速度加快，工作任务早日完成。

在今天的很多政府机关里，办事拖拖拉拉的人随处可见，他们常用的口头禅就是："这个问题明天再说""那件事再等等看""明天再干""我也该休息了"。一个单位这样的人多了，单位的形象迟早要被他们拖垮。**当天的事情当天完不成，不但会打乱整个计划，还容易使人感到挫败、压力和失望，从而丧失自信心。**

> 对自己不自信的人最容易养成拖延的习惯。相反，顺利完成当天的工作，会让人感到满足，并增强自信心，创造力也会得到提升。这有益于解决工作中的难题，使每天的工作都能顺利完成。

优秀的领导者都十分注重工作效率，他们做事从不拖延，而且还能提高效率、节省时间。在工作中，他们知道自己的职责是什么，知道自己每天的工作是什么，知道自己在1小时甚至是1分钟内该完成什么。他们会把自己的工作安排得井井有条，今天的工作绝不留给明天。因为，这些领导者深知：只有这样，才能真正做到"今日事今日毕"，才能把工作做得又快又好。

5. 立说立行，马上行动绝不拖延

及时行动是高效执行的一个重要准则。然而，并不是人人都能做到，有些领导者做事情总是习惯拖延，把今天的事情放到明天去做。其实，拖延是最具破坏性、最危险的恶性习惯之一。它会使一个领导者丧失主动进取的精神，失去他人的信任。

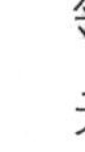

作为一位领导者，任何时候都不要自作聪明地认为工作的完成期限可以按照自己的意愿而后延。做事总是拖延的领导者，绝对不是一名称职的领导者。一名称职的领导者应该今日事今日毕，否则无法做大事，也肯定无法取得成功，所以应该经常抱着"必须把握今日去完成它"的想法，不再拖延，立即行动。

拖延是对生命的挥霍，如果将一天中的时间记录下来，就会惊讶地发现，拖延正在不知不觉地消耗着生命。拖延是因为人内心深处的惰性在作怪。每当自己需要劳动时，或需要做出一项决定时，我们就会为自己找出一些借口来安慰自己，在逃避中让自己轻松些、舒服些。如果你心存逃避的念头，你就能找出千万个理由来为自己的拖延辩护。

拖延是对惰性的纵容，一旦形成习惯，就会消磨人的意志，使人对自己越来越没有信心，怀疑自己的毅力，怀疑自己的目标，甚至会使自己的性格变得犹豫不决。

作为领导者，为了增强执行力，提高领导工作效率，必须树立一种“立即行动，马上就办”的工作理念，强调立说立行的时效要求。

面对上级，要理由少一些，行动多一些。上级命令一下达，就第一时间展开行动，按照指令办，而且办快、办好、办得让人民群众满意。

（1）做好充分的准备

做好准备，是成功的首要秘诀。充分准备，可以积聚足够的能量和信心，让你的行动更有把握。事前准备是非常关键的，准备质量的好坏直接影响到我们事情的完成效率和效果。

（2）训练自己成为果断的人

通过对比和调查，我们可以发现，果断决策的人更容易快速行动，更容易抓住有利时机，也就更容易成功。而优柔寡断、思前想后、畏首畏尾、反反复复的人，往往错过行动的最佳时机，沦为平庸之辈。领导者可按下面方法训练自己成为果断的人。

如果你想消除犹豫的毛病，养成果断决策的习惯，就要从今天开始，永远不要等到明天，强迫自己去练习，切勿犹豫。

在你决定某一件事情之前，你应该对各方面的情况有所了解，你应该运用全部的常识和理智慎重地思考，给自己充分的时间去想问题。**一旦做好了心理准备，就要果断决定，一经决定，就不要轻易反悔。**

在做决定时抛开僵化的是非观念，不要执迷于对错。一定要弄明白，作任何有价值的决定，都不存在绝对的好坏和对错，只有在多种方案中选择更好，并毫不犹豫地行动才是最好的。

千万不要想的多，付诸行动的少。反反复复想的越多，越会让一个人产生很大的自我不认同，更重要的是内心的恐惧和犹豫越来越强烈，对行动的阻力也越来越大。这种情况无论是发生在生活中还是工作中，都会带来很多的消极影响。

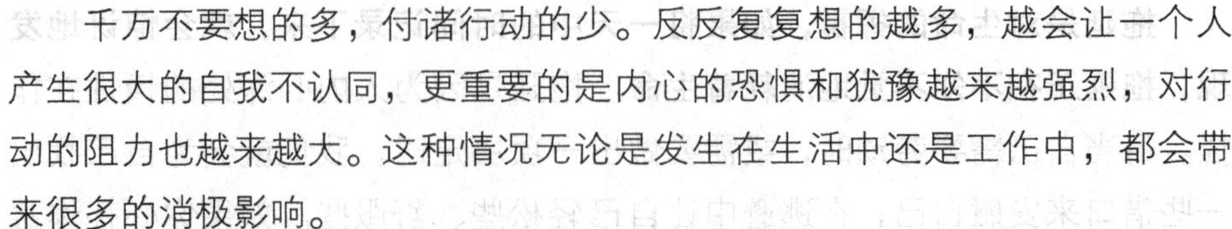

（3）坚决克服拖延的恶习

领导者如果想养成做事及时不拖延的好习惯，就要养成管理好时间的习惯。而要想成为成功的时间管理者，就不要苟安、不要畏难，应该竭力避免拖延的习惯。一旦领导者在工作中发觉自己有了拖延的倾向时，就应该静下心来想一想，确定自己的行动方向，给自己定出一个最后期限，然后努力遵守。要想成功地管理时间，就应该将“拖延”当作最凶恶的敌人。一旦确定了工作目标任务之后，必须立即行动，马上就办，坚决克服工作懒散、办事拖拉的恶习。

> 领导者要牢记，拖延是一种最危险的恶习，一旦养成习惯，就会使人陷入“拖延＋低效能＋情绪困扰”的恶性循环，不能自拔。拖延会侵蚀人的意志，消耗人的能量，阻碍潜能的发挥。

第七章

亲民爱民，关心百姓

——领导者为民服务形象的塑造

人民群众是立国之基。党群关系、干群关系好比鱼和水的关系。脱离群众，党就失去了存在的根基，就会动摇治国之基。这一道理其实人人都懂，有的领导者讲起来甚至头头是道，但做起事来却是另外一套。有的人不了解下情、民情、社情，凭空指手画脚；有的人不办实事，浑身官僚习气；有的人不关心群众疾苦，只关心自己的利益；有的人专横跋扈，颐指气使，官气十足。这些人的作风、做派，自然会引起群众的反感、厌恶、鄙视，从而严重影响党群、干群关系。其危害之大，绝不可小觑。塑造当代领导者形象，当从亲民爱民、关心百姓做起。

一、亲民爱民形象的塑造

"水可载舟，亦可覆舟。"这是古训。人民是立国之基，也是权力的主人。领导者无论官位多高，权力多大，都不可以忘记自己人民公仆的身份。一旦脱离群众，甚至以权欺压百姓，以权谋吞公益，就会成为千夫所指的权力牺牲品。身为领导者，必须倾听民声，为民勤政；必须体察民情，为民用权。

1. 漠视群众将会动摇治国之基

当前，一些领导者脱离群众，弊端种种，革命战争年代的党群、干群关系却令许多人至今怀念。抗战时期，由著名爱国华侨陈嘉庚率领的南侨总会慰劳团回到祖国，慰劳抗战中的祖国军民。在重庆，陈嘉庚看到的是官僚腐败、民不聊生、民怨沸腾；在延安，他却看到官兵平等、军民团结、同仇敌忾。陈嘉庚由此得出结论说："中国的希望在延安！"

对人民群众拥有感情，是一种责任，更是一种境界。它不是恻隐之心而是政治责任，不是策略安排而是价值取向，不是权宜之计而是根本要求。只有对人民群众怀抱一腔真情，对人民群众的冷暖疾苦感同身受，才能保持和人民群众的血肉联系。在中国历史上，有很多士大夫都有着强烈的亲民爱民情结。唐朝诗人杜甫在《自京赴奉先县咏怀五百字》中揭露了"朱门酒肉臭，路有冻死骨"的社会现实，表达了自己"穷年忧黎元，叹息肠内热"的忧国忧民之心；屈原在《离骚》中以"长太息以掩涕兮，哀民生之多艰"表露了他的悲悯情怀；郑板桥的"衙斋卧听萧萧竹，疑是民间疾苦声。些小吾曹州县吏，一枝一叶总关情"更是寄托了他体恤民情、关心民瘼的无限深情。封建士大夫们尚且如此，我们共产党的领导者更应该时刻把群众的安危冷暖挂在心上，扎实做好事关群众切身利益的每项工作。

中国共产党以为人民服务的根本宗旨密切党群关系，是我们党的根本

政治主张和一贯要求。毛泽东同志指出："党群关系好比鱼水关系。如果党群关系搞不好，社会主义制度就不可能建成；社会主义制度建成了，也不可能巩固。"然而，现实生活中，却有一些领导者对人民群众缺乏感情，对群众的安危冷暖漠不关心。他们忘记了自己是人民的公仆，忘记了人民是衣食父母，忘记了"水可载舟，亦可覆舟"的古训，背离了党的全心全意为人民服务的根本宗旨，破坏了党和人民群众的血肉联系，这种现象值得高度警惕。

对人民群众有感情，关键要有一颗爱民之心。领导者必须有发自肺腑的真诚，而不是装模作样地作秀；必须是带领群众的先锋，而不是颐指气使的"人师"；必须是脚踏实地地实践，而不是好大喜功地夸耀；必须是唇齿相依地关爱，而不是麻木不仁地冷漠。

对人民群众有感情，关键要关心群众的疾苦。要把群众当成衣食父母和兄弟姐妹。体恤他们的困难，感受他们的情绪，关心他们的疾苦，倾听他们的呼声。当前还有许多群众在生活上存在着这样或那样的困难，领导者有责任关心他们，知民之所想，察民之所虑，帮民之所需；有责任做群众的代言人，说实话，办实事，求实效，反映群众的意愿。只有这样，才能让群众感觉有信心、有依靠，才能得到人民群众真心实意的拥护。

> 每一位领导者必须清醒地认识到：党的根基在人民、血脉在人民、力量在人民。只有始终不渝保持着为人民服务的不变情怀，才能更好地带领群众共克时艰、共谋发展、共创和谐。

2. 把人民放在心上，接通"地气"

温家宝曾经指出："只有把人民放在心上，人民才能让你坐在台上。"人民群众是最朴实的，他们对那些自以为是、脱离群众的领导者，当然看不起、看不上、看不惯。希腊神话中有个英雄叫安泰俄斯，他是大地女神盖娅和海神波塞冬的儿子。安泰俄斯天生力大无穷，只要他与大地保持接触，就是不可战胜的，因为这样他就可以从他的母亲大地女神盖娅那里持

续获取无限的力量。但是这个秘密被希腊神话中最伟大的英雄赫拉克勒斯发现了。在两人的战斗中，赫拉克勒斯将安泰俄斯举到空中使其无法从盖娅那里获取力量，最后把他扼死了。从这则神话中我们可以看到，人在任何情况下都不能忘本。**就像鱼儿不能离开水，人也不能脱离祖国，领导者更不能离开群众的支持。**

做好群众工作，领导者一定要与人民群众打成一片。领导者的底气在于群众的“地气”。近年来，由于我们的干部来源、培养和干部任职回避等制度的实行，加之部分干部工作和思想的懈怠等主客观原因，脱离群众成为基层领导者建设的一个严重问题。有的干部心思不在群众，对老百姓的疾苦视而不见，不屑于跟群众打交道；一些干部长年“走读”，村级干部住乡镇，乡镇干部住县城，县级干部住地区或省城。有老百姓批评说：“现在的路越修越好，干部下基层却越来越少；电话越来越多，干部与群众的距离却越来越远；办公楼越盖越气派，群众办事却越来越难。”

毛泽东同志曾在1957年告诫共青团八大的代表们：“要做个顶天立地的人，顶天就是能掌握马列主义，站得高，看得远；立地就是有坚实的群众基础，和群众打成一片。”

重视、善做群众工作，与人民群众打成一片，是我们党的优良传统和制胜法宝。做好当前新形势下的群众工作，首先要到人民群众中去，与人民群众打成一片，要“接地气”，始终不离群众。

当前，有些领导者不愿到基层去，不愿到群众中去，高高在上。这是造成他们群众观念淡薄的主要原因。一些同志对群众疾苦不闻不问，见困难就缩，见问题就推，见矛盾就躲，甚至胡乱作为，与民争利。结果必然是见到群众心里发虚，没有底气，不知道应该怎样去接触群众、与群众交流、做群众工作。

只有接通了“地气”，与人民群众打成一片，才能及时掌握群众的所思、所想、所盼，真正做到思想上尊重群众，感情上贴近群众，工作上依靠群众，做群众工作才有底气。干部和群众一起，努力排忧解难，化解矛盾，真正成为群众的贴心人，更好地架起党员、领导者和人民群众之间的同心桥。

2011 年 1 月 25 日下午，国务院总理的温家宝在中南海国务院第一会议室亲切接见了十余位基层群众，有工人、医生、街道干部，还有农民工……这些最为普通的群众应温家宝总理的邀请到中南海座谈，就政府工作报告和“十二五”规划纲要草案发表意见。

温总理在座谈会上说：“最能评价政府工作好坏的是群众，最能反映政府工作情况的是基层。群众的意见使我们知道政策贯彻落实情况，知道群众的困难和问题所在。”温家宝的这段话清晰地表达了“与群众同呼吸共命运”的态度和做事方式。无论是在汶川抗震的第一线，还是在大型企业、生产车间，温总理的身影都屡屡出现。

从我们国家来说，行政领导者的最高职务应该算是国务院总理了。作为大多数的普通领导者，更应该有这种接近群众、依靠群众、服务群众的工作方式。

3. 要密切联系群众，永远不脱离群众

领导者能否始终保持和发展同人民群众的血肉联系，直接关系到党的执政根基。密切联系群众是我们党的优良作风之一，也是周恩来同志始终坚持和一贯强调的重要准则。1943 年重庆红岩村整风学习时，周恩来同志就在《我的修养要则》中提出“永远不与群众隔离，向群众学习，并帮助他们”的要求。在其几十年革命生涯中，周恩来同志始终如一地遵守着共产党人的这一誓言。

人民群众是党的力量的源泉，是中国革命的胜利之本。在艰苦卓绝的革命战争年代，我们党时时刻刻把联系群众放在重要位置。

相信群众，依靠群众，坚持走群众路线，是中国共产党取得新民主主义革命胜利的重要法宝，也是今天我们进行社会主义建设的法宝。

在新的历史时期，我们党执掌着国家政权，有了更多更好的为人民服务的条件，但也增长了脱离群众的危险。周恩来同志曾指出，“官僚主义是领导机关最容易犯的一种政治病症”“你掌握政权，总有这个问题，权力过分集中时就会偏向。特别是因为我们搞社会主义，为最大多数人民谋

最大利益，集中最大权力，做最大的好事，人民比较满意，在这样的情况下做错一点事情，容易为人民谅解，这就使我们很容易忽视发扬民主而犯官僚主义和主观主义的错误”。他曾在不同时间和场合，多次明确指出官僚主义的危害性，“如果听其发展，不坚决加以克服，必将造成更大的危害。我们绝不能容许官僚主义再继续发展下去”。

要克服官僚主义，就要依靠人民群众进行民主监督。1956 年 7 月，周恩来同志在上海市第一次党代会上的讲话中提出了允许唱“对台戏”的民主监督思想。他指出:“人民代表提出的意见，政府要出来回答。”他还分析说，资本主义国家的制度我们不能学，那是剥削阶级专政的制度，但是“西方议会的某些形式和方法还是可以学的，这能够使我们从不同方面来发现问题。换句话说，就是允许唱‘对台戏’，当然这是社会主义的‘戏’”。共产党有缺点，就要允许人家批评和监督。他在 1957 年 4 月上海干部大会上的讲话中说到，“共产党一方面是个领导的党，另外一方面应该承认领导党也是有缺点的”“需要人家帮助和督促。如果自以为是，自满了，那就要使党退化了”。深刻揭示了民主监督的必要性和重要性。毛泽东同志在延安同黄炎培先生讨论中共如何跳出由盛到衰的历史周期率时，曾谈到“只有让人民监督政府，政府才不敢松懈。只有人人起来负责，才不会人亡政息”。可以说，周恩来同志关于“唱对台戏”的民主监督思想同毛泽东同志的这一思想是完全一致的。

4. 争做联系人民群众的模范

领导者只有心系群众，身入群众，倾听民声，与民交流，才能做联系群众的模范，解决好群众的实际问题。近十多年来，为了永葆共产党员的先进性，党中央多次明确提出，所有共产党员都应该充分发挥先锋模范作用，尤其要做联系群众的模范。深刻理解新形势下密切联系群众的极端重要性，进一步拓宽联系群众的渠道，切实成为联系群众的模范，是共产党员、领导者预防腐败、保持廉洁的有效途径。

（1）密切联系群众是保持党的先进性的基本途径和必然要求

领导者为什么一定要密切联系群众？从根本上说，是由我们党和国家的性质和宗旨决定的。中国共产党是中国工人阶级的先锋队，也是中国人民和中华民族的先锋队。**如果脱离群众，身后没有了老百姓，那就不成其为“先锋队”了**。党的创立者们创立共产党，如果脱离群众，就不知道“所为何人”，从根本上背离了全心全意为人民服务的宗旨。

（2）联系群众是多方面、多层次的系统性要求

中国共产党自延安整风形成了密切联系群众的优良传统和作风以来，经过近70年的实践，极大地丰富和发展了联系群众的内涵。如今，联系群众已经不再是“到群众中走一走、看一看”那么简单的要求了，而是多方面、多层次的系统性要求。主要表现在两个方面：其一，心在群众，身入群众，同群众打成一片。其二，倾听民声，与民交流，全面了解民意。

（3）帮助群众解决好实际问题

是否帮助群众认真解决面临的实际问题，不是一般的工作问题、方法问题，而是政治问题，直接关系党的执政能力和执政地位。领导者要把联系群众做到位，就不能只满足于与民同吃、同乐，而必须与民同忧、同劳，解民所困，为民解难。所谓“做联系群众的模范”，就是说在联系群众方面做得比别人好，做到位。衡量“到位”还是“不到位”的试金石，就是是不是真心实意地帮助群众解决好面临的实际问题。毛泽东同志曾强调，要关心群众生活，“要有新的利益给他们”，否则群众就不会跟党走。事实上，中国的老百姓之所以拥护共产党，就是因为他们实实在在地感受到，只有共产党才能帮助他们推翻压在头上的“三座大山”，才能帮助他们解决好衣食住行等实际问题，过上好日子。

领导者要成为密切联系群众的模范，必须从多方面进行努力。首先，要牢固树立马克思主义的群众观点，主要有一切为了人民群众的观点、一切向人民群众负责的观点、相信群众自己解放自己的观点、向人民群众学习的观点和依靠群众开展工作的观点。只有这样，才能增强群众观念和联系群众的自觉性。其次，要加强有关制度建设。一是要建立健全决策民主化制度。从制度上规定，没有群众的积极参与就不能出台重大决策。二是健全领导者调查研究制度。使各级领导者确保有一定的时间深入基层，体察民情、了解民意，指导工作、解决问题。三是完善领导者接待群众制

度。通过亲自接待群众，领导者能够更好地掌握真实情况，做到想群众之所想、急群众之所急、务群众之所需，有针对性地维护人民群众的切身利益。四是建立领导者联系点制度。使每个领导者相对固定联系一家企业、一个街道、一个学校等，以点带面，保持与人民群众的经常性联系。最后，要加强对领导者联系群众情况的检查监督。没有有效的监督，许多人就没有联系群众的自觉性，即使定了制度也不过是白纸一张。必须强化党内监督和群众监督、新闻舆论监督，促使领导者不能不也不敢不同群众保持经常性联系。

5. 要尊重人民群众，拜人民群众为师

领导者来自人民、根植人民、服务人民，因此，应当虚心向群众学习请教，拜人民为师。当前，一些领导者下基层时，把衙门作风也带下去了，"官老爷"架势十足，瞧不起普通老百姓；总认为自己高人一等，指手画脚，一副无所不能的样子，不懂装懂；不屑、不愿、不爱与群众打交道，更谈不上深入一线，深入群众，全心全意为群众服务了。群众对这样的干部和行为深恶痛绝。

历史证明，人民群众是认识和实践的主体，是真正的英雄，是历史的创造者和推动者。毛泽东等老一辈领导人特别重视群众的意见，强调遇事同群众商量，提倡"先当学生后当先生"。**只有认真听取群众意见，汲取群众的智慧，才能形成正确的工作思路，卓有成效地开展工作。**

领导者要真正听到群众的真实意见，尊重群众，以人民为师，并不是一件容易的事情。李瑞环在 1999 年 3 月 7 日第九届全国人大二次会议天津代表团会议上讲话时对这个问题提出过三个方法。

首先，思想要对头。承认群众是真正的英雄，而我们自己则往往是幼稚可笑的；承认最有聪明才智、最有实践经验的是群众；承认一切真知发源于实践。

其次，态度要端正。没有满腔的热忱，没有眼睛向下的决心，没有求知的渴望，没有放下臭架子甘当小学生的精神，就不可能做好事情。

再次，方法要得当。我们已有一些现成的渠道，只要注意充分运用，

就可以听到群众的很多意见。

领导者来自人民、植根人民、服务人民，应虚心向群众学习请教，不断增进与群众的感情，真心实意地听取群众意见、尊重群众的首创精神；及时把群众创造的新鲜经验，加以总结、提炼和概括，并从广大群众中汲取智慧和力量，形成正确的工作思路和工作方法。只有这样才能不断丰富自己、提高自己，才能更好地推动工作。

> 领导者只有时时知道群众想什么、要求什么、期待什么，群众对自己的所作所为高兴不高兴、赞成不赞成、满意不满意，才能准确地了解自己该做些什么，应该怎样做。

6. 到群众中去充实和提高自己

群众是一面镜子，如果听不到群众的呼声，不了解群众的情绪，领导者就无法纠正自己的缺点错误，无法克服自己的不足。领导者一刻也不能脱离群众，要经常到群众中去倾听呼声。对于领导者来说，群众的情绪与呼声是必须时时关注的。群众是领导者的一面镜子，从群众对自己的态度、反映、意见、要求和评价上，就可以看出自己和群众要求有没有差距，差距有多大，还需要从哪些方面努力进行提高。

领导者到群众中去听取意见、倾听呼声，最重要的是要诚心诚意，万万不可虚情假意、三心二意。领导者是不是真心诚意，群众是心明眼亮、心里有数的。对真心诚意听取群众呼声的，群众就乐于说心里话，把真实的想法、看法向领导者如实倾诉。如果不是真心诚意，只是装装样子，走走过场，群众就不买你的账，领导者就听不到群众的心里话，也了解不到真实情况，还会令群众十分反感。此外，领导者倾听群众呼声，还要注意全面听取意见，避免片面性。

（1）到群众中去沟通情感

群众当中难免有些不同意见，不同看法，领导者在倾听群众意见时，要注意听取不同意见，只有全面听取意见，才能听到正确意见，得出正确

结论。情感是人们对于外界刺激肯定或否定的心理反应，如喜欢、愤怒、恐惧、爱慕、厌恶等，是一种最常见的心理活动。领导者与群众之间的关系，最淳朴的关系是情感关系，最真实的关系也是情感关系。领导者是否真心实意地爱护群众，群众是否真心实意地爱戴领导者，最能说明干群关系是否非常融洽、真正良好。领导者是人民群众的公仆，要当好这个公仆，就要对人民群众充满爱心。只有对人民群众具有发自内心的爱，才能视人民为父母兄弟，兢兢业业地为人民群众操劳，呕心沥血地为人民群众效力。情感是领导者与群众之间和谐关系的纽带，没有情感的联系，领导者与群众之间的和谐关系就不可能建立起来。情感是在相互沟通当中实现的。领导者只有经常到群众当中去走一走，多接触群众，才可能保持与群众情感沟通与交流的畅通。如果领导者总是高高在上，就无法与群众建立起密切的情感关系。领导者在与群众的情感交流中，不仅使领导者加深对人民群众的感情，视人民群众为父母，激发全心全意为人民服务的热情，还能够得到群众的支持、拥护与爱戴，从人民群众的真挚情感中受到鼓舞，汲取无穷无尽的力量。

（2）到群众中去虚心求教

三人行必有我师。作为群众这样一个大众群体，就更是藏着无数的老师。向群众学习，到群众中去寻找智慧、拜师求教，是领导者学习进步的重要途径。领导者再聪明、再博学，也不能做到百事通，总有些知识不掌握，总有些经验不具备。群众当中人才济济，每个人都各有所长，有的已经是某些领域的专家。**领导者到群众中去，虚心地向这些人学习求教，做到博采众长，将群众的知识智慧集于一身，就能够极大地充实自己，使自己得到进步提高**。在道德品格修养方面，群众当中也有许多堪称楷模的先进人物，是领导者学习的榜样。不仅先进模范人物值得学习，群众当中的每一个人身上都有自己的闪光点，领导者如果能经常到群众中去，就能发现每一个人的可取之处，学习每一个人的优点，就能够极大地提升自己的人格境界。谁能够更多地把别人的优点集中到自己的身上，谁就能够成为人格修养的典范。

（3）到群众中去树立形象

领导者树立形象，说到底就是要树立人民公仆的形象。在群众中是公仆形象还是老爷形象，是一个合格的公仆形象还是一个不合格的公仆形象，是一个优秀的公仆形象还是一个一般的公仆形象，对领导者来说是一个事关重大的问题。在群众心目当中树立起自己的正面形象，得到群众的充分肯定，受到群众的信任与爱戴，这是领导者必须追求的目标。但是，领导者在群众当中树立怎样的形象，最根本的还是取决于领导者自身。老百姓心中有一杆秤，领导者是一个什么样的人，老百姓心里最有数。领导者要想在群众当中树立良好的公仆形象，只能靠自身的不懈努力。

（4）到群众中去增长才干

领导者只有投身于群众之中，与群众一起参加社会实践，才能不断增长才干。一是在社会实践中集中群众智慧。群众当中有着各种各样的人才，蕴藏着无穷的智慧，是领导者的智力宝库。在平时的工作中，领导者不要总是以为只有自己高明，不把群众放在眼里。群众当中有许许多多自己的老师。其实群众身在实践第一线，他们最了解情况，最有发言权。领导者在工作中遇到困难遇到问题首先要想到人民群众，到群众中去学习，向群众要办法、要高招。要充分发扬民主，把民主决策形成制度，给群众足够的讲话机会，让群众充分发表自己的见解。二是要在工作实践中学会发动群众、组织群众，做群众工作。

> 对于领导者来说，会做群众工作是最重要的才干，善于发动群众、组织群众是最有用的才干。领导者如果不会做群众工作，不善于团结群众、组织群众，不能有效地调动群众的积极性，就不会有领导力，也没有领导权威。

二、关心百姓疾苦形象的塑造

金杯银杯不如群众口碑，金奖银奖不如群众夸奖。作为为民办事的领导干部，我们要始终把人民群众的新要求和新期待当作自己职业操守的第一信号，用更多改善民生、缓解民困的举措，“对接”人民群众最关心、最直接、最现实的利益，让百姓得益更多、生活更好、幸福感更强。用关心群众疾苦、解决群众实际问题的扎实作风，塑造领导干部的良好形象。

1. 思人民群众之所想，务人民群众之所需

领导者办的事情好不好、实不实，都体现在群众的心里、百姓的脸上、人民的口中。邓小平同志说：“社会主义财富属于人民，社会主义的致富是全民共同致富。”构建和谐社会，就是要把民生问题作为重中之重，让广大人民群众有活干，有学上，有饭吃，有衣穿，有屋住，病有医，老有养，生活幸福，都过上好日子。这话说得实实在在，当然更需要我们的领导者实实在在地为人民群众办实事，真正地做到“务民需”。

“老百姓当前最关心的问题是什么？”不知道我们有多少机关领导想过这个问题。可能身处机关这个大环境中，如何给上级领导一个好印象、如何在岗位变动中再升一级，这些问题已经渐渐地成为人们常想的首要问题，而把自己的本职工作——为人民服务，远远地抛在脑后。

当然，在全党上下把“以人为本”作为执政理念的今天，好像还没有哪一级政府机关每年不研究出台一些为民办实事的项目，不搞一些民生工程。但是，不可否认的是，一些地方政府机关出台的项目、要搞的工程，也许名字很好听，“10项民生工程”“20项惠民实事”，等等，总是在名称上动脑筋、在数字上玩花样，仿佛只要叫得响，就一定能办得好。至于这些项目、工程、实事是怎么来的，又将怎么去实施，好像始终与“民”沾不上太大的边。这些项目、工程、实事实施的效果，可能只有这些领导者在上报自己的政绩时才会看到它们的卓越成果，而对于百姓是否真正地得到好处，好像已经不那么重要了。有些地方政府、一些部门单位，在出台一项措施之前，往往不是很深入地走到基层群众之中，不是很广泛地搜集民情民意，而是办公室的几个同志，甚至就是一两个同志，关起门来，苦思冥想、挖空心思、闭门造车，或者干脆就是领导一句讲话、一个指令、一个“意思”，便成为所谓的项目、工程、实事。然后再一级一级地签文、发文，便大功告成了。这样，在文件出台之前，一般也很难再去征求群众

意见。这种从办公室到文件，从领导到文件的“运作模式”，由于缺乏了民意的支撑，某种程度上带有了“长官意志”“官本位思想”，很多项目尽管被套上了“民生工程”的名称，但是却成了领导喜欢而百姓厌恶的“形象工程”“政绩工程”“面子事业”。所以，“从群众中来，到群众中去”，是我们党应该长期坚持的群众路线。

对此，衡量合格领导者的一个重要标准，那就是心中到底装着的是人民还是自己。如果心中装着的是人民，想着的是百姓，就会始终把群众的需求、意见、呼声、利益，作为行动的第一信号；反之，如果心中装着的是自己，想着的是自身，则会置群众的需求、意见、呼声、利益于不顾，而经营自己的“小圈子”，盘算自身的“小九九”。

> “立党为公，执政为民”“群众利益无小事，民生问题大于天”，这些看似很简单，也很容易记住的思想、理念，要想真正地贯彻落实到位，其实并不简单，也很不容易。

现在，各级政府每年都会向人民群众承诺拟办多少件实事。在那些实事中，住房、交通、教育、安全、医疗、社会保障等都是百姓所需。这种做法是值得肯定的，但同时，领导者还需要反省一下，平时在制定和执行政策之前，考虑到民声、关注到民意了吗？**事情好不好、实不实、难不难，不能是我们关起门来自我感觉、自我体会、自我陶醉，而要在群众的心里、在百姓的脸上、在人民的口中体现出来。**

领导者办过民需的实事，同样有办过民不需的“虚”事。媒体曝光的豪华办公楼已经不止一例，试问：办公楼真的需要如此豪华吗？办公大楼带来的资源浪费问题又将得到怎样的处理呢？还有最值得我们思考的是，在办公大楼建设的背后有多少国有资产在流失？因为这些办公大楼而失去土地的百姓的生活将由谁来保障呢？可能这些问题连在这些大楼里办公的人也从来没有考虑过。当然，可能有的人会说，修建这样的办公楼不是为了一己私利，而是为了“展现地方形象”，为了“招商引资”。但事实是，豪华办公楼并不会改善投资环境，也不会惠及当地经济，相反，往往以损害群众利益为代价。为修建豪华办公大楼，一些地方向企业和下级单位敛

钱，甚至挤占挪用农村养老金等各种专项资金；有些地方通过执法罚没收入、买卖手中审批权限等方式筹集资金；有些地方是从银行贷款，还长期拖欠工程款。在豪华的办公大楼背后，是不断加重的财政包袱和群众负担，不但不会树立党和政府机关的良好形象，反而败坏着党和政府机关的形象。也有人会说，政府机关是政治中心或是执法机关，办公楼有派头有气势，可以增加权威。建豪华办公楼折射出一些机关领导的权力意识、地位意识。要知道“廉”方能生“威”，党和政府的形象与威信不是靠豪华办公楼树立的。事实上，往往是办公楼越高，距离人民越远；办公楼越豪华，与人民的隔膜就会越深。国务院在2007年的政府工作报告中就已经提出，将重点解决行政机关的铺张浪费问题，要严禁行政机关新建、扩建办公大楼，严禁建设豪华楼堂馆所，切实规范公务接待，降低行政成本，建设节约型政府。我们的政府之所以提出建设节约型政府，就是要将社会资源更广泛地用于解决百姓最需要解决的事情上，以此来彰显人民政府为人民的办事宗旨。

2. 体察民情，要善于倾听“沉没的声音”

体察民情最难听到的是弱势群体的声音，稳定人心最关键的是解决百姓生活中的实际困难。2011年5月26日，《人民日报》发表题为《执政者要在众声喧哗中倾听“沉没的声音”》的文章，引起媒体广泛的报道和评论。文章指出，我们迎来了表达的“黄金时代”，但仍有许多声音未被倾听。一方面，有些声音被淹没在强大的声场之中，难以浮出水面；另一方面，有些声音只是“说也白说”，意愿虽表达，问题未解决。这些，都可谓无效表达，有人称之为“沉没的声音”。

基层群众的生活困难问题，是一个直接影响社会稳定的大问题。执政的要领是把最困难的人安顿好。稳住群众、稳住人心、稳住全局的关键是稳住最困难的那部分人。文章认为，那些为网络关注、被媒体聚焦的热点事件，只是“冰山的一角”，海面之下这些体积更大的冰块，才是让冰尖浮出水面的庞大基石，也才是决定社会心态的“潜意识”“核心层”。在一定程度上，表达上的弱势群体，也是现实中的弱势群体。在社会层面，他们既缺乏影响公共舆论的资源，又鲜有参与政府决策的渠道，甚至无法得到与自身密切相关的信息，表达和追求自己利益的能力同样薄弱。因此，尽管可能人数不少，但他们的声音却很难在社会中被听到。

文章最后强调，在众声喧哗中，尽可能打捞那些沉没的声音，是社会管理者应尽之责。**以政府之力，维护弱势人群的表达权，使他们的利益能够通过制度化、规范化渠道正常表达，这是共建共享的应有之义，是构建和谐社会的关键所在。**

该文章之所以引起很大反响，是因为道出了社会的薄弱环节，也道出了为政的薄弱环节。那些贫困地区的农民，城市中的无业者、失业者，因拆迁失去土地和房屋而未被很好安置的人，街头终日与城管周旋的摆摊者，等等，他们要么沉默着，发不出声音，即便发出声音，也在众声喧哗中被淹没了，“不可倾诉、不被倾听、不能解决”；如果不主动“打捞”，太多声音沉没，难免会“淤塞”社会心态，导致矛盾激化。

当前，整个社会处于快速转型期，困难群体和弱势群体的利益和诉求最容易被忽略。特别是近年来，国际金融危机对我国经济的影响还没有消退，房价、物价上涨很厉害，有些群众的基本生活受到很大影响。

因此，不管是高层领导者，还是普通领导者，都应该去“打捞”这些沉没的声音，关注社会中的困难群众和弱势群体，倾听他们的心声和诉求，体察他们的艰难，解决他们的实际问题，给他们以希望。

3. 领导者要设法听到群众真话

领导者会不会“听”话，是个大学问。“言能听，道乃进。”只有学会倾听，才能准确识别群众情绪，正确开展群众工作，才能真正做到问政于民、问需于民、问计于民。可见，领导者学会“听”话，既是必须掌握的领导艺术，更是做好领导工作的必修课。

《古文辑要》上记载了这样一个故事：初唐名臣裴矩在隋朝做官时，曾经阿谀逢迎，溜须拍马，想方设法满足隋炀帝的要求；可到了唐朝，他却一反故态，敢于当面跟唐太宗争论，成了忠直敢谏的净臣。

这个故事告诉我们，人们只有在那些愿意听真话、能够听真话的人面前，才敢于讲真话，愿意讲真话，乐于讲真话。语言的交流，必须是双向的互动。只有领导者虚心听言，诚心纳言，人们才会真心直言，吐露真言。

毋庸置疑，我们是说真话、实话、好话，还是说假话、空话、套话，往往取决于一个怎样的语境。

习近平同志曾指出，听真话是一种智慧。我们的领导者一定要本着“言者无罪，闻者足戒”的原则，欢迎和鼓励别人讲真话。在一定意义上，最难的还不是讲真话，而是领导者听不听得进“逆耳”的真话。在一些地方和部门，不讲真话，甚至谎话连篇、奉承漫天，主要在于那里的“官场生态”缺乏欢迎讲真话、鼓励讲真话的氛围。

> 如何对待真话，是对一个领导者非常重要的考验，领导者距离真话有多远，就距离实际有多远，距离实事求是有多远。

（1）听真话，就要密切联系群众

毛泽东同志说：“不要只是昂首望天。没有眼睛向下的兴趣和决心，是一辈子也不会真正懂得中国的事情的。”

要深刻认识人民群众是历史的创造者，深入了解人民群众的实际愿望和利益要求，充分尊重人民群众的主体地位和首创精神，及时总结人民群众的实践创造和新鲜经验，使各项工作获得最广泛、最可靠、最牢固的群众基础和力量源泉。

（2）听真话，就要深入调查研究

用双脚丈量民情，用真心感知民意，用真诚求得民智，努力把客观存在的事实搞清楚，把事物的内外部联系弄明白，不断提高破解难题、化解矛盾、推动发展的本领。

（3）听真话，就要广开言路

春秋时代，齐威王为听真话，曾颁布命令：“群臣吏民，能面刺寡人之过者，受上赏；上书谏寡人者，受中赏；能谤讥于市朝，闻寡人之耳者，受下赏。”结果齐国大治。广开言路，事关国之兴衰、民之福祉，善纳人言，体现为政者的襟怀和品格。

一个听不到真话的地方是可怕的地方，一个不听真话的领导者是危险的领导者。一个城府很深的人，别人怎么会对他袒露心迹？一个言行虚伪的人，别人怎么敢对他无所保留？你要理解别人、了解别人的真实思想，你本身就要有比较高的透明度，讲真话、讲实话、不隐瞒自己的观点，更不背后整人，使人对你心存戒备。在一些地方，有一种不正常的现象：讲真话在私下场合，讲套话在公开场合；当面能把领导捧天上，背后能把领导贬脚下。

真话虽然不一定都是真理，但假话肯定都不是真理。所以我们的领导者就要学会识别真话、假话的本领，练就爱听真话、不听假话的功夫。

4. 做群众工作要善于换位思考

习近平同志曾指出，做群众工作要注意换位思考，设身处地为群众着想，只有将心比心，才能换取真心，才能找到解决问题、推动工作的良策。一语点出了基层领导者修炼情商的实质。

基层领导者要想做好群众工作，首先需要的就是学会“移情”，也就是有同情心。在基层工作中，移情是一大法宝。所谓移情，就是换位思考。顾名思义就是为人处世要站在对方的利益立场上，处在对方的角度上来思考、处理问题，通俗地说就是“将心比心”。老子说，“圣人无常心，以百姓之心为心”；姜子牙说，“以天下之目视，则无不见；以天下之耳听，则无不闻也；以天下之心虑，则无不知也”。**领导者做决策、定政策合不合民意，要用群众的心去想，要用群众的耳去听**。实践表明，“换位思考”是做好群众工作的一大法宝，也是我们党赢得人民群众信任和支持的经验之一。

换位思考，核心问题就是要求干部要站在群众的立场上，从群众的角度看问题，使每项决策都能充分反映群众愿望，体现群众利益，得到群众拥护。

（1）换位思考，做群众的知心人

正确的方式方法是做好群众工作的保障。要获取正确的方式方法，就要放下架子，沉下身子，经常深入实际、深入基层、深入群众，“串百家

门、知百家情”，与群众“面对面”“零距离”，感同身受体会群众的疾苦，设身处地理解群众的呼声，准确掌握群众所思、所需、所盼，了解群众的想法，换取群众的真心，问政于民、问需于民、问计于民，找到正确的工作思路和方式方法。只有这样，才能拉近与群众的距离，彻底根除“门难进、脸难看、事难办”的陋习，增进与人民群众的真挚感情。

（2）换位思考，做群众的贴心人

俗话说：“人心换人心，黄土变成金。”做群众工作要带着感情去做，感情深才能心贴心。只有把群众放在心上，群众才会把我们放在心上；只有把群众当亲人，群众才会把我们当亲人。群众对我们越信任，一些矛盾和问题就越容易解决。因此，各级领导者一定要与群众贴心交流，经常到群众需要的地方去问寒问暖，到群众困难的地方去排忧解难，到群众意见多的地方去理顺情绪，积极为群众做好事、办实事、解难事，把群众的事当作自己的事来办，切实解决群众生产生活中最迫切的实际困难和问题。

> 只有时刻关心群众，用一件件爱民为民的小事，把群众的一个个“问号”变成“句号”，才能赢得群众的认可和信任，才能真正和群众心贴心。

（3）换位思考，做群众的代言人

“群众利益无小事。”做群众工作，要始终站在人民群众的立场上，始终代表最广大人民的根本利益，仗义执言，为民作主，做群众利益的代言人、呵护人。要坚持群众利益至上，充分尊重群众意愿，一切以群众满意不满意、高兴不高兴、拥护不拥护为标准，用群众的眼光、从群众的角度去想问题、做决策、办事情，努力办好顺民意、解民忧、惠民生的实事，维护好、实现好、发展好最广大人民的根本利益。不搞所谓的“形象工程”“政绩工程”，把全部的精力和有限的物力和财力，用在解决人民群众最关心的问题上，真心为群众着想，全力为群众造福。

常言道：“己所不欲，勿施于人。”做群众工作只有经常换位思考，把各项工作和决策建立在了解、顺应、符合群众愿望和要求的基础之上，我们的事业才会赢得最广大人民群众的拥护和支持，才会健康发展、兴旺昌盛。

从这个意义上说，换位思考不仅是拉近官民距离，增进官民感情，密切官民关系的一剂良药，更是各级领导者必须长期坚持的一堂必修课。各级领导者都是从群众中来的，更要到群众中去，不论是昨天、今天还是明天，这一点永远都不能动摇。

5. “为民务实清廉”，要学会巧干

领导者在落实为民务实清廉的群众工作中，仅仅有好的出发点是不够的，还需要有正确的工作方法。再好的政策和措施，如果群众不答应，都实施不下去。所以，干部要能“实干”，更要会“巧干”。

所谓巧干，不是务虚，而是要发挥情商的作用，注意观察群众情绪，对症下药，注重工作方法。**四两拨千斤，靠的不是蛮力而是巧劲。**

四川省甘孜藏族自治州瓦日乡原乡长菊美多吉，是一名土生土长的藏族干部，他用实际行动服务群众，赢得尊敬，被誉为“最美基层干部”。

2003年夏天，扎拖乡扎托村的通村公路修了一半，就有几户村民来堵路，工程只好停下来。菊美多吉接到村干部的电话，便立即赶到村里了解情况。

堵路的村民正一肚子气没处撒。看见有干部来过问，纷纷反映情况：

“不是我不讲理，我家本来就只有那点地，修路又要被占一些，我们以后喝西北风啊？”

“占了我的地，还不给补偿，遇到鬼哕！”

“我要我的地，你们不晓得修路绕道啊？”

村民情绪很激动，使菊美多吉的工作陷入了僵局。但通过大家你一言我一语的发言，他还是认识到了老乡们的真实情绪，弄明白了大家抵制修路的心理根结，为下一步的工作打下了很好的基础。

第二天一大早，菊美多吉又来到扎托村。他诚恳地、推心置腹地对大家说：“各位大叔、大婶、大爷、大妈，哥哥、姐姐、弟弟、妹妹们，我晓得，扎拖乡作为一个农业区，土地金贵，修路要占去一些边边角角，你

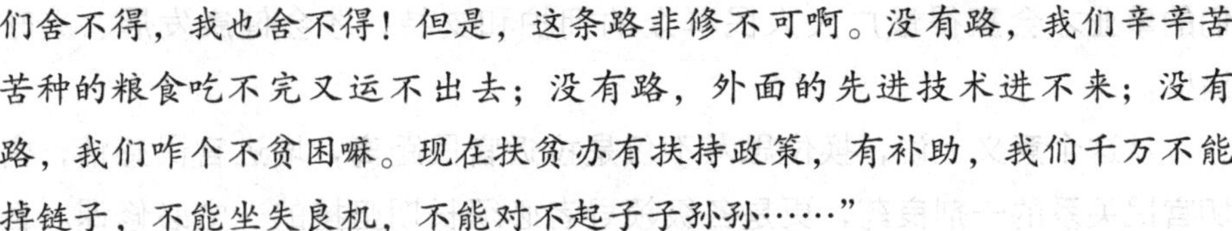

们舍不得，我也舍不得！但是，这条路非修不可啊。没有路，我们辛辛苦苦种的粮食吃不完又运不出去；没有路，外面的先进技术进不来；没有路，我们咋个不贫困嘛。现在扶贫办有扶持政策，有补助，我们千万不能掉链子，不能坐失良机，不能对不起子子孙孙……”

一席话，说得村民们开了窍。大家你一言我一语，都对菊美多吉的话表示赞同。

修路本是好事。没有好的交通，群众如何致富呢？但再好的政策，再好的想法，群众不答应，就实施不下去。菊美多吉的故事对我们做群众工作至少有三点启发。

首先不能硬来。遇到群众抵触，工作开展不下去的时候，不要一味想着“硬碰硬”“强制执行”。这方面，“中国式拆迁”应该深刻反思。如果菊美多吉当初不顾群众感受，强行修路，恐怕不会得到支持。

其次摸清楚群众抵制情绪的心结。反观有的基层干部，与群众打交道，不是高高在上摆出一副接近不了的姿态，把自己与群众隔离开来，就是颐指气使，站在群众的对立面，对群众的意见听不进，对群众的事情办不了。这样，群众肯定不买账，工作自然也做不好。

> 领导干部一定要搞清楚群众想什么、怕什么，为什么不答应。当群众产生抵触情况的时候更需要善于倾听群众的意见。既要用耳朵听，更要用心感受。

最后是务实。通过解决群众困难，消除群众顾虑来获得理解和信任。有了好的群众基础，再回过头来推进工作，就可以达到事半功倍的效果了。

6. 深入基层才能真正了解群众情绪

情绪是人们内心思想与感受的一种流露和释放，表现出其对客观事物的态度。群众的情绪，并不总是像自来水那样哗哗流出，令人一眼望穿。在许多场合，群众对情绪的表达往往是含蓄的，不经意的。尤其是当他们对工作、生活中的问题感到不满意时，情绪的表达可能会更为谨慎。因此，对于各级领导者来说，调查研究也好，开展工作也罢，一个重要的前提就是了解和掌握群众的情绪。

对群众情绪的了解和掌握，不可能自然而然地获得，它只能从体察中来。体察的办法，就是沉到基层去，深入生活中，问问家长里短事，听听鸡毛蒜皮言，在沟通交流中与群众建立感情，取得信任。

俗话说："听锣听声，听话听音。"群众的情绪往往是在日常的言谈、平时的举止中流露出来的。**经常深入群众，与群众打成一片，通过走路看神态、工作察热情、说话辨语气等方式，就能够体验和察觉群众的情绪状态。**

特别是对那些困难多、问题多、矛盾多的地方，更需要沉下去，带着感情去做工作。这就如同潜水员潜水，虽然越到深处压力越大、难度越大，但由此看到的也就越真切、越实在。要想群众之所想，乐群众之所乐。群众有困难，及时解决；群众有意见，虚心倾听；群众有疑问，耐心解答，这样群众才会敞开心扉，表达情绪。

被誉为"最美基层干部"的李彬，在这方面为基层领导者们做出了很好的表率。

2007年10月15日，李彬作为福建省第二批下派干部，从省检察院被派到省级重点扶贫村鲜水村担任党支部第一书记。

李彬从驻村的那一天起，就把自己当做鲜水人。李彬常说，我姓李，本来就是李家人嘛，又到李家乡任职，就是回到自己的家。3年时间，李彬学会了难听懂、难发音的李家方言，并能用地道的方言与村民交流。群众也都喜欢和他来往，大小红白喜事都会告诉他。

村民们说，李彬是省里派来的干部，他把群众当亲人，把农民当兄弟，与群众同忧乐，没有一点官架子，没有一点距离感，这样的干部群众看着倍感亲切。并说，这样的干部最美，基层最需要、群众最期盼。

在村民眼中，李彬驻村3年，与村民同甘共苦，就像兄弟一般亲，常常过问群众的困难，修路、引水，每项工程李彬都亲自测量、预算，把工程成本降到最低。村部修缮，他亲自粉刷；建设健身广场，他带着干部去挖草皮回来种；村口立"鲜水村"石碑，他四处去找大石头，然后用车拉回来。有一次跟村民沈在启出去跑项目，为省50元的住宿费，李彬与沈在启两人同睡一张床……

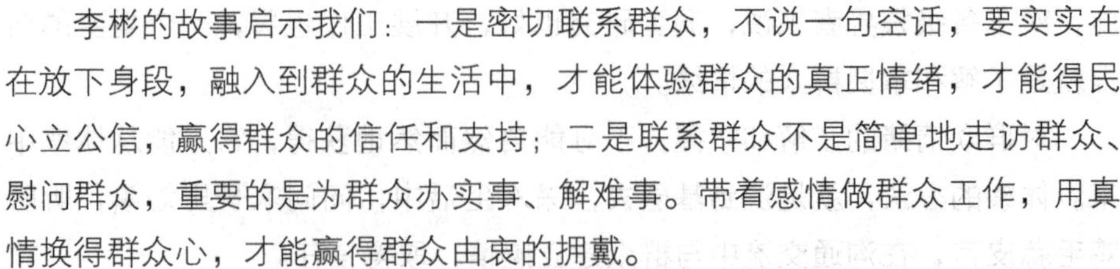

李彬的故事启示我们：一是密切联系群众，不说一句空话，要实实在在放下身段，融入到群众的生活中，才能体验群众的真正情绪，才能得民心立公信，赢得群众的信任和支持；二是联系群众不是简单地走访群众、慰问群众，重要的是为群众办实事、解难事。带着感情做群众工作，用真情换得群众心，才能赢得群众由衷的拥戴。

对于一个单位或部门而言，群众的情绪折射出工作的状态和水平，既是检验我们工作的晴雨表，也是明确努力方向的指示牌。

领导干部对群众情绪体察得准确，不仅可以掌握群众的思想脉搏，把群众的愿望转化为做好工作的要求，同时也可以鞭策自己，通过查找不足，把群众的情绪转化为改进工作的动力。

7. 正确认识群体性事件中的群众情绪

改革开放30多年来，在经济建设取得辉煌成就的同时，也积聚了大量的社会矛盾，群体性事件频发就是社会矛盾的突出表现。部分群众由于对利益分配、社会公正、党内腐败等诸多问题不满，在心中郁结了很多不良情绪，这并不奇怪。但这些情绪一旦以一种极端的形式发泄出来，就可能给社会带来负面影响和伤害。因此，在新的历史时期，领导者做好群众情绪的纾解工作，对于凝聚民心、实现全面建成小康社会的目标至关重要。

群体性事件看似突如其来，其实大多源于群众情绪的日积月累，有一个从量变到质变并择机爆发的过程。因此，面对群体性情绪，只有做到知己知彼，才能对症下药，防患于未然。真正关心群众的情绪表达，再大的情绪也不会酿成群体性事件。

（1）利益诉求型群众情绪

利益诉求型的群众情绪，其发生的主要原因是群众自身利益未得到保证的情绪心理。如果群众合理诉求未能及时得到解决，在事实未查明、问题未解决、承诺未兑现、利益未实现的情况下，相同心理状态下的群众很容易聚集在一起，形成利益诉求型群众情绪，如2011年9月发生的广东乌坎事件。乌坎村400多名村民因土地问题、财务问题、选举问题对村干部不满，到陆丰市政府非正常上访，从而引发群体性事件，其原因就是群众的利益诉求得不到重视和保障。

（2）失落型群众情绪

当前我国正处在社会矛盾凸显期，城乡差别、区域差别、行业差别等社会差别较大，不同阶层的人尤其是弱势群体很容易在心理上产生巨大的落差，从而形成失落型群众情绪。**弱势群体以非常规手段寻求社会帮助，方式极端也好，平和也罢，都透视出社会失衡下弱势群体的无力与无助。**

（3）不满型群众情绪

个别基层政府不作为、乱作为，不仅直接影响国家机关的形象，更会损害群众利益，导致人们对国家政策的误解，产生对领导者的不信任感，从而易使群众心存对社会的不满。2012年5月14日，陕西省兴平市政府门前，人们敲锣打鼓，热闹非凡。整齐的锣鼓队站在政府门前，市民代表手拿印有“不作为”三个字的红色锦旗，为政府的“不作为”表现“颁奖”。据市民代表反映，之所以这样做，主要是因为反映的社区拆迁问题长期得不到政府的重视和解决。

（4）无理取闹型群众情绪

在现实生活中，有些群众为了达到自己的诉求目的，对于通过法律渠道、民间渠道能够正常解决的事情，却采取闹、打、砸的方式，增加了处理调解难度。同时，也可能有别有用心者在群众中挑拨和教唆，利用群体性事件给地方党委、政府施加压力，以达到自己的某种目的。部分群众受到煽动、教唆后，往往情绪激动，听不进解释、劝说，给处理事件、解决问题带来极大的困难。

客观地说，党内不良风气是群众情绪产生和蔓延的重要诱因，它直接损害了党群、干群关系，引发社会冲突与矛盾。领导者只有自觉摒弃高高在上、麻木不仁的不良作风，主动“下访”，走向基层，到群众之中，体民情、察民意、听民声，才能了解、把握群众情绪。

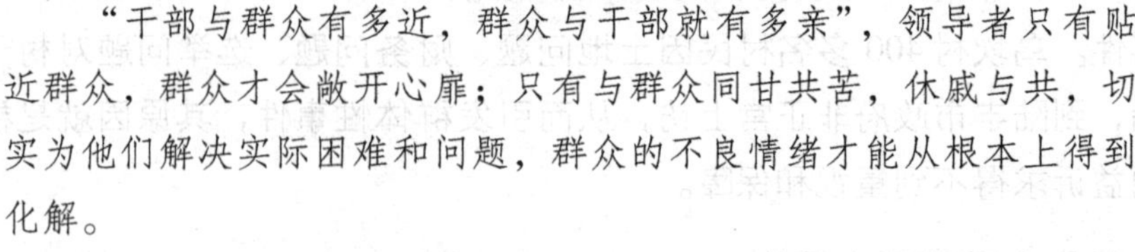

"干部与群众有多近，群众与干部就有多亲"，领导者只有贴近群众，群众才会敞开心扉；只有与群众同甘共苦，休戚与共，切实为他们解决实际困难和问题，群众的不良情绪才能从根本上得到化解。

当前，我国正处于改革开放的关键时期，群众难免对社会上一些思潮和现象存在认识上的模糊、偏差与误解，思想情绪变得复杂。新时期的领导者做好当前的群众工作，要善于准确把握群众的情绪波动和脉搏，建立健全群众情绪的汇集和分析机制，加强对社会心态、群众心理的分析研究，了解群众想什么、急什么、盼什么，有针对性地加强对群众情绪的引导和纾解，努力消除各种导致群众消极情绪的因素，力争把群众不良情绪解决在萌芽状态，防止消极情绪的生成、累积、蔓延，防止产生群众情绪爆发的连锁反应。

第八章

权为民用，依法执政

——领导者掌权用权形象的塑造

人民的利益高于一切，这是党的宗旨，也是党的各级领导者行动的准则。在带领民众实现理想目标的过程中，领导者要想以权威影响力唤起民众，凝聚民心，就必须遵循权为民所用，利为民所谋的原则。这是党的立党之本，执政之基。作为当代中国各级组织的领导者，除了代表和谋求最广大人民的根本利益之外，自己没有任何特殊的利益。领导者在为民众谋取最大利益时，只有认认真真地密切联系群众，实实在在地为人民办实事，才是一个合格的领导者的应有品质，才能真正以优良的品德建树领导权威，塑造领导形象。

一、权为民用形象的塑造

领导形象来自对人民群众的尊重和勤政为民的责任感。这种责任感是具有高尚道德的领导者才会产生的。领导者只有尊重人民群众，热爱人民群众，才会以勤政为民的强烈责任感做到权为民所用，利为民所谋，从而赢得人民群众的尊重和热爱，才会塑造良好的领导形象。

1. 一心为公，为百姓谋取最大利益

时时刻刻把人民利益放在心上，实实在在地为百姓谋取最大利益，是所有领导工作的立足点、出发点和落脚点。树立良好的领导形象，必须一心为公，权为民所用。

（1）为民谋利是领导行为的立足点

是否站在最广大人民利益的立场上，是否真正地为民谋利，是检验一个领导者是不是合格称职的基本标准。

中国共产党正是代表着最广大人民的根本利益，才取得了革命的成功。今天，我国社会结构发生了深刻的变化。我们党坚持代表最广大人民的根本利益，这本身就是对马克思主义关于人民群众是推动历史前进的动力这一基本原理的把握。只有站在唯物史观的高度，我们才能理解立党为公、执政为民的时代意义。实现好、维护好、发展好最广大人民的根本利益，就是“三个代表”重要思想的出发点和落脚点。

始终代表人民的利益，时刻为人民群众谋取利益，这是党和人民对领导者一贯的要求。党的各级领导者应该牢记，我们来自人民，是人民中的一分子。如果不能摆正与人民的关系，甚至把自己放在人民之上，盛气凌人，自以为是，自作主张，肆意妄为，其后果轻则脱离人民，重则损害人民，必然受到历史规律的惩罚。因此，我们必须提高始终站在最广大人民

的根本利益立场上的自觉性。

强调人民的主体地位，充分表明了当代中国共产党人鲜明的政治立场。如果只是从个人利益出发，即使自称“利他”或“为公”，也肯定是利己的；如果只是从“小圈子”利益出发，表面上似乎有“集体”利益的味道，其实质仍是一种“虚假的集体”。党的领导者要牢牢把握立党为公、执政为民这一本质，说到底，就是要自觉实现好、维护好、发展好最广大人民的根本利益。

（2）为民谋利是领导工作的出发点

对党的领导者而言，始终站在最广大人民的根本利益的立场上，是一个政治立场问题，更是一个政治实践问题。这个出发点就是其政治立场的表现。领导工作和领导实践的出发点，既是政治立场的具体化和表现形式，又是对政治立场具体化及其表现形式的检验。建设中国特色社会主义的根本目的，就是不断实现好、维护好、发展好最广大人民的根本利益，党的理论、路线、纲领、方针、政策必须以符合最广大人民的根本利益为最高衡量标准。

> 执政党的政治实践首先表现为党制定和实施的理论、路线、方针、政策，而理论、路线、方针、政策的制定和实施又有一个出发点问题，即相信谁、依靠谁、为了谁的问题。

党的领导者要凝聚民心，为民谋利，就要根据实际要求反映最广大人民根本利益的需要，并以此为根本出发点。领导者与民众，只有心连心，才能同呼吸；只有同呼吸，才能共命运；只有始终坚持把最广大人民的根本利益作为一切工作的根本出发点，才会不遗余力地为实现最广大人民的根本利益而奋斗。这就要求党的各级领导者必须把深入群众、倾听群众呼声、集中群众智慧、汲取群众力量作为重要的政治实践，作为理论创新的源泉，作为制定路线方针政策的基石。把群众拥护不拥护、赞成不赞成、高兴不高兴、答应不答应作为第一标准。只有这样，才能保证领导工作和领导业绩最大限度地反映和维护人民的利益，才能在实施党和国家的路线方针政策中实现人民的利益，我们党的事业才能获得最广泛、最可靠的群众基础和力量源泉。

实践证明，广大人民群众之所以支持改革开放以来党的路线方针政策，就在于党的这些工作都是以人民利益为根本出发点。

2. 勤政为民，做个负责的人民公仆

作为领导者，历来有尊重人民、热爱人民的优良传统。在长期的革命实践中形成了一种患难与共、荣辱与共、生死与共的党民关系、干群关系，形成了领导者为民负责、勤政为民的道德感情。凭着这种纯真的感情，广大领导者把为人民服务作为终身不渝的追求，他们总是在人民群众最困难、最需要的时刻出现在人民群众面前，因而赢得了人民的拥护和爱戴，赢得了极高的领导权威。

然而，今天却有一些身居权力高位的领导者，开始自觉或者不自觉地疏远人民群众，淡漠了与人民群众的感情。有的领导者不但不亲近人民群众，而且害怕与人民群众联系，特别害怕群众会给他们找麻烦。在他们心目中，多做点为人民服务的事是在找麻烦，他们躲人的同时也躲事。有的领导者有时候也下基层，但是西装革履，一尘不染，这样的装束根本无法进入人民群众辛勤劳作的场所。更何况他们下基层又往往前呼后拥，使人民群众不能靠前也不敢靠前。群众戏称有的官员下基层是“坐着汽车转，隔着玻璃看”。没有对人民群众的“社会历史价值”的确认，缺乏对人民群众的深厚感情，就不可能有对人民群众的尊重，对人民群众的责任感也就很难产生，全心全意为人民服务的宗旨就很难落实。这种领导者，职位再高，权力再大，也难以拥有大众百姓的尊重和信任。

勤政为民的责任感，是领导者履行道德义务的强烈感情，体现了领导者个人对道德准则、社会理想的态度，是对道德规律认识和尊重交互作用的结果，是道德规律通过尊重等情感活动内化为领导者的强烈内心要求的活动过程。有了责任感，领导者就会有勤政为民的动力。

> 社会在不断进步，人民群众对政府部门和领导官员的要求也会随着社会的进步不断提高。当前，责任感淡漠是领导者中普遍存在的问题。领导者要勤政为民必须重视解决这个问题。

富有责任意识的领导者信奉这样一条原则："假若你想领导别人，就必须为别人负责。"

任何一位领导者都不会事事正确，时时正确。当领导工作出现了人民不满意的问题，甚至出现了严重失误时，有责任感的领导者不会把责任推给别人，或是假借种种托辞，来替自己找借口。富有责任意识的领导者认为，这种不负责任的态度是最要不得的。如果发生问题，往往是自己控制不当所造成的，所以富有责任意识的领导，一旦面临问题时，都会挺身而出，扭转局势。如此就不至因为彼此的推脱，而使事态更加严重。

不能负责任地勤政为民，就不配当一个领导者。做领导者不能总是向群众提示："我是你们的领导人。"行动比言语更为有效。人民群众能够从领导者的实际行动中，看出一个领导干部是否真正在为人民负责，为党的事业负责。

3. 做一个权为民所用的领导者

密切联系群众、依靠群众力量，这是中国革命和建设的胜利之本，成功之路。这是以毛泽东同志为代表的中国共产党人在长期的革命斗争实践中得来的经验。毛泽东同志在1945年党的七大作的《论联合政府》的报告中指出："我们共产党人区别于其他任何政党的又一个显著的标志，就是和最广大的人民群众取得密切的联系。"毛泽东同志常常把中国共产党与人民群众的关系比做鱼与水的关系。鱼离不开水，没有水是无法生存和发展的。是密切联系群众，还是脱离群众，这是一个直接关系到党的生死存亡的严重问题。

2002年12月胡锦涛总书记去革命圣地河北省平山县西柏坡考察时指出，各级领导者要坚持深入基层、深入群众，倾听群众呼声，关心群众疾苦，做到权为民所用，情为民所系，利为民所谋，带领群众创造幸福生活。广大人民群众也从切身利益切身经验中，深刻地体会到共产党是代表人民群众的根本利益的，革命和建设是自己的事业。领导者要真正做到维护群众权益，做到权为民所用、情为民所系、利为民所谋，就必须从以下几方面去努力约束自己。

（1）树立群众观念

党政领导者要牢固树立最广大群众的利益高于一切、不可侵犯的思想。“群众利益无小事”“凡是涉及群众的切身利益和实际困难的事，再小也要竭尽全力去办”“权为民所用、情为民所系、利为民所谋”，这些朴实的话语，蕴含着丰富而深刻的哲理。**每一个领导者都要有对人民群众无限的忠诚和热爱，不论什么时候，都要把“群众利益无小事”这句质朴的警语作为座右铭。**抛弃当官做老爷、把自己看作群众的主人、摆架子耍威风的官僚主义作风。要始终树立执政为民的理念，时刻牢记自己是人民的公仆，“官位”是为人民服务的岗位，“权”是为人民服务的职责，强化群众观点，实实在在地为人民排忧解难。党和国家的一切工作都要以最广大人民群众的根本利益为最高标准。要把最大多数群众是否赞成、是否受益作为想问题、做决策、办事情的根本依据。

（2）要落实到行动上

> 实现好、维护好、发展好最广大人民的根本利益，关心群众、代表群众利益，绝不能空洞地喊口号，必须十分具体地落实到解决群众生产和生活的实际问题上。

领导者只有切实关心和解决群众的生产和生活问题，群众才会真正拥护我们。要时刻把人民群众的安危冷暖放在心上，身怀爱民之心，恪守为民之责，善谋富民之政，多办利民之事，倾听群众呼声，关心群众疾苦，为群众办实事、办好事。要从群众最关心、最迫切需要解决的实际问题入手，切实帮助群众解决实际困难，特别要关心困难群众的疾苦，因为他们最困难，最需要帮助。还有那些工作和生活暂时遇到困难的群众，要把他们的事情纳入重要议事日程，重点考虑，重点解决，使他们的基本生活得到保障，让群众切实感受到社会主义社会的温暖。越是困难的地方，越是矛盾集中的地方，我们领导者越是要经常到那里去。能不能富有成效地帮助群众排忧解难，是衡量一个领导者群众观点强不强、工作实不实，实践“三个代表”重要思想好不好的试金石。

(3) 要改进工作方法

首先，领导者要走下去。要改变机关作风，走下高楼，走出机关，深入基层，深入群众，尤其要经常到艰苦的地方去，到困难的地方去，到问题较多的地方去，送情送暖，解忧解愁，忧民之忧，乐民之乐，急民所急。其次，把群众要请上来。广开言路，让群众与领导直接对话。让群众把自己关心的问题、需要解决的困难，当面提出来。领导者要当好人民的公仆，为人民所满意，必须走群众路线，这是一个根本问题。当好人民群众的学生，以人民群众的根本利益作为衡量自己一切言行的尺度。最后，要建立干部联系群众、蹲点跑面、调查研究制度。只有这样才能了解群众呼声，关心群众冷暖。要诚心诚意地去体察民情，了解民意，把准群众的思想脉搏。

总之，对于我们每个领导者来说，一定要牢固树立群众观念。我们最神圣的职责是保持党和人民群众的血肉联系，始终为人民掌好权、用好权；最需要发挥的政治优势是始终与人民群众心连心；最崇高的志向是始终为人民做实事、做好事，维护好、实现好、发展好最广大人民的根本利益；而最可怕、最危险的就是脱离群众，与群众离心离德，与民争利，以权谋私。

4. 为人民掌好权，用好权

领导者必须为人民掌好权，用好权。各级领导者掌握着公共权力，而公共权力来源于人民。我国宪法明确规定："中华人民共和国的一切权力属于人民。"这是我国公共权力的来源和本质。全体人民通过选举产生人民代表，由人民代表大会直接参与制定法律，选举和任命政府工作人员等。人民代表大会把管理国家和社会事务的权力授予政府和国家公务人员，再由政府和各级国家公务人员去管理和处理各种社会事务。因此，人民和政府之间是一种委托关系，政府行使的权力是委托治理权。在这个意义上可以说，人民是主人，政府及领导者是为人民服务的"公仆"，要为人民掌好权，用好权。

（1）强化责任意识

领导者要自觉践行为人民服务的宗旨，最重要的一条就是树立正确的权力观，做到秉公用权、慎重用权，为人民掌好权、用好权，维护权力的尊严，决不搞以权谋私、权钱交易、以权压人的事情。领导者是适应人民群众的实践需要而担负各种领导、管理责任的，不论职位高低，都是为人民利益工作的，领导者权力的基础是人民群众。**权力就是责任，领导就是服务。任何时候、任何情况下，脱离了人民群众，领导者手中的权力就会改变性质，最终必然导致丧失。**

（2）反对一切不正之风

今天，在某些领导者身上还有不同程度的官僚主义、形式主义等作风。有的领导者习惯于坐办公室，靠开会、打电话、发文件来干工作；有的高高在上，不愿深入群众、深入实际；有的对工作不负责任，相互扯皮，人浮于事；有的甚至看不起群众，“门难进、脸难看、话难听、事难办”，等等。官僚主义作风必然会给党和人民的事业造成重大损失，形式主义的问题也同样不容忽视。善于做表面文章，决心在嘴上，行动在会上，落实在纸上，讲大话、空话、套话甚至假话，实际上是对党和人民的事业的极不负责。

> 领导者要摆正“主人”与“公仆”的位置，要把群众的安危冷暖放在心上，体察民情，了解民意，真正做到情为民所系、权为民所用、利为民所谋，诚心诚意为人民群众办实事、谋利益。

（3）自觉接受各种监督

要防止领导者权力滥用和权力腐败，就必须加强对权力的制约和监督。要自觉接受来自各方面的监督，确保权力的行使不越轨、不出格。要牢固树立马克思主义民主观，想问题、办事情、做决策都要充分发扬民主，广泛听取群众的意见，自觉地把自己置身于人民群众的监督之下，把人民“满意不满意”“赞成不赞成”“拥护不拥护”作为掌权、用权的标准，时刻做到慎权、慎独、慎微，堂堂正正做人，踏踏实实做事，清清白白做官。

5. 切实保障人民群众的根本利益

立身不忘做人之本，为政不忘公仆之心，用权不谋一己之利。实践党的群众路线，领导干部必须要把实现好、维护好、发展好人民群众的根本利益，体现在掌权用权的实际行动上。必须最广泛、最充分地调动一切积极因素，妥善处理各种利益关系和社会矛盾，形成全体人民各尽其能、各得其所而又和谐相处的局面。为此，领导者必须坚持群众路线，建立有利于人民群众反映自身利益要求的党群联系机制；必须尊重和保护一切有益于人民和社会的劳动，营造尊重劳动、尊重知识、尊重人才、尊重创造的社会氛围；必须正确对待人民赋予的权力，加强廉政建设和反腐败斗争，通过党和国家的政策、领导者的行动，把坚持人民的利益落到实处。

现在有些领导者为了追求个人政绩，不顾群众的实际承受能力，盲目上项目，大量征占农民土地，修大马路、大广场，超标准建设办公楼，损害群众利益。一些领导者，为了自己的升迁，投上级领导所好，好大喜功，弄虚作假，编造数字，增加群众负担。还有一些干部，在子女上学就业、工程招标等方面进行暗箱操作，与民争利。

领导者在正确对待群众的问题上，来不得半点含糊，要摆正个人利益与群众利益的关系，始终把群众利益放在至高无上的位置，真正做到立身不忘做人之本，为政不忘公仆之心，用权不谋一己之利。

> 领导者一定要始终不渝地坚持把工作的出发点放在为人民群众办实事、谋实利上，坚持把实现最广大人民的根本利益作为工作的出发点和落脚点，深怀爱民之心，恪守为民之责，善谋富民之策，多办利民之事。

群众利益无小事，诸如柴米油盐、衣食住行等，件件关乎百姓的切身利益，事事牵动人心，再小也要竭尽全力去办。因此，要切实把关心和服务群众作为领导者的第一职责。现在，一些地方群众对强行征地拆迁，企

业改制中职工合法权益得不到保护，拖欠工资福利，司法和行政执法中的不公正、不文明、不依法办事以及各种乱收费等问题反应非常强烈。这些都是与群众利益息息相关的事，这就要求广大领导者要切实履行好关心和服务群众的第一职责，着力解民之忧，帮民之困，时刻把群众的安危冷暖挂在心上。

二、公正用权形象的塑造

公正用权实际上是指依照制度和程序规定来秉公办事。领导者正确对待自己手中的权力，核心是要秉公、依法用权。凡事出以公心，正确处理好公与私的关系，保证权力为广大人民群众服务，不谋求个人和小集团的私利，坚决反对只讲面子、不讲真理，只讲感情、不讲原则，只讲关系、不讲党性的不良倾向。

1. 公正用权方可减少施政上的羁绊

领导者手中掌握着权力，就意味着他们掌握着人们梦寐以求的资源，很多人为了争得利益会通过各种途径来讨好领导者。实际上，讨好领导者的人通过正常的制度途径是得不到利益的，因此他们才想通过非正常途径来达到自己的目的。这样领导者就不可避免地得罪一些利益无法实现的人，而且往往疲于应付、非常烦恼。

实际上，领导者本可以不烦恼。**制度都已经规定好了，如果领导者从一开始就给人留下一种严格按制度办事的形象，人们反而不会“撞枪口”去叨扰领导者。**而且，领导者的公正用权的形象一旦树立，即使很多人的利益要求得不到满足也会心服口服，不至于心生怨恨。

不妨来看一看明代大臣孙丕扬是如何应对官场歪风的。明代中后期，政治腐败，宦官专权，朋党之争已演绎到了极致。官场上相互倾轧、勾心斗角混乱不堪。明万历二十二年（公元1595年）孙丕扬诏拜吏部尚书。身为六部之首的吏部第一长官时时处在风口浪尖之上。然而，他“挺劲不挠，百僚无以敢私干者”。为杜绝在“大计外吏”或是选拔官吏中的“中贵请谒”，孙丕扬着手进行改革铨政，创“掣签法”，遇“大选急选，悉听其人自掣，请寄无所容”，“一时选人盛称无私”。孙丕扬看到既然那些人都来跑官要官，那么就索性谁都不见，然后抽签来决定，抽签不好那只能怪自己的手气了。孙丕扬的方法在用人唯贤的角度来考虑当然有待商榷。但他的经历却提醒了领导者，严格按制度办事对于领导者而言是多么重要，这样既可以树立自己高大正直的形象，又可以减少羁绊和烦恼，何乐而不为呢?

2. 用好领导权力最重要的就是公平公正

亲贤远佞，是领导者从政为官的保证；公平公正，是领导者运用权力的前提。有人说，公心是很高的境界，普通人很难做到，但领导者却必须要有。事实上，公心是一种价值的排序，是一种做事的态度。领导者作为党政机关工作人员，办事过程中必须提出公平公正的公心。党和政府的各级领导者，其个性特点、能力素质、工作方法可能各不相同，但对办事过程都有一个共同的基本要求，那就是必须公正无私，只有这样才能凝聚人心，做好领导工作。

公平公正，表达的是一种合理性的价值追求。

> 公平公正是一个领导者应持有的做人、做事的理念，是调整人与人关系的一种行为准则和规范，是社会安全运行和健康发展的准则，是实现社会有效整合和有机团结的基础。公平公正，就是实事求是地判断是非，公正合理地处理问题。

在政治家和英模身上，我们固然可以看到更强烈的公心，但这并不意味着公心就是高不可攀、遥不可及的。越是基层的领导者，就越会接触到更多的老百姓，处理更多的关乎百姓实际利益的事务，在这些平凡的待人处事过程中，如果抱着一颗公心，尽职尽责地工作，公平公正地处理矛盾，同样能体现自我价值，赢得百姓和民心。

领导者要树立良好的形象，必须办事公道，执政用权出于公心。这样才有凝聚力，才能树立起众望所归的好形象。作为领导者，在下属及公众面前树立一个公正无私的贤者形象，才能更好地树立权威，做到取信于民。

公平正义是为官者的良心。只有领导者首先树立了正义感，才能引导整个社会树立起公平正义的良好风气。领导者的一项重要职能就是解决处理群众反映上来的各种问题，能否公平公正地解决这些问题，让群众满意，取决于领导者有没有公心，取决于领导者是不是一个主持正义的人。

只有整个社会充满强大的正义感，广大领导者才更能进一步解决社会道德生活领域中的无序、失范、冷漠等问题，从而维护社会的正常秩序，实现社会公正，促进社会稳定有序地发展。

作为领导者，首先心中要存正义感，要公平公正，正直无私，要认同正义并主持正义。

还要坚持原则，不徇私情。只停留在知道是非善恶的标准是不够的，还必须在处理事情时坚持标准，坚持原则。为了个人私情不坚持原则，是做不到办事公道的。要按原则办事，按规矩办事，不能个人说了算，提倡有主见，反对搞主观。办事要出于公心，不能带成见，带倾向，支持一派、反对一派。在工作中要尽量排除私心杂念，更不能感情用事。一切从工作出发，一切为大局着想。

历史告诉我们，什么时候奸邪兴、私权盛，公正必然废，事业必受损。领导者能否做到公正，关系着党的形象，关系着党的团结，关系着党的事业的发展。领导者不能正直为人和公正地处事，必然要脱离群众，挫伤群众的积极性，不仅会影响党在群众中的形象，甚至有失信于民的危险。如果领导者是公正的，能够做到好不废过、恶不去善；不因喜以谬赏，不因怒而滥刑；不因爱而溢其美、饰其非，不因憎而增其恶、没其是，那么，党的原则就能得到维护，人们的心情就会舒畅，就有利于调动干部群众的积极性，促进安定团结。

3. 领导者要做公道正派的表率

领导者的公道正派，是从政为官的基本准则和行为规范。矩不端正，就不能画方形；规不端正，就不能画圆形。领导者自身，就是行事的规矩。领导者自己不公道、不正派，就无法端正地约束别人公平地做事。

所谓“公道”，就是公平、客观、合理，遵循事物发展和人类社会关系中的基本法则，尊重事物的本来面目；所谓“正派”，就是作风、品行要规矩、光明、严谨，要符合社会大众的道德意识、思维方式和行为方式。以“公”为“道”，不偏不倚；持“正”为“派”，不歪不斜，才称得上“公道正派”。公道正派是为人处世的基本道德准则和行为规范，是人们普遍认同的处世态度和价值取向，它具有一定的社会历史性和阶级性，在不同的历史时期，有着不同的表现形式，具有鲜明的时代特征。

公道正派是先哲圣贤们始终追求的道德和精神境界。公道正派是一个人应该具备的基本品质，对那些忧国忧民、以天下为己任、有着坚定的理想信念和远大抱负的党的各级领导者来说，更应奉为行为准则。

(1) 公道正派是党和人民对领导者的基本要求

领导者在服务群众的过程中，要通过公正地处理各种矛盾，协调各方利益、化解各方矛盾，为群众排忧解难、办实事、办好事，让更多的人共享经济社会发展的成果，这也是中国共产党全心全意为人民服务的宗旨所要求的。**公道正派是一种人格情操、一种思想境界，更是党的领导者最基本、最重要、最核心的职业品格。**领导者做到公道正派，首先要始终坚持正派的作风。坚信马列主义，对党无限忠诚。现阶段，一些领导者屡出问题，往往都是始于操守不严、品行不端、生活奢靡、道德败坏，由小节失守导致大节沦陷，最终走上了不归路。古人讲：“吏不畏我严而畏我廉，民不服我能而服我公，公生明，明生廉，廉生威。”

领导者要做到公道正派，关键在于心正。心不正则理不公，理不公则行不端，行不端则气不顺，纯洁党风、民风就是一句空话。其次处事要公正。由于受主客观诸多条件制约，领导者在处理问题特别是处理涉及群众切身利益的敏感问题上，矛盾多，要想人人满意显然不可能。但只要出以公心，秉公办事，就能使大矛盾化为小矛盾，矛盾多变为矛盾少，从而实现满意度最大化。当前，领导者服务群众的过程中很大程度上是通过处理各种复杂多变的事物来推进社会公正的。现代社会的社会关系是多种多样、错综复杂的。随着改革开放的深入和社会的深刻变革，我国社会阶层状况发生了新的重大变化。

> 在社会结构的变化中，要凝聚起包括所有社会阶层在内的人心，要求广大领导者必须维护好、发展好和实现好最广大人民的根本利益，就要把一切积极因素充分调动起来。

(2) 只有公道正派，才能弘扬正气抵制邪气

哪里的领导者办事公道，哪里的风气就正，党群、干群关系就和谐，人心就齐，工作就容易见起色，这是一个不争的事实。自古以来，人们一直把“公道正派”作为对为官者的基本要求。为官者如果做不到“公道正派”，不仅仅是个人修身的一大败笔，而且会导致口中说出的话真假难辨，手中的权力“泛滥成灾”，官场歪风盛行，最终导致国事颓废。历史上的赵高、秦桧、严嵩等这些至今妇孺皆知的人正是奸邪之化身。提起赵高，人们往往会很自然地想到“指鹿为马”的成语。赵高从一名小小的宦官起家，倚仗着秦二世胡亥对他的宠信，在秦王朝后的几年统治中翻云覆雨，把秦朝的暴虐苛政推向了顶峰，从而加速了它的灭亡。所以陆贾叹道：“秦任刑法不变，卒灭赵氏（指秦朝灭亡）。”唐朝李林甫居相位19年，专政自恣，杜绝言路，铸成安史之乱。明末宦官魏忠贤在明熹宗年间，拉开了中国历史上最昏暗的宦官专权的序幕。他自称“九千岁”，排除异己，专断国政，一时厂卫之毒流满天下，一大批不满魏忠贤的官员士子惨死狱中，一大批无耻之徒都先后阿附于他，更有某些阿谀之徒到处为他修建生祠，耗费民财数千万。到了当代，一些高官也因为官不正，道德败坏，而致身败名裂，令人闻名而唾。相反，如果每一位领导者都能以“公道正派”四字为行为准则，并始终不渝地去加以实践，那么事情就会完全不一样。包拯、海瑞成为妇孺皆知的人，姜瑞丰成为现代的“黑脸”。人们之所以用自己的信念和生命追求正义的实现，是因为这样做，虽然不能使每个人都成为兴邦兴国的历史人物，但至少可以做到任何时候都无愧于心。正因如此，人们才对“天下为公”“公正廉明”“邪不压正”“公道自在人心”等词语耳熟能详。

总之，办事公道，为人正派是领导者必备的素质。

4. 办事公道、公平方能赢得信赖

公道办事，彰显官员品德；办事不公，终遭人民唾弃。作为一个领导者，常常会处理群众反映上来的各种问题，能否公平公正的办事，关系到人民群众对自己的信任。相信每个领导者在工作岗位上，都会遇到各种复杂的人事矛盾，利益纠纷。那么如何才能进行公平的处理呢？判断的标准就是无私，即领导者在办事过程中不能考虑自己的利益所在。一旦带有私心去办事，都会失去公平，就会公私不分，就会因私害公，这样必然会使群众对领导者失去信任。任长霞一介女流，为什么能不惧歹徒，秉公执法，惩治不法分子呢？因为她公正无私，心胸坦荡，所以才能无畏无惧，让民众敬佩。

办事是否公道，直接反映了领导者的道德素质水平，影响着领导者的自身形象和威信。领导者只有以公平赢得信赖，才能有强大的号召力。现代领导工作，要做到办事公道应当掌握以下几个要点。

（1）满足群众的合理需要

官员之间是一种相互依赖、相互制约的关系。这种关系处于良好的状态中，领导者和老百姓的需要就能得到满足。一般来说，领导者希望通过自己在工作尽职尽责、勤奋努力，圆满地、创造性地完成任务，来赢得广大群众的理解和信任。而民众们则希望领导者为事公道，解决自己的实际问题，在利益上合理分配，在生活上给予关心。

对民众伤害最大的，往往是民众的合理需要都得不到解决，甚至领导者为了谋私利而伤害到了民众自己的利益。这样的领导者往往是群众怨气最大的人。

因此，领导者要善于发现和研究百姓最关注的事关切身利益的问题，并出于公心公道地加以解决，最大限度地满足群众的实际最迫切的需要，从而在调动民众的积极性中赢得民心。

（2）一碗水端平，公平待人

领导者要想赢得民众的信任，就要在待人和办事中一碗水端平。不要

厚此薄彼，损公肥私。

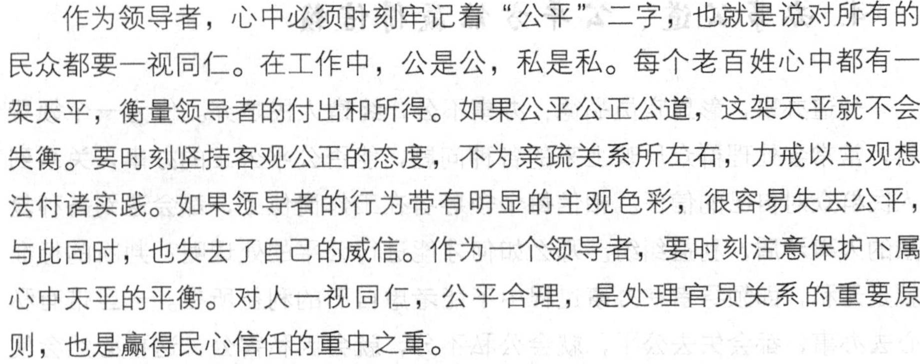

作为领导者，心中必须时刻牢记着“公平”二字，也就是说对所有的民众都要一视同仁。在工作中，公是公，私是私。每个老百姓心中都有一架天平，衡量领导者的付出和所得。如果公平公正公道，这架天平就不会失衡。要时刻坚持客观公正的态度，不为亲疏关系所左右，力戒以主观想法付诸实践。如果领导者的行为带有明显的主观色彩，很容易失去公平，与此同时，也失去了自己的威信。作为一个领导者，要时刻注意保护下属心中天平的平衡。对人一视同仁，公平合理，是处理官员关系的重要原则，也是赢得民心信任的重中之重。

> 身为领导者，在日常工作处理问题上，应该是一律公平。无论对任何人，在工作上要一样支持，一样看待，不要戴“有色眼镜”看人，不能因人而异，“看人下菜”。

(3) 秉公办事，不徇私情

领导者对待群众或下属不存偏见，同时也不另眼相待，这是领导立威的一个重要原则。凡是有偏见的领导者，办事就不会公道，其威望也就不会高。公道，主要指领导者在处理问题的工作中办事要公道。办事公道，是站在公正的立场上，按照同一标准和同一原则办事。公正是几千年来为人所称道的品德，人是有尊严的，人们都希望自己与别人一样受到同等的对待，企盼在法律面前人人平等，自古就有“王子犯法与庶民同罪”的说法。因此，人们一直歌颂那些秉公办事，不徇私情的清官明主，如宋朝的包拯，就因为铁面无私、爱民如子而家喻户晓，老少皆知。

当前，人们的法制观念、民主意识都在增强，这要求领导者待人公道，办事公正，作风正派，办事要合乎民心，端平一碗水，握好一杆秤。

公道公正是一种思想境界和思想作风，领导者应坚持立党为公，光明磊落，扶正祛邪，培养和树立公道公正的思想作风，成为坚持公道公正的表率；领导者应始终把党的事业、国家的利益、人民的利益放在第一位，把大公无私、公道公正作为一项重要的党性原则，在工作、学习和社会生活中，时时处处做人民利益的坚定维护者。

5. 论功行赏，让实干者感到顺心

一个出色的领导者，在用人上特别注重论功行赏，这是领导者平衡矛盾的有效途径，也是争取人心的明智选择。大贡献有大奖赏，小贡献有小奖，没有贡献不给奖赏，这种做法可以平衡大家的心理，否则，如果奖赏与贡献不一致，甚至出现小贡献得大奖赏的现象，就会使大部分人感觉到不公平，时间久了，矛盾就会爆发。

任何一个组织中都会有一些埋头苦干乐于奉献的人。正是有这些实干者的存在，领导目标才得以落实，组织的事业才得以发展。作为领导者，能否公平、公正地关心、爱护、奖励与使用他们，往往关系到其领导目标能否有效实施和最终实现；同时，它还影响组织的风气。所以，论功行赏，让实干者干得舒心，是领导者的明智选择。

（1）合理使用实干者

实干者事业心强，富有负责精神，工作热情高，肯吃苦耐劳，计较个人得失少。基于这样一些优点，领导者往往很自然地给他们压的担子重一点，调动、使用他们多一点。这样一来，实干者做出的贡献和牺牲比其他人也要大一些，发挥的作用也较其他人明显一些，但领导者也要合理使用实干者。

（2）真正容忍实干者的某些个性

干得越多，工作中出现的失误也就会越多。那些什么事都不干的人，永远都不会犯错误。实干者吃得苦，耐得劳，品质纯正，心胸开阔，有正义感，但他们的个性也相应会突出一些。诸如，他们爱较真，不惟命是从，在行为上则表现为不顾或很少顾及形式和领导意图，敢于说真话，可能与领导者的想法相左，甚至有时会与领导者“顶牛”，容易犯忌；有时说话办事不讲时机，不分场合，让领导者有失体面，下不来台；在人际关系处理方面，常常与领导者保持一定距离，这让领导者认为他们不靠近自己，甚至使存有不正常心态的领导者误认为他们与自己的对手靠得近；在团结方面时常与某些人不合群，不太注意别人怎么看、怎么想等。

领导者就应从本质上去认识实干者的这些个性，以宽阔的心胸去包容他们的“莽撞”“不通情理”，谅解他们的个性，并重视改善他们的工作环境。

（3）切实保护实干者

由于不讲形式，实干者容易遭到各种误解和打击。因此，他们更加需要培养、关心和爱护。一则实干者工作胜人一筹，成绩优异，令人生妒。“枪打出头鸟”，一些心术不正的人，往往冷嘲热讽，贬低挖苦，刻意毁损实干者的威信和形象。二则实干者受领导者赏识或重用，常常使人眼红，心理失衡。他们有时会不择手段地寻求心理平衡，对实干者恣意攻击和中伤。三则人们出于争强好胜心理，以己之长来比实干者之短。他们夸大实干者的弱项，并以此抹杀其长处，损害实干者在领导者和干部群众心中的地位和形象。当然，实干者有时也会因不善于自我保护，而轻易进入别人为他们设置的圈套，受到伤害。领导者应当从有利于事业发展的角度出发，弘扬正气，自觉保护好实干者，坚持遏止这种不良现象。

（4）主动关心实干者

实干者往往对工作和事业高度负责，不计较个人苦累、得失和荣辱。他们做了大量的工作，付出了许许多多的心血。他们不会去刻意追求回报，但这决不意味着他们不需要回报。作为领导者，应当主动地给他们应有的回报，想方设法让他们得到应该得到的东西，补偿他们因为奉献而失去的东西，尤其要给予他们相应的物质奖励，这会让实干者不吃亏、不寒心。这样做不但能够引导更多的实干者成长起来，也会引导那些务虚者实干起来，真正发挥实干者的导向作用。

总之，任何一个单位都离不开实干者。为此，领导者就要合理使用实干者，以宽广的胸怀容忍他们的不足，切实保护好他们，并主动关心他们，发挥他们的骨干作用。

三、依法执政形象的塑造

领导者不仅要懂法、知法，更重要的是要守法、用法，即在实际工作中严格按照法律办事。法有明文，遵守并不难，作为领导者，关键是要有一颗敬畏的心，要懂得领导者的权力来自人民，来自法律，是有限的。政府的主要性质不是管理，而是服务。依法行政是各级政府自身建设的首要目标，然而目前，行政违法却是当前领导者队伍中的典型症状。依法行政，首先要求领导者必须懂得依法自律，公正执法，文明执法。

1. 树立法律意识和法制观念

意识支配着行为，观念制约着行动。领导者要塑造依法执政的好形象，就要在实际工作中自觉运用好法律法规，提升依法行政能力。为此必须首先从树立法律意识和法制观念上入手。

（1）树立法律意识

法律意识是社会意识的一种，它同人们的世界观、伦理道德观等有密切联系，具有强烈的阶级性。法律意识是人们关于法和法律现象的思想、观点、心理和知识的总称。主要包括人们对法的产生、本质和作用以及发展的看法，对现行法律的理解、解释、态度和情绪，对自己和他人权利、义务的认识，对人们行为的合法性的评价以及人们关于法律的知识和修养等。**领导者只有树立起相应的法律意识，自觉接受公开的社会监督和法律制约，公正执法才能落实，公平待人的实现才有保障，依法治国，依法行政才能成为现实**。领导者只有树立了公平待人的法律角色意识、公正执法的法律服务意识和公开制约权力的法律责任意识，才能在依法治国方略指引下，在建设社会主义政治文明过程中，使依法治国这个系统工程，通过领导者依法行政的政府形象作用及全社会知法、懂法、依法办事的法律秩序条件得以完成。

（2）**树立法制观念**

法制观念是人们对现行法律所持的一种尊重、信赖并积极认同的态度，是社会主体对社会法律在理性认识基础上而产生的一种切身体验，是对法律的一种心悦诚服的感知和认同。因此，它直接决定人们的法律态度，也制约着人们的法律行为。对于作为行政执法的领导者而言，依法行政，公正执法，秉公办事，不仅需要法律知识，更需要法制观念。如果没有法制观念的支撑，领导者就失去了对法律的尊重与信赖，尽管其有丰富的法律知识，有出色的办事能力，但仍可能经受不住金钱与权势的诱惑，会目中无法，以权谋私，徇私枉法。不少事实证明，那些执法犯法的公务人员之所以走上犯罪的深渊，往往不是因为法律知识的匮乏，而是由于法制观念的缺失。

领导者要树立法制观念，必须明确领导者履行职务不是代表个人，也不是代表某一集团，而是代表机关，代表一个部门；领导者必须根据自己所担任的职务在职责权限范围内进行公务活动；领导者在依法履行职务时，必须严格按国家的法律法规和政策办事，不能自行其是；否则，不但不能受到保护，相反，如存在违法乱纪问题，还要被追究责任。

（3）**强化法律意识、法制观念的基本要求**

首先，领导者要树立职权法定和权责统一的观念。任何行政职权的取得和行使都必须符合法律。**权力来源于人民，国家机关和领导者理应承担起与权力对等的责任，对人民负责；政府违法行使权力要承担责任，违法不作为也要承担责任。**其次，领导者要树立法律权威的观念。各级机关及其工作人员要带头尊重法律、崇尚法律、遵守法律，维护法律的权威，严格在宪法和法律的范围内活动。任何机关和个人都不能有凌驾于宪法和法律之上的特权，不得以权代法、以权压法、以权乱法、以权废法。最后，领导者要树立依程序行政的观念。在当前情况下，依法行政特别要树立依程序行政的观念，完善行政程序方面的法律制度，任何机关及其工作人员在作出影响行政相对人的行为时，必须遵守法定程序。

法律意识和法制观念是领导者遵守法律法规、发挥依法行政能力的前提条件，只有具有较强的法律意识、法制观念，领导者才能增强依法履行职责、执行公务的自觉性。

2. 正确处理政策执行与依法行政的关系

政策是政党、国家或政府在一定时期内，为实现一定的目标而制定的行动方略。政府为了有效地管理国家和社会事务，必须根据社会政治、经济、文化发展的需要和态势，针对现实生活中的重大政策问题，及时、正确地制定政策。我们要建设社会主义法治国家、完善社会主义市场经济、实现国家的稳定和长期发展，必须依法治国、推进依法行政、处理好政策执行和依法行政的关系。

（1）坚持在政策执行中依法行政

政策执行作为将政策所规定的内容转化为现实的过程，在政策活动及其生效过程中具有至关重要的地位与作用。**正确的政策方案要变成现实，有赖于有效的政策执行，如果没有政策执行，再好的政策方案也只能是一纸空文，政策目标也实现不了。**

因此，领导者在执行政策时要准确领会政策的精神实质，把握政策的界限，认真分析政策执行和依法行政的结合点。要自觉弄清楚哪些可以做，哪些不可以做，应该按照什么法定程序来执行政策等。

（2）把依法行政作为政策执行的重要手段

政策执行手段是指政策执行机关及其执行者为完成一定政策任务，达到一定政策目标而采取的各种措施和方法。政策执行的每一环节都离不开一定的执行手段，政策执行手段的恰当与否直接关系到政策目标能否顺利实现。改进政策执行手段是为了更好地运用这些手段，更有效地完成政策执行任务。政策执行活动相当复杂，依法行政是政策执行的重要手段之一。

依法行政是政策执行活动得以进行的根本保障，依法行政、依法管理不仅具有权威性而且具有科学性和客观性。只有运用法律手段，才能消除

阻碍政策目标实现的各种干扰，保障政策执行活动有法可依，有章可循，从而有利于政策的顺利实施。法律手段使用的范围比较广泛，尤其适用于解决那些共性的问题。但是，在处理特殊的、个别的问题时，还需要与行政手段等相互补充。

(3) 在政策与法规不一致时以法规为准绳

在实现依法治国的宏伟目标的过程中，政策发挥着重要的作用。但是，有法律规定的，一定要按法律规定，尤其是当政策与法律局部不一致时，更应如此。对有明确法律调整的领域，国家也不宜再发布新的政策，更不应当以新的政策来改变已有的法律规定。

根据不同历史时期的需要，确有必要制定新的政策时，要尽可能把这一政策转化为法律规范，以法律而不是政策来规范司法活动，以利于司法机关遵照执行。

依法行政所依靠的不仅仅是国家正式颁布的法律，同时也包括国家各类管理机构制定和实施的各种类似于法律、具有法律效力的各种规范。法律手段除了与行政手段一样具有权威性和强制性外，它还具有稳定性和规范性。所谓的稳定性，是指行政法规一经国家立法和行政机关颁布，就将在一定时期内生效，不会经常变动，更不允许任何机关、社会团体和个人随意更改。行政法律和法规的修订必须根据客观形势发展的要求，由国家立法和行政机关遵循立法程序进行。所谓的规范性，是指它对一般人普遍适用，对其效力范围内的所有组织和个人具有同等的约束力。法律和法规都要用极其严格的语言，不能发生歧义，因为它是作为评价不同人们行为的共同标准。不同层次的法律法规不得互相冲突，法规要服从法律，一般法律又要服从宪法。

3. 在行政执法过程中遵守规范

行政执法即指行政机关依法采取的直接影响行政相对方权利义务的行为，或者对个人、组织的权利义务和履行情况进行监督检查的行为。领导者作为行政执法的实施者，在具体实践中要遵守以下的规范要求。

(1) 严格行政执法

严格执法就是要求广大领导者依法行使职权，按照国家宪法、法律、法规的指导思想、方针、原则、标准和程序，正确地运用法律，保障国家法律的正确实施。做到有法必依，违法必究，执法必严，就是要求在执法活动中必须切实尊重法律、严格遵守法律，依法办事，尊重法律的精神，理解法律的原意，维护法律的尊严和权威。有法必依，违法必究，要求执法及时、准确，依法严厉惩治一切违法犯罪行为。

领导者应该明白，严格行政执法是实施依法行政的关键。行政执法行为是行政主体将法律的一般规定应用于行政管理的具体事项，直接决定公民、法人或其他组织的权利义务，并付诸实现的活动。在行政执行过程中所发生的法律关系，一般是以行政机关单方意思表示与强制执行为特点，在特殊情况下，也有以双方意思表示和非强制性为特点而形成的行政法律关系。行政执法的行为量大面广，再加上行政执法行为一经作出就具有公定力、确定力、约束力和执行力，稍有不慎就会侵犯公民、法人或其他组织的合法权益，群众往往通过执法活动来认识和评价政府，因此，行政执法过程中所体现的效率高低、公正和廉洁情况直接关系到行政部门的威望。

(2) 规范行政程序

行政程序是行政机关实施行政行为时应当遵循的方式、步骤、时限和顺序。行政程序可以规范行政权和行政作为，体现法治形式的合理性，是实现行政法治的重要前提，它的发达与否是衡量一个国家行政法治程度的重要标志。由此可见，行政程序在现代行政法中具有举足轻重的法律地位。

> 行政程序体现了行政行为的公正价值，保护行政相对人的程序权益，同时提高了行政效率。因此，实现行政实体目标的形式和手段，也具有相应的内在法律价值。

广大领导者要严格按照法定程序行使权力、履行职责。行政机关作出对行政管理相对人、利害关系人不利的行政决定之前，应当告知行政管理相对人、利害关系人，并给予其陈述和申辩的机会；作出行政决定后，应当告知行政管理相对人依法享有申请行政复议或者提起行政诉讼的权利。对重大事项，行政管理相对人、利害关系人依法要求听证的，行政机关应当组织听证。行政机关行使自由裁量权的，应当在行政决定中说明理由。

（3）自觉接受行政法制监督

行政法制监督是指国家机关及国家机关系统以外的个人、组织对行政主体及国家领导者是否依法进行行政管理活动所实施的监督，是国家各类有权监督的主体针对行政主体的行政活动建立的全面、严密的监督体系。**在现代社会，行政法制监督具有极其重要的意义和作用，既是正确贯彻执行宪法、法律和政策的重要保证，又是促进社会主义民主的重要保证；既是提高行政效率的有力保证，又是为政清廉、遏制行政权力腐败的有效保证。**行政法制监督主体的范围比较广，包括国家权力机关、司法机关、行政机关内部、政党、人民群众及社会舆论等对行政行为的监督。之所以会有如此广大的监督主体，主要是因为行政机关享有广泛的权力，拥有众多的人员，处理大范围的事务，且具有较高的灵活性，极易使公民、法人和组织的合法权益受到侵害。

加强行政执法监督主要包括以下两个方面。一是加强行政执法机关的外部监督。外部监督包括权力机关（即人大）的监督、政协的监督、司法机关的监督、新闻舆论的监督和人民群众的监督。通过监督，我们可以及时发现并纠正执法中的问题，影响恶劣的要公开曝光，促使行政执法机关加强自身建设，提高行政执法的质量。二是加强行政执法机关的内部层级监督。由于行政机关的上下级之间具有领导与被领导、指导与被指导的关系，因而内部层级监督在一定程度上来说具有更大的权威性。

4. 坚持公正执法与文明执法

公正、文明执法，是相辅相成、辩证统一的。公正是执法的灵魂与核心，是执法活动的终极目标，也是文明执法的前提和基础；文明是公正执法的表现形式，通过文明执法更能表现出执法活动的公正性。坚持公正执法、文明执法，是对领导者行政执法的基本要求。

（1）公正执法，不偏不倚

所谓公正执法，是指领导者在依法执行公务和为民服务过程中，按职业道德的要求做到公平正直、不阿权贵、不偏不倚、无私无畏。它体现了广大领导者在本职工作中对国家、对人民利益高度负责的一种强烈的责任感，以及领导者在职业活动中应该自觉养成的一种谨慎工作态度和道德意识。

领导者是法律法规的具体实施者，他们的素质直接决定了行政执法的质量，关系到广大人民群众的切身利益。广大领导者一是要有较高的政治觉悟和道德素质。在执法工作中要忠于人民、忠于法律、忠于事实、大公无私、廉洁奉公，真正做到法律面前人人平等。二是要有较高的业务素质。要熟悉基本法律知识，精通本部门的法律法规，能够正确地运用法律处理问题，执法行为不仅要合法，而且还要公正、合理。三是要在执法活动中以事实为根据，以法律为准绳，对一切主体、一切形式的违法犯罪行为进行法律追究，绝不允许任何违法犯罪分子逍遥法外。

领导者在面对违法行为时要坚持原则，敢于同违法行为作斗争。对那些明显违反党的方针政策和国家法律法规的行为，要旗帜鲜明地进行抵制和斗争，并及时向上级组织和领导报告，以免给国家造成损失。一旦其丧失了应有的原则立场，势必会产生各种暗箱操作、徇私舞弊、滥用职权、收受贿赂等不法行为，其结果也必定会严重地侵犯他人的正当权益，损害国家和社会的公共利益。可见，“坚持原则”是每个领导者必须具备的基本素质和基本要求。依法行政对领导者来说，就是要求其在公务活动中，严格依照规定的操作程序和法定的依据进行操作，不以自己主观或他人强加的意志为转移，充分运用法律手段，严肃地规范公务行为。如对依法应当要上“黑名单”公开曝光的，就不能“网开一面”仅给予其罚款处理；对依法应当要追究法纪责任的，就不能姑息迁就仅给予其教育处理等。这也是公正执法的客观要求。

（2）文明执法，表现出良好的精神风貌

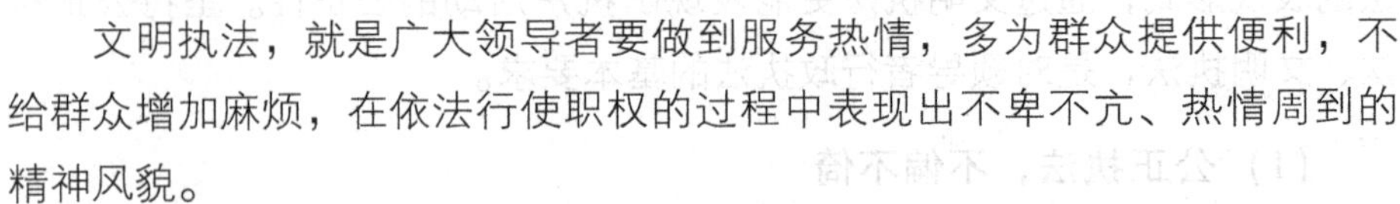

文明执法，就是广大领导者要做到服务热情，多为群众提供便利，不给群众增加麻烦，在依法行使职权的过程中表现出不卑不亢、热情周到的精神风貌。

> 文明执法体现了领导者全心全意为人民服务的宗旨和社会主义道德规范对机关工作的基本要求，也是社会主义政治文明和进步的表现，是国家机关和广大领导者执法为民的本质要求和外在体现。

领导者要做到文明执法，一是在办理有关证照的窗口单位，工作人员应当完整、准确地告知群众相关的程序和手续，避免群众跑第二趟，不浪费群众的时间和成本；二是要尊重当事人的人格尊严。法律的权威性和执法的严肃性并不意味着执法者必须态度生硬、举止粗暴；人民群众对机关工作的印象和评价，往往来自对执法者本身的印象和评价。执法者举止文明，待人平和，仪容整洁，群众就会产生一种亲近感、信任感。每一位领导者都应加强自身修养，既重视八小时以内的举止文明，也重视八小时以外的生活自律，真正树立起机关队伍文明服务的良好形象。

在执法过程中，会遇到很多复杂情况，文明要求领导者在面对违法行为时要头脑灵活，善于同违法行为作斗争。领导者在与违法行为作斗争时，要有勇有谋，积极周旋，尽可能以最小的利益损失实现最大的利益保护；在调查违法事实时，掌握证据、保存证据非常重要，要防止证据灭失、损毁，防止串供、翻供、假供等。领导者要头脑灵活，合理应对，既要取得有力的证据，又要保护好证据，保护好自己。另外，领导者在与违法行为作斗争时，要善于运用法律武器，利用法律的威慑力和强制力使违法分子得到应有的惩罚。

领导者还要严格遵守公共生活道德，维护社会稳定，敢于同社会上的一切不良风气作斗争，保持自身的浩然正气。要主动参与到维护社会治安综合治理中，广泛地联系群众，引导群众学习与违法分子作斗争的法律知识、实战技能，使违法分子难有立身之所。这样一来，违法现象就会逐渐失去市场，社会风气也会越来越好。

5. 提高执法中的操作能力和执法效果

当前在我国行政管理领域中，执法中的操作与效果都存在一些不尽如人意的表现。有的行政机关及其工作人员动辄以保密为由拒绝向相对人提供依法应当提供的相关信息，缺乏程序公开的理念；有的行政机关及其工作人员关起门来拍脑袋作出行政决定，缺乏听取相对人的意见和申辩的观念；有的行政机关及其工作人员千方百计争着处理与自己有利害关系的行政事务，缺乏回避的意识。因此领导者应该从以下几方面入手加以改进。

（1）明确并把握好行政法定程序

明确并把握好行政法定程序的主要情形：一是法律文件明确规定必须遵守或不得违背的程序；二是行政行为的形成程序；三是与法律制度的目的、原则相关的程序；四是有关真实性和正确性的程序；五是直接涉及利害关系人权益的程序；六是有关行政基本秩序的程序。

（2）着力规范行政执法行为

要进一步完善执法程序制度、调查取证制度和执法监督制约机制，全面推行行政裁量权适用规则和基准制度，进一步健全行政执法协调制度，推行分类分步执法模式，依法推进执法信息公开。积极探索合法有效的执法方式，更多运用行政指导、行政规划等非强制性的执法手段，实现管理与服务相结合。

（3）严格实施《政府信息公开条例》

应该严格按照《政府信息公开条例》要求，增强政府公开信息的实用性。让民众关心的政府信息公开，使信息公开成为保障公众的知情权的有效途径，从而增加公众参与的有效性，加强对政府权力的监督，提升领导者的行政责任意识。

（4）建立简洁、公开、透明的服务程序

各级领导者尤其是执法类领导者，在综合监管基础上，积极探索精细化、综合化、人性化的服务方式，遵循便民导向，建立简洁、公开、透明

的服务程序，在进一步提升监管执法的效能的同时，扩大社会效益。不管政府部门的规模多大，法规和条文再多，工作程序多复杂，但都不能忘记政府真正的服务对象是广大的群众，所以应该建立简洁、公开、透明的服务体系，方便广大群众。

(5) 规范服务标准，简化工作流程

行政机关中的执法机构、窗口行业结合自身特点，制定规范服务标准，简化工作流程，改进服务质量；政策制定部门把与群众接触面最广、与群众利益息息相关、与经济发展紧密相连的问题摆在突出位置，多干为群众人民谋利的实事；行政执法权重心下移，把中央执法权下移到地方、上级执法权下移到下级或基层，使行政执法权集中到较低层级行政执法机关；等等。

第九章

亲和待人，良好沟通

——领导者待人接物形象的塑造

一个领导者要将他的决策变成下属的自觉行动，单凭职位权力和能力突出显然是不够的。因为今天的下属已经不再是传统意义上的经济人，而是渴望得到关怀的社会人。因此领导者要想使下属心悦诚服，为己所用，就要保证下属在感情上能和领导者心心相印，忧乐与共，这样才能便于领导者发挥感情的影响，才能利于领导者形象的塑造。其中最为关键的因素就是要克服官僚主义的领导作风，做到从感情入手，亲和待人，良好沟通，以取得彼此的信任，从而强化领导者的良好形象。

一、亲和待人形象的塑造

在领导工作中，领导者必须具备丰富的情感，对下属充满热情、关心备至，这样才具有强大的人格魅力。而这也是领导者形象和影响力的能源，在领导工作中，亲和待人的领导者自然会形成一股凝聚力，下属自然会服从领导者的管理。

1. 亲切待人，可以强化领导形象

感情是人对客观事物好恶倾向的内在反映。领导者与下属成员之间建立了良好的感情关系后，便能互相产生亲切感，相互的吸引力和彼此的影响力就大。这对建树领导权威是非常必要的。一个领导者平时待人和蔼可亲，平易近人，时时体贴关心下属，和下属的关系相处十分融洽，他的影响力往往比较大，威望也越高。如果领导者与下属关系紧张，时刻都要互相提防，那么势必会造成管理者和被领导者的心理距离。这种心理距离实质上是一种心理对抗力，超过一定限度就会在组织内产生极坏的影响。

人格影响力是指领导者在管理工作中，通过自己的品德素质、心理素质和知识素质在下属身上产生影响的一种力量。其中品德素质是人格影响力的基础。领导者良好的道德、品行、作风往往会对员工产生潜移默化的作用。领导者的心理素质，是人格影响力的关键。

> 有些人一当“官”，就或多或少地表现出一些“官架子”，这不仅会与下级群众产生隔膜，也大大降低了领导者的威望。

在我们党的历史上，毛泽东同志亲切随和、平易近人，为我们各级现代领导者树立了光辉典范。叶子龙是建国后毛泽东同志的“五大秘书”之一，他和毛泽东第一次见面是在1936年春天的长征途中。那天叶子龙奉命给毛泽东送电报，当时毛泽东正在屋里看文件，见叶子龙来了，便笑着亲

切地问他："噢，又换了一个小鬼。你叫什么名字？哪里人呀？"叶子龙有点拘谨，回答说自己叫叶子龙，是湖南浏阳人。毛泽东乐了："呵，还是我的老乡嘛！"接着又谈了一些家常，几句家常话，使叶子龙一下子就放松了下来，真没想到毛泽东这样大的人物也这样亲切、随和、平易近人。从此他便在这位伟人身边工作了20多年，时刻都忘不了毛泽东带给他的热情与鼓励。

人的内心是很脆弱的，尤其是那些外表看似坚强的人。领导者若能倾心聆听，他们就会言无不尽。若能表现关怀和爱心，就会给他人一种安全感，从而强化领导者的影响力。许多人借助外表、地位、成就和人际关系获得安全感与力量，但借来的力量终究不足。爱摆官架子、只懂得要求服从而不会推入感情的领导者，即使能呼风唤雨，也无法让人信任。

为人亲切、与人为善的优点，将弥补领导者个人身上具有的缺点，这也是领导者以领导权威和领导魅力成功地驾驭别人并取得事业成功的诀窍所在。

曾有人这样认为，组织的领导者如果谦虚随和，反而不易统御下级。其实这种想法是不客观的。事实上，不少成功的领导者，待人接物总是那样谦虚随和，并非常人所想的那样傲慢。

这种优点和领导艺术，对于任何人来说，都是可以学到的，并不那么深奥。谦虚待人对于任何级别的领导者来说，都是应该掌握的一种有效的管理统御下属的手段。

2. 关心体贴，让下属体会到情感

领导者对下属的引导必须带着情感，我国唐代诗人白居易说："感人心者，莫先乎情。"列宁认为，"没有对人的感情，就从来没有也不可能有人对于真理的追求。"人们常说的"通情达理"，强调的也是先"通情"，然后才能"达理"。因此，不能忽视感情的因素，在晓之以理、以理服人的同时，还要动之以情，以情感人；只有这样，才能真正使人"心悦诚服"，赢得下级的信赖。

在平时工作中，不少优秀的领导者常能恰到好处地显示出自己对下属

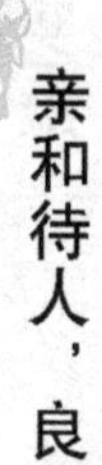

的关心和体贴，这无疑是对下属的最高赞赏，从而使建树权威收到最好的效果。他们常常在一些细节上特别注意关心体贴下属。

（1）记住下属的生日，适时祝贺

人们都习惯祝贺生日，生日这一天，通常是家人或朋友在一起庆祝，聪明的领导者则会“见缝插针”，使自己成为庆祝的一员。有些领导者惯用此招，每次都能给下属留下难忘的印象。或许下属当时体味不出来，而一旦换了领导有了差异，他自然而然地会想到你。

给下属庆祝生日，可以送点礼物、买个蛋糕、请顿饭甚至送一束花，效果都很好，再献上几句赞扬和助兴的话更能起到锦上添花的效果。

（2）下属住院时，亲自探望

下属如果生病住院了，这时则无疑给了领导者表现对下属关心的一个好机会，在表示慰问的同时还要不失时机地说出“平时你在的时候感觉不出来你作了多少贡献，现在没有你在岗上，就感觉工作没了头绪、慌了手脚。安心把病养好”。如此，将极大鼓舞员工的干劲。

（3）关心下属的家庭和生活

家庭幸福和睦、生活宽松富裕无疑是下属干好工作的保障。如果一个下属家里出了事情，或者生活很拮据，领导却视而不见，那么对下属再好的赞美也无异于假惺惺。

有一个文化组织，职员和领导大部分都是单身汉或家在外地，就是这些人凭满腔热情和辛勤的努力把组织经营得红红火火。该组织的领导很高兴也很满意，他们没有限于滔滔不绝的口头表扬，而是注意到职工们没有条件在家做饭，吃饭很不方便的困难，就自办了一个小食堂，解决了职工的后顾之忧。

（4）抓住欢迎和送别的机会表达对下属的赞扬

调换下属是常常碰到的事情，粗心的领导总认为不就是来个新手或走个老部下吗？来去自由，愿来就来，愿走就走。这种想法不可取。

善于体贴和关心下属的领导与粗心的领导做法会截然不同。当下属来报到上班的第一天，一般领导会过来招呼一下：“欢迎你的到来，你是××的高材生，来我们这里亏待不了你，好好把办公用具收拾一下，准备上马！”

而聪明的领导则会悄悄地把新下属的办公桌椅和其他用具收拾好，而后才说：“大家都很欢迎你来和我们同甘共苦，办公用品都给你准备齐全了，你看看还需要什么，尽管提出来。”

同样的欢迎，一个空洞无物，华而不实；另一个却没有任何恭维之词，但欣赏和关怀都落实在了无声的行动上，孰高孰低一目了然。

下属调走也是一样，彼此相处已久，此时用语言表达挽留之情显得很虚假。留下的下属又都在看着要走的同事，心里不免想着或许自己也有这么一天，领导是怎样评价他呢？此时领导如果高明，不妨做一两件让对方满意的事情以表达惜别之情。

> 真正有修养的领导者，都能够与下属平等相处。因为只有这样，才能赢得下属的真心拥护和爱戴，才能树立自己的威信。

要做到这一点，领导者的言行必须普通化，待人要随和、亲切。不要耀武扬威、故示尊严，使人觉得高不可攀，仿佛一尊巍巍的塑像，但却不能使别人产生敬畏，这样的领导不可能建立融洽的人际关系，自己的生活也必然孤寂而没有生气。

3. 以情感人，掌握技巧

领导者和下属建立深厚的感情，不仅有利于工作的开展，而且对提高领导威望也大有益处。下面所介绍的若干技巧作为领导者可进行参考。

（1）了解对方的兴趣爱好

初次见面的人，如果能用心了解对方的兴趣爱好，就能缩短双方的距离，而且加深给对方的好感。例如，和中老年人谈健康长寿，和少妇谈孩

子、减肥以及大家共同关心的宠物等，即使是自己不太了解的人，也可以谈谈新闻、书籍等话题，都能在短时间内给对方留下深刻印象。

(2) 多说平常的语言

和人谈话时，不说意义含蓄及新奇的话语，以身旁的琐事为话题作为开端，是促进人际关系成功的钥匙。受人爱戴与信赖的人，大多并不是才情焕发，以惊人之语博得他人喜爱的人。尤其对于一个初识的人，最好谦虚低调。

(3) 避免否定对方的行为

与人初次见面是建立良好人际关系的重要时期，在这种场合，对方往往不能冷静地听取意见、建议并加以判断，而且容易产生反感。同时，初次见面的对象有时也会恐惧他人提出细微的问题来否定自己的观点。因此，初次见面时应尽量避免有否定对方的言语出现，这样才能有一个建立良好关系的开端。

(4) 了解对方所期待的评价

人很多时候是一个矛盾体，他们往往不满足自己的现状，然而又无法加以改变，因此只能各自持有一种幻想中的形象，或期待中的盼望。他们在人际交往中，非常希望他人对自己的评价是好的，比如胖的人希望别人把自己看得瘦一些，老人愿意别人把自己看得年轻些。所以，要了解一个人，就要了解这个人的思想和内心。

(5) 注意自己的表情

人心灵深处的想法都会形诸于外，在表情上显露无遗。一般人在到达约会场所时，往往只检查领带正不正、头发乱不乱等问题，却忽略了表情的重要性。如想留给初次见面的人一个好印象，不妨照照镜子，检查一下自己的面部表情是否和平常不一样，过分紧张的话，最好先试着放松下来。

(6) 引导对方谈得意之事

任何人都有得意的事情，但是，再得意的事情，如果没有他人的询问，自己说起来也无兴致。因此，你若能恰到好处地提出相关问题，定能使对方心喜，并敞开心扉畅所欲言，你与他的关系也会融洽起来。

（7）坐在对方的身边

面对面与陌生人谈话，会令人紧张，如果坐在对方的身边，相对会比较自在，既不用一直凝视对方，也避免了不必要的紧张感，而且会很快亲近起来。

（8）找机会接近对方

每个人都会在自己的周围设定一个势力范围，一般只允许特别亲密的人加入。如果你进入了，对方就会产生与你有亲密人际关系的错觉。比如，推销员往往一边说话一边若无其事地移动位置，直到坐到客户的身旁，使客户的好感顿生。因此，若想早日建立起亲密的关系，必须找机会去接近对方。

（9）以笑声支持对方

做个忠实的听众，适时地反应情绪，尤其要发挥微笑的作用，可以使对方消除陌生感、紧张感。即使对方说的话并不好笑，也应以笑声附合，产生的效果或许会令你大吃一惊。因为，双方同时笑起来，无形之中会产生亲密友人一样的气氛。

（10）找出与对方的共同点

任何人都有这样一种心理特征，与人交往时，想获得对方的好感。这时你就要找出与对方的某种共同点，即使是初次见面，无形之中也会涌起亲切感。一旦接近了心理的距离，双方就容易推心置腹。

（11）表现出自己关心对方

在招待他人或是主动邀请他人见面时，事先应该收集一些对方的资料。这不仅是一种礼貌，而且可以满足他人的自尊，使他感受到你的诚意和热忱。记住对方说过的话，事后再提出来当话题，也是表示关心的做法之一；尤其是兴趣、爱好、梦想等，对对方来说是最重要、最有趣的事情，一旦提出来作为话题，对方一定觉得愉快。

(12) 先征求对方的意见

不论做任何事情，事先征求对方的意见，都是尊重对方的表示。在处理某一件事中，作为领导者当然具有选择权，如将选择权让给对方，也就是尊重对方的表示。不论是谁都希望得到他人的尊重，绝不会因此不高兴或不耐烦。

(13) 记住对方"特别的日子"

当你得知对方的结婚纪念日、生日时，要留心记下来，到了那天要打电话以示祝贺；虽然只是一个电话，给予对方的印象却很深刻。尤其是那些连本人都常忘记的纪念日，一旦由他人提起，心中的喜悦和感激就会油然而生。

(14) 选择让对方家人高兴的礼物

馈赠礼物时，与其选择对方喜欢的礼物，倒不如选择其家人喜欢的礼物。哪怕是给对方的妻子一件小小的礼物，他对你的态度也会改变；而收到礼物的孩子们更会把你当成亲密的朋友，从而你将受到他全家人的欢迎。

(15) 直呼对方的名字

我们一般在比较亲密的人之间才只称呼名字。连名带姓地呼叫对方，表示不想与他人太过亲密的心理。所以直呼对方的名字，可以缩短心理的距离，获得意想不到的效果。

4. 笑口常开，送给对方温暖

在世界各个地方的人们也许语言不相同、风俗不一样、习惯不一致，但全世界都有一个共识——微笑意味着友好和放松。

一个领导者在社交活动中，如果经常流露出真诚的微笑，这是最好不过的了，因为这是一个积极的信号。一个发自内心的微笑，可以迅速缩短人与人之间的心理距离，无形中也增添了领导者的魅力。

但千万不要认为，脸上只要持续保持微笑就会给人留下好的印象。持续的微笑就好像是戴了一个假面具，显得夸张而不真实。

领导者要诚心微笑，而不是简单地假装微笑，这才对增添魅力有好处。如果经常微笑，心情就会好。长期多次重复的表情，也许会在脸上留下一些痕迹。如果领导者想今天为明天的成功做点什么的话，那么就要尽量保持乐观情绪，让你的面部反映出你乐观的生活情绪。

在日常人际交往中，发自内心的微笑常常会产生许多奇妙的效果：给初相识者以微笑，他会觉得你像一个老朋友，很有修养；劝告朋友时，微笑会使对方感到你说的话是多么有道理；有求于人时，由衷的微笑会使对方觉得无法拒绝你的请求；别人帮助你时，你报以微笑能使对方感觉到你的诚意；夸奖别人时，再加上衷心的微笑，你所得到的回报肯定会多上好几倍；逛街或购物时，你在向对方开口之前先微笑，你会享受到服务员给你提供的最好服务。

一些不懂得利用微笑价值的领导者，实在是很不明智的。因为微笑不但在社交中能发挥极大效用，而且在家里、在办公室，甚至在途中遇见朋友，只要你不吝惜微笑，立刻就会显示出你意想不到的良好效果来。难怪有许多领导者每天清早漱洗时，总要花个两三分钟时间，面对镜子训练自己的微笑，甚至将之视为每天的例行工作。

“笑是人类的特权。”微笑是人的宝贵财富。微笑是自信的标志，也是礼貌的象征。人们往往依据你的微笑产生对你的印象，从而决定对你所要办的事的态度。只要领导者都献出一份微笑，办事就将不再感到为难，人与人之间的沟通也将变得十分容易。

二、良好沟通形象的塑造

随着社会的发展、现代人自我独立意识的增强、各种不同文化的融合、世界一体化趋势的增强，人际之间的良好的有效的沟通比以往任何时代都显得更加重要。纵观当代社会生活，强化

沟通已成为这个时代的重大主题。塑造良好的领导形象，绝不能缺少沟通这一主题内容。

1. 人际合作需要建立在良好沟通上

生活充满了矛盾，工作中也充满了矛盾，人们随时都会面临各种需要解决的问题，因此，生活之中处处需要合作。有时领导者需要服从别人，有时也需要说服别人，有时还需要用适当的方法去推销自己的想法和看法。因此，学习与人沟通的技能，在领导者工作中非常重要。缺乏合作意识和能力对于个人和团体的利益都是非常大的阻碍。

在领导者的日常工作中，维持和改善人与人之间的相互关系、相互合作是一个重要的方面。通过沟通，领导者能够发现他人的需要和表达自己的需要。任何相互关系都需要开放的沟通渠道，只有这样，领导者才能自由地表达思想和感情。因此，领导者要想让自己的工作或生活更加精彩，就要学会与他人有效地沟通。

在现代社会中，沟通已成为领导者寻求一致和建立协议的桥梁，唯有通过沟通才能找到一种能够指导重大联合行动的认同感。领导者若是准备同他人结成有效的人际关系，就必须首先承认他人价值观中的独特之处，并向他人表示支持和承认。有效的沟通有益于领导者承认他人所选择的文化组织和人际关系，进而改善与他人的关系。

可见，沟通是人与人之间交换信息的过程，是领导者获得他人思想、感情、见解、价值观的一种途径，是人与人之间的一座桥梁。

> 通过沟通这座桥梁，领导者可以分享彼此的知识和想法，也可以消除误会，增进了解。更重要的是，善于沟通能增加领导者的个人魅力，有利于树立领导者的良好形象。

2. 使用敬语，建立和谐的人际关系

敬语主要指的是在人际交往活动中蕴含着的对他人表示敬重、礼让、客气等内容的语言表达方式。敬语是谈吐文雅的重要体现，是展示谈话人风度和魅力的必不可少的基本要素之一，是尊重他人并获得他人尊重的必要条件，是人际交往达到和谐融洽境界的推动因素。一般而言，敬语的类型可归结为以下几种。

（1）问候型敬语

问候型敬语是人们彼此相见相互问候时使用的敬语，通常有“您好”“早上好”“久违了”等。问候型敬语的使用既表示尊重，显示亲切，给予友情，而且也充分体现了说话者有教养、有风度、有礼貌。

（2）请求型敬语

请求型敬语就是在请求别人帮忙时所使用的一类敬语，这类敬语通常有“请”“劳驾”“请多关照”“承蒙关照”“拜托”等多种不同的表达方式。

（3）道谢型敬语

道谢型敬语是指当自己在得到他人帮助、支持、关照、尊敬、夸奖之后表达谢意时所使用的敬语，这类敬语最简洁、及时而有效的表达就是由衷地道一声“谢谢”。除此之外，属于这种类型的敬语还有“承蒙夸奖，不胜荣幸”“承蒙提携”等。

（4）致歉型敬语

在现代生活中，人际交往的层面不断扩大，人际关系的网络也日趋复杂，这使得人际之间的摩擦时有发生。而当自己的行为对他人造成伤害或消极影响时，最平常的致歉型敬语即是“对不起”“请多包涵”“打扰您了”“给您添麻烦了”“非常抱歉”等。

当然在人际交往活动中，敬语的使用是非常普遍的，除了上述四种类型外，在下面一些场合下也常用敬语，如等待客人说“恭候”；请人勿送

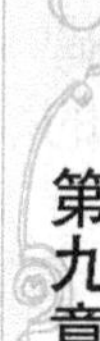

说“留步”；陪伴朋友说“奉陪”；中途先走说“失陪”；向人道贺用“恭喜”；赞赏见解用“高见”；欢迎消费者用“光顾”；谈及老人年岁用“高寿”；称小姐年龄用“芳龄”；说他人来信为“惠书”；等等。但是，不管运用何种敬语，在表达上都要注意：首先，敬语的使用要本着诚心诚意的原则，不能只是形式上的应付或敷衍塞责。其次，要根据不同对象，不同场合，不同氛围灵活掌握敬语的使用，既要体现出彬彬有礼，又要不落俗套。最后，使用敬语时还应认真、直截了当，不要含糊不清，同时还要注意对方的反应，并辅之以必要的体态语言。

> 身为领导者，要力求通过敬语的表达使从事人际交往的人们在心里产生反响和共鸣，达到感情的进一步交流。

3. 除去官腔，与下属巧沟通

很多领导者都习惯于将自己的意见变成命令，并且始终停留在“命令—服从”的模式中而不能自拔。毫无疑问这是一个领导者误区，也是一个组织发展的误区。在领导者和下属之间最理想的模式就是领导者不会将自己的意见强加于人，而下属则会主动接受领导者的意见和建议，整个单位在一片和谐、主动的气氛中得到长足的发展。

虽然这种模式对于很多领导来说只是一个梦想，可是这种梦想很快就能变成现实，关键就看领导者能不能在管理模式上稍微进行一些改变。只有通过这些改变，领导者和下属之间的关系才会达到和谐的程度。

一般来讲，强制性的任务应多采用命令的方式，非强制性的任务则更多地采用建议的方式，只有这样才能最终实现领导者绝对权威和相对权威的统一，也才能使领导者恩威并施的形象在下属心目中积淀。

那么，要通过什么样的改变才能让下属自动接受领导者的意见呢？有以下几点要注意。

（1）态度和善，用词礼貌

领导者在与下属沟通的时候应该注意使用礼貌用语，如最基本的

“请”“谢谢”“对不起”。千万不要小看这些礼貌用语，它将在领导者和下属之间建立起特殊的关系。比较以下两种对话：“小张，进来一下”“小张，把文件送去复印一下”；“小张，请你进来一下”“小张，麻烦你把文件送去复印一下”。无论是领导者还是下属，面对这两种方式的交流都会有所感触。前者用语方式会让下属有一种被呼来唤去的感觉，缺少对他们起码的尊重。后面的用语方式则会给人一种亲和的感觉，即便这个领导再严肃，下属也会觉得他是和蔼、可亲的领导。

（2）让下属明白这件工作的重要性

领导者在下达命令的同时，不妨告诉下属这件工作的重要性。做起来非常简单的事情，可是意义却并不简单。通过让下属了解这份工作的重要性，就能激发下属的成就感。让下属觉得“领导者信任自己，把这样重要的工作交给了自己，一定要努力才不负期望”。同时，下属也不会产生领导者将自己的意见强加给自己的想法。

（3）给下属更大的自主权

对于一个有魅力的领导者来说，一旦决定让下属负责某一项工作之后，就应该尽可能给下属最大的自主权，让下属根据工作的性质和要求，更好地发挥个人的创造力，用自己所习惯的方式来完成工作。同时，领导者在事情全权交给下属负责的时候，最好让下属取得必要的信息，这样一来，在下属心中就不会产生领导者将自己的意见强加于人的想法了，在整个工作的完成过程中，下属也会变得非常积极。

（4）共同探讨状况，提出对策

组织是下属和领导共同组成的，因此，在遇到问题的时候，领导应该和下属一起来探讨状况，提出解决的对策。即使命令已经下达，下属明白了工作重点所在，领导者也已经相应地进行了授权，给了下属最大的发挥空间。但是这并不表示领导者可以完全不再过问事情的进展，尤其是当下属遇到问题和困难的时候：这时，领导必须和下属共同来探讨状况，提出对策。在制定决策方案的时候，领导者还可以邀请下属一起参与这个讨论过程，这会让下属有一种“主人”的感觉，从而更愿意为制订出来的方案

而努力。

> 不要直接否定下属的意见，即使下属是错的，也要听下属把话讲完再发表自己的意见，这会表现出领导者对下属的尊重。如果有观点上的分歧，要尽量解释自己为什么不同意下属的观点。

（5）降低自己的姿态

很多领导者都官腔十足，特别是在下属面前，总是摆出一副盛气凌人的姿态。这种思维是极其错误的，也是一个领导者极其不成熟的表现。

总之，一个有魅力的领导者不会想着把自己的意见强加给下属，也不会让下属有被强迫干事情的感觉，这是一个工作上的和谐，也是人际关系的和谐。

4. 运用电话沟通应注意的事项

在现代社会，电话已成为重要的沟通工具。领导者运用电话沟通，需要注意以下事项。

（1）要“有备而打”

领导者要给别人打电话，总是有自己的目的，或向对方提出要求，或传达某种消息，或与对方商讨某一问题，甚至是向对方表示问候。无论是什么目的，领导者总是“有话要说”才打电话。这就需要领导者事先草拟一个思路，可以在心里首先理清思绪，想好要说的话；必要时也可以对较复杂的内容做好记录，草拟一个提纲。这样做有利于节省双方的时间，也有利于沟通活动的顺利进行。

（2）明确身份

由于电话沟通的特殊性，电话刚接通时，对方可能不知道领导者的身份，领导者也可能不知道接听者的身份，这时就需要加以确定。

电话接通后，领导者首先要告诉对方自己的姓名，这样做不仅有利于通话的顺利进行，更是对对方的一种尊重，也是一种礼貌。同时要明确对方是否是自己要找的单位和个人。

对于比较熟悉或常用的电话，如果听清楚是熟悉的声音，领导者可以热情地打招呼："×××，您好!"这比对方自报家门的效果更佳，因为除了信任感，又添加了一种亲切感。但是一定要听清楚对方的声音，如果弄错了，便会闹出不必要的误会，既浪费自己的语言和感情，又平白无故地给对方增添了失落感。

(3) 用语文明礼貌

利用电话作为沟通的工具，有一项基本原则务必遵守，就是无论如何都要有礼貌，时刻心存"尊敬对方"的意思。电话中所使用的言辞必须特别注意，以免稍有不当，因"说者无心，听者有意"而导致失礼。

除此之外，领导者在电话沟通时还应该注意口气的礼貌，说话的声调要温和、热情、愉快，不能高声大喊。有些人结束电话时，常把电话"啪"的一声扔回原处，这种做法对对方来说是极不礼貌的，就像赌气的孩子走出房间时愤怒地把门"砰"地甩上一样，令人极不愉快。

(4) 注意"视觉联想"

既然电话沟通时双方是看不见的，所以会产生极强的"视觉联想"。比如我们常听说的一个笑话，说一个诚实的保姆接听电话时，因为主人出门时吩咐过她，便实话实说："我主人吩咐我，让我告诉你，说他已经外出。"这虽然只是一个笑话，但它却真实地反映了电话沟通时的"视觉联想"：对方听到保姆的回答时，一定会认为主人实际上正在家里，只是不愿意接听而已。

领导者应该记住，电话里的一问一答和背景声音，都会引起对方敏感的联想。要利用电话进行沟通，就要注意不要引起相反的效果。

(5) 长话短说

电话是一种特殊的沟通工具，领导者如果在电话中海阔天空乱侃一气，一讲就是十几分钟甚至几十分钟，这是违反电话沟通的特性的。现在

一般的电话都以3分钟作为一个计时单位，是有它的依据的，这段时间既可以让人从容地谈完事情，又不至于让双方感到厌倦。所以使用电话时一定要“长话短说”。当然也有一种情况：领导者认为事情已经讲完该收线了，但对方却没完没了地说，便不好意思先挂断电话了。其实，既可挂断电话，又不失礼节的方法很多。比如向对方说：“十分抱歉，还有另一位朋友约好了时间要打电话来，是否就说到这里?”

当然，打电话要“长话短说”并不是说要匆匆忙忙，对于通话的内容一定要说清楚、听清楚，对方谈及的时间、地点、数字及主要内容最好能记录下来，并向对方重复一遍，以核实准确无误，否则可能会贻误时机或弄错问题、办错事情，造成双方的误解。

领导者掌握了以上五个要点，基本上就掌握了电话沟通的要领，也就能恰到好处地与对方进行沟通了。

5. 进行网络沟通应掌握的技巧

科技的进步、网络的普及，让现代人的沟通另辟了一条“e时代”的新路。一封电子邮件，打破时空局限，传递无尽的信息。网络具有常规沟通方式所无法企及的优势。借助网络沟通的优势，无论领导者身在何方，都可以架设起通畅的沟通桥梁。

网络沟通是效率极高的沟通手段，它可以惊人的速度进行信息传播，它是政府与民众沟通的主要媒介。由于速度快、性能稳定且经济实惠，网络为领导者的沟通提供了极大的方便，也极大地提高了沟通的效率。

> 尽管电子邮件在形式上比较自由，是一种方便快捷的媒介，但是领导者绝不能以草率的态度使用它。因为对方可以通过电子邮件来评定你。

使用电子邮件同样是需要礼仪的，以下是使用电子邮件的几条基本技巧。

（1）要有一个明确的主题

电子邮件的标题很重要，要一目了然，尤其是第一次与对方接触，最好在标题中注明自己的姓名，让对方在打开邮件前就有一个印象，便于快速地了解邮件的内容。

（2）内容简洁，语句流畅通顺

第一次给对方发送电子邮件，可以比电话沟通多一些内容，但一定不要长篇大论。要尽量做到简洁紧凑，尽量写短句，不要重复。语言不要求精彩，但一定要语句流畅通顺，尤其注意不要有错别字。

（3）格式规范，内容严谨

正式沟通中的电子邮件一定要按照规范的信函格式来写。要多使用敬语，避免使用网络缩写文字。署名要真实，不可使用网名。在电子邮件里尽量避免讲笑话和俏皮话。

（4）提前通知收件人

尽量在发邮件以前得到对方的允许，或者至少让他知道有邮件过来，确认你的邮件对他有价值。因为没有人会喜欢垃圾邮件，收件人对于满篇废话的不速之“件”的态度，通常是作为垃圾邮件处理，一删了之。

（5）不要发送私人或者机密邮件

即使选择了“永久删除”，许多软件和网络服务仍然可以访问硬盘上备份的信息。在发送以前，应仔细考虑如果别人看到这封信会发生什么情况，不要冒着泄露对方机密的风险发送机密邮件。

（6）小心使用附件功能

附件越大，下载时间就越长，占用收件人电脑空间就越多。有些附件可能毫无必要，也许收件人已经有了。邮寄那些冗长的附件，只会浪费时间，给他人造成不便。

（7）小心使用抄送功能

领导者也许会把自己的邮件像备忘录一样抄送给其他同事或下属。切忌滥用抄送功能，否则收件人会以处理垃圾邮件的方式一删了之。

（8）经常浏览收件箱

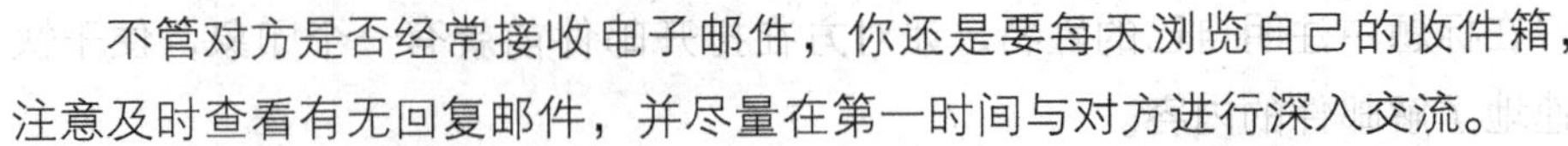

不管对方是否经常接收电子邮件，你还是要每天浏览自己的收件箱，注意及时查看有无回复邮件，并尽量在第一时间与对方进行深入交流。

（9）不过分依赖电子邮件

电子邮件是一种好的沟通和交流方式，但它只是沟通过程中的一个辅助性交流工具，不可把它作为唯一的一种方式，也不能借电子邮件逃避一些直接交流。

第十章
清正廉洁，反腐倡廉
——领导者廉洁奉公形象的塑造

领导者从事政务与社会管理工作过程中，只有清正廉洁方能聚人，克己奉公方能带人，严于律己方能服人，公正无私方能感人。守为政之德，树清廉形象，注重操守，注重气节，是对领导干部的一项基本道德要求。前人留下的许多以德养廉的格言警句，时时刻刻都在提醒着领导者："权为民用，纵然是两袖清风，自当流芳百世；利于己谋，即便有豪宅千顷，也会遗臭万年"。

一、清正廉洁形象的塑造

中国共产党成为执政党以来，在60多年的执政历程中，涌现出许许多多像孔繁森、牛玉儒、郑培民这样清正廉洁的党的好干部，人民的好公仆。他们用生命践行“清廉”精神，并以此保持共产党人的本色，以此当作战胜一切困难的精神动力。今天，每个领导者都应树立清廉形象，这是时代的要求，人民的期待。

1. 清正廉洁是对领导者的基本要求

清正廉洁是中国共产党一贯倡导的优良传统和作风，也是对领导者从政的基本要求。

什么是清正廉洁？所谓“清”，就是政治上要清醒。要深入学习中国特色社会主义理论体系，增强政治敏感性，不断提高贯彻落实科学发展观的自觉性和坚定性。要深刻认识经济社会快速发展和急剧转型带来的风险与挑战，冷静对待成绩，清醒分析问题。要永远与人民在一起，把人民群众当主人、当亲人、当老师。

所谓“正”，就是要正气在身。做人要正派，办事要公正，从政要走正道。要坚持原则、敢于负责，不以私情废公事，不拿原则作交易。

所谓“廉”，就是要为政以廉。要坚守信念防线、道德防线、法纪防线，不用公权谋取私利。要以最坚决的态度和最扎实的措施同不正之风和腐败现象作斗争：一手抓改革，从源头上防范腐败；一手抓整治，坚决不让跑官要官、买官卖官、拉票贿选者得逞。

所谓“洁”，就是要洁身自好。要加强品行修养，培养健康情趣，节制不良欲望。要择善而交，见贤思齐。

在今天，领导者坚持清正廉洁，有着十分重要的意义。

(1) 保持清正廉洁是为官从政的基本觉悟、基本品德

领导者要努力做到“权为民所用，情为民所系，利为民所谋”，就必须要高度自觉地拉紧“廉洁”这根弦。为官从政只有把清正廉洁作为“红线”“底线”，才能在任何情况下、任何时候，都能严格自律、洁身自好，保持崇高的人生追求。领导者更要慎用手中之权，要自觉抵御腐朽思想和生活方式的侵蚀，始终保持高尚的道德情操，始终追求积极向上的生活情趣，要自觉地见微知著，防微杜渐，自觉接受组织和群众监督，保持良好的节操，耐得住寂寞，经得住诱惑。

领导者要常修“为官”之德，常怀律己之心。要做到不以物喜，不以己悲，不为名利所惑，不为浮华所动，堂堂正正做人，清清白白从政，真正体现出厚德养廉、一股正气、腐蚀不沾的高风亮节。

（2）廉洁自律是领导者从政的必备素质

领导者是一支特殊的社会力量，在整个社会生活中拥有支配的权力，对社会生活的各个方面将产生巨大的影响。领导者的腐败，影响的是整个社会生活。领导者是否廉洁，直接关系到党和政府的形象和威望。因此，领导者在惩治腐败和加强廉政建设中，要起表率作用，正确对待和运用人民赋予的权力，保持清正廉洁，勤政为民。**要切实做到管好自己的嘴，管住自己的手，管好自己的腿。不吃不该吃的饭，不拿不该拿的钱，不去不该去的地方**。同时还要管好自己的家人、亲属和身边的工作人员。

由于种种原因，在今天的领导者队伍中，一些人经受不住诱惑，丧失了廉洁品质，违法乱纪，蜕变成为世人所不齿的腐败分子，沦为党和人民的罪人。广大领导者对此应当在思想上警钟长鸣，避免重蹈覆辙。

每一位领导者应该恪守工作准则和人生标准，把“清廉”作为一种价值观念、一种道德修养、一种精神追求，甘于清贫，廉洁从政。

2. 廉洁自律是为官从政的根本

马克思说过："不可收买是最崇高的政治美德。"具有这种政治美德的领导者，一定是百姓衷心敬佩和拥戴的领导者。

早在中国共产党还没有取得政权的时候，毛泽东同志在党的七届二中全会上就告诫道："可能有这样一些共产党人，他们是不曾被拿枪的敌人征服过的，他们在这些敌人面前不愧英雄的称号，但是经不起人们用糖衣裹着的炮弹的攻击，他们在糖弹面前要打败仗。"新中国成立之后，中国共产党在反对腐败、提倡廉洁方面态度也始终是坚决的，刘青山、张子善就是较早的因为贪污腐败而被判处死刑的高级干部。

"廉"在领导活动中有极为重要的意义，要保持廉洁，就要为官清正。清廉不仅包括"不贪不沾"，还包括"艰苦奋斗"。

近年来，随着改革开放的不断深入，一部分领导者在执政与权力的考验中，经不起诱惑，其行为背离了党的宗旨和人民群众的利益，走向了贪污腐败的道路。具体说来，表现在以下三点：一是权力变质；二是非法占有社会财富等；三是官员蜕化变质，丧失作为公职人员的基本品格，如生活上的腐化堕落等。

说到腐败，新加坡资政李光耀先生曾说过这样一番话："危害最大的问题是深入行政文化的腐败难以根除。腐败不仅会严重阻碍经济发展，更危险的是它已成为政治的火药桶，对腐败的不满会很容易集聚起反政府的情绪。"这句话清楚地表明：人民大众最痛恨官员腐败，这个问题如果不下决心予以惩治纠正而任其发展下去，不仅会使某些领导者失去官位权力，还极有可能动摇我们党的执政地位。因此，党的领导者要聚集民心，必须廉洁自律，从我做起，反腐戒贪，做一个廉洁清正、百姓欢迎的好官。

3. 唯有清正廉洁方能取信于民

对于一个政党、一个政府而言，廉则信，信则立。只有廉洁才能取信于民，才能在人民群众中树威立信。

党的执政地位不是与生俱来的，也不是一劳永逸的。党执政60多年的历史实践反复告诉我们，永葆清廉本质、铭记为人民服务的宗旨，对于巩固党的执政地位至关重要。有强烈清廉意识，才会有政党和政府的自觉；没有强烈清廉意识，就会政息国亡。

不论环境如何变化，廉洁永远是执政的需要；不论时代如何变迁，清正永远是人民的期盼。为官德正、清廉，这样的官从来都是人民心目中的好官。无论官多大，也不贪污腐化、奢侈浪费；无论权多重，也不以权谋私、贪赃枉法。

> 失去清廉，官员以及政府就要腐败变质。而一旦发生腐败变质，就必将失去民心。所以廉与腐、清与贪，是检验一届政府、一任官员人心向背的试金石。

4. 一身正气，公正无私做清官

一身正气，就是守身如玉，清正廉洁，就是行为品行正派，清正无私，克己奉公，不贪污腐化、奢侈浪费，也不以权谋私、贪赃枉法。

古往今来，有无数清正廉洁、务实为民的清官，备受百姓的尊敬与爱戴，他们的形象深入人心，他们的故事广为传颂。

史书中有不少备受称道的清廉佳话，颇值得当今领导者深思。许许多多古代廉吏洁身自好的高尚节操，如包拯、海瑞、林则徐等，无不有口皆碑。他们以其清正廉洁、高风亮节名垂史册，成了老百姓心目中的清官榜样。

在社会主义建设和改革开放的各个时期，涌现出了焦裕禄、孔繁森、郑培民等一大批先进典型，他们的事迹震撼人心。这些先进人物的共同点就是两袖清风、一尘不染，秉公用权、清正廉洁，勤勤恳恳、一心为民。

> 无论历史如何变迁，无论时代怎样发展，廉洁永远是时代的需要，清正永远是人民的期盼。廉洁自律、清正自守，历来为人民所称道。

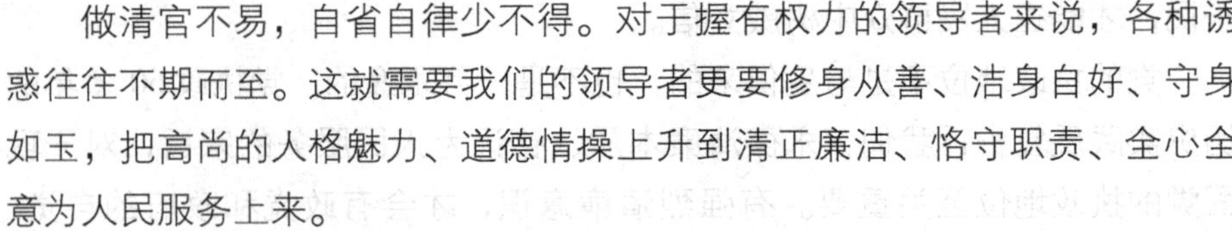

做清官不易，自省自律少不得。对于握有权力的领导者来说，各种诱惑往往不期而至。这就需要我们的领导者更要修身从善、洁身自好、守身如玉，把高尚的人格魅力、道德情操上升到清正廉洁、恪守职责、全心全意为人民服务上来。

（1）为官清廉，需要立志高远

清廉是领导者的立身之本，高远是领导者的境界所在，领导者如果没有一种清明清廉、自律自控的大修养，没有一种不以物喜、不以己悲的大襟怀，就不可能深刻地认识到自己所肩负的政治和社会责任，不可能具有坚定的政治信念和高尚的精神情操，也就不可能成为**“一个高尚的人，一个纯粹的人，一个有道德的人，一个脱离了低级趣味的人，一个有益于人民的人”**。因此，领导者有高尚的人生追求，要涵养淡泊，甘守宁静，少一点计较，多一点大度；少一点浮躁，多一点务实；少一点杂念，多一点公心。有超越功利的境界，在腐朽思想和灯红酒绿的考验面前，真正抗得住诱惑、耐得住寂寞、顶得住歪理、管得住小节。

（2）为官清廉，需要树立正确的权力观

领导者应经常思考“参加革命为什么？现在当官做什么？将来身后留点什么？”的问题，树立群众观和宗旨观。要时刻牢记手中的权力是人民给的，是用来为人民服务的工具。也就是说，权力只能用来为人民谋利益，而不能为个人、为小团体所用。要尽心竭力干事业，以社会发展和人民富裕为己任。要立志做大事，而不是立志做大官。

> 要把人民群众的安危冷暖放在心上，把人民拥护不拥护、赞成不赞成、高兴不高兴、答应不答应，作为想问题、办事情的出发点和落脚点，摒弃私欲，成为为民解难、为民造福的人。

（3）为官清廉，需要保持清醒头脑

在工作中，领导者要经常自我反省、检查和剖析，对自身的不良思想言论和行为进行自我否定，这既是党性修养的一种境界，也是以德从政的基本途径。人非圣贤，孰能无过？有过不可怕，怕的是有过不知过、有过不改过。市场经济条件下，领导岗位已成为“高危职业”，领导职位越高，承担的责任越大，一旦决策失误，给事业造成的损失越大，面临的责任追究也越多；同时，身处要害部门、权力特别集中的领导者遇到形形色色诱惑的机会更多，思想上稍有放松，极有被“糖衣炮弹”击中的危险。因此，领导者时常要保持清醒的头脑，按照“吾日三省吾身”的要求，善于剖析自己，敢于否定自己。感觉自身出现了缺点、毛病、错误的时候，不应遮遮掩掩，而要“闻过则喜”“闻过则改”，勇于正视问题，克服问题。只有这样才能不断战胜自我，净化灵魂，提升自身道德水准，使自己能够始终保持思想道德的纯洁性。

（4）为官清廉，需要做到“四慎”

贪欲是腐败的根源，因此，领导者要经常性的进行自我监督，自觉抵制不良思想的侵蚀。大量案例表明，一些不法分子正是利用部分领导者贪图享受这个弱点而投其所好、拉拢腐蚀。因此，领导者要树立端正的生活态度和积极健康的生活习惯，加强道德修养，坚持人格操守，努力做到“四慎”。

①慎初。从手中有权的第一天开始，就谨慎起来。违犯党纪国法的口子一次也不能开，不能有侥幸心理，不搞“下不为例”。著名作家柳青说过：“人生的道路漫长，但关键的时候只有几步。”走错了“第一步”，便有可能“一失足成千古恨”。领导者务必扎紧思想的篱笆，心不贪、手莫伸，严防走向自我毁灭的“第一次”。

②慎微。要从小事做起。廉洁习惯的养成，应该从小事开始、从小节着眼、从自身做起。腐败的缺口，往往从小事、小节打开，从小节不保到大节丧失是走向腐败的普遍规律。其实，因贪污腐败而落马的领导者，大都是从吃别人一顿饭，收别人一些土特产开始的，总认为这是人之常情，礼尚往来，可到头来正是由于开始的这些小吃小占逐渐诱使自己走上了不归路。所以，为官者最忌在小节上不慎，特别是在生活作风问题上。要真正做到勿以恶小而为之，勿以善小而不为。

③慎独。在个人独处、无人监督时，也要自觉遵守党纪国法和道德准则，做到台上台下一个样。

④慎终。一个正直的人就要活到老、学到老，一辈子做好事，不做坏

事。有些领导者在任职开始或以后的相当长时间里，表现是好的，但最后还是没能经受住“有权不用，过期作废”等不良思潮的影响，导致晚节不保，栽了跟头。

（5）为官清廉，需要自觉接受监督

领导者要牢固树立自觉接受监督的意识，把党和人民交给自己行使的权力置于法规制度的约束之下，把自己置身于党组织和广大群众的监督之中。**能否接受党和群众的监督，能不能做到清正廉洁，关键靠自觉。**“物必自腐，而后虫生”。离开了自觉，再好的要求，再多的规定也难以奏效。纵观近年来发生在国内的桩桩反腐大案，无一例外地说明了领导者自觉主动接受监督，在“做人”“做官”“做事”中的重要性。因此，领导者要把监督看作是对自己的一种爱护、一种信任、一种净化，而不是“和自己过不去”。虚心接受来自各方面的批评和监督，以利于集思广益、取长补短、克服缺点、减少错误，保持清廉本色。

二、抵制诱惑，管住自己、家人和身边人

领导者在任何时候都要始终注意加强思想道德修养，常思“以廉为荣、以贪为耻”的警言，常怀律己之心，树牢正确的权力观、地位观和利益观，使自己的思想境界、文化素养和道德水平与时俱进。把人民的利益看得重一些；把功名利禄看得轻一些；把事业追求看得重一些；把权力、金钱、美色看得轻一些；把党性、人品、修养看得重一些。面对诱惑与考验，每一个领导者都需要“定力”，平和的心态恰恰能为我们保有这种“定力”带来一股力量。

1. 严于律己，抵制各种诱惑

作为领导者，每天都会面临各式各样的诱惑，权重的高位是诱惑，挣

钱的机会是诱惑，美色的缠绕是诱惑，显贵的生活是诱惑……面对一个又一个的诱惑，领导者要不断地做出自己的判断和选择，选择对了，将朝人生的高峰攀登；判断错了，可能滑向犯罪的深渊。领导者要学会自律、抵挡诱惑，就要注意以下几点。

（1）提高修养

道德水平是自身修养的重要标准。一个人要崇尚社会公德、讲究职业道德、遵循家庭美德、锤炼个人品德。领导者更要一心为公，执政为民，一定要干惠民利民，得人心、暖人心、稳人心的事，做到发展为了人民、发展依靠人民、发展成果由人民共享。

（2）心态平和

人要管得住自己，而管住自己最重要的就是要管住自己的心，这就是要耐住寂寞，有一颗平常心。面对权力、金钱、美色的诱惑，面对灯红酒绿的考验，领导者有多少人能够做到心平如镜、心如止水，而不是心态失衡、花心放纵呢？把心管住，就是要把个人的私利看得轻一些，保持平和的心态。

（3）心怀畏惧

古语“天下之事，成于惧而败于忽”，就是说天下之事往往成功于如履薄冰的谨慎忧惧之中，败亡于疏忽大意、放纵怠慢之下。**一个“惧怕”意识淡薄，抱着“撑死胆大的，饿死胆小的”处世哲学的人，做起事来就会随心所欲、为所欲为、无所顾忌，其结果不言自明。**

领导者要自重、自省、自警、自励；常怀畏惧之心，在生活和工作中，就会自觉督促自我慎独、慎初、慎微、慎行。常怀畏惧之心绝不是胆小懦弱，而是一种自我约束、自我管理、自我鞭策，是一针保持头脑清醒的清醒剂，是为官从政应有的道德修养品质。

（4）严于律己

要自律，关键是要有律己之心。律己需“慎独”。“慎独”就是一个人独处时也能做到谨慎不苟。所以领导者一定要时刻检点自己工作和生活的方方面面，不取不义之财，不贪不义之利，不做不洁之事。律己需“慎微”。领导者一定要防微杜渐，注意工作和生活中的小节，从小事抓起，从一点一滴做起，谨防积小恶成大恶，谨防因小失大。

> 链条最容易在薄弱的环节断裂，不少领导者往往就是由“小节”不保到“大节”丧失，由放纵小事到蜕变堕落，最终成为罪人的。这不能不说是一个深刻的教训。

(5) 恶小勿为

古人云：“勿以善小而不为，勿以恶小而为之。”一件看似平常、很不起眼的小事，往往能反映出一名领导者的作风和形象。**素质过硬的领导者，既能在大是大非上管好自己，又能在生活小节上严格自律。小事上管不住自己的人，大事上也很难管住自己。**思想感情不要有距离，经济往来必须有距离；思想感情越近越好，经济交往越远越好。在现实生活中，因小事而误大事者屡见不鲜。他们在小事、小节上漫不经心，疏于防范，心存侥幸。殊不知，这些小事、小节常常是一个人道德修养的试金石，所谓“大事看才，小事看德”“千里长堤，溃于蚁穴”正是这个道理。领导者只有注意小节，在小事小节上率先用正确的行为准则约束自己，在持之以恒、日积月累中养成良好的道德风尚，才能做到“常在河边走，保证不湿鞋”。

2. 戒奢尚俭，防微杜渐堵漏洞

古人云：“历览前贤国与家，成由勤俭败由奢。”“忧劳可以兴国，逸豫可以亡身。”艰苦奋斗，以俭修身，就能长治久安；贪图安逸，沉迷享乐，必然走向衰亡。以古为鉴，可以知兴替。历代皇朝逃避不了“兴亡周期率”的支配，其中一个重要原因就是统治者贪图享受、骄奢淫逸，严重脱离群众，引发官逼民反，改朝换代。

我们党历来注重以俭修身。毛泽东同志曾经高瞻远瞩地向全党特别是高级干部敲了警钟，提出了“两个务必”的著名论断。他告诫全党：“中国革命是伟大的，但革命以后的路程更长，工作更伟大、更艰苦。这一点现在就必须要向党内讲明白，务必使同志们继续地保持谦虚、谨慎、不骄、不躁的作风，务必使同志们继续地保持艰苦奋斗的作风。”胡锦涛同志强调指出：“中华民族波澜壮阔的奋斗历程告诉我们：只有自强不息才能把握命运，只有与时俱进才能跟上时代，只有改革开放才能强国富民，只有艰苦奋斗才能成就伟业。”

随着经济社会的快速发展，虽然我们各方面条件有了很大改善，但仍处在社会主义初级阶段，经济还不发达，需要办的事情还很多。因此，“成由勤俭败由奢”的古训不能忘，艰苦奋斗的传统不能丢。进一步增强节俭意识，始终发扬艰苦奋斗精神，是立足于中国的国情，实现现代化目标的需要，是党的历史使命决定的；是塑造党的良好形象，提高党的战斗力的需要；是贯彻落实科学发展观、加快构建社会主义和谐社会的具体体现；是建设节约型社会的内在要求；是领导者必备的政治素质，是我们党保持同人民群众密切联系的一个法宝；是端正党风、廉洁奉公、拒腐防变，抵制拜金主义、享乐主义和奢靡之风的有力武器。

领导者要带头做到厉行节约，制止奢侈浪费行为。但是，有些地方领导者骄奢成性，有禁不止，挥霍浪费公款，仍然处于无制约状态。造成这种情况的原因是有一些领导者的忧患意识和使命意识淡薄了，党的艰苦奋斗的优良传统和优良作风丢掉了，极端个人主义、拜金主义、享乐主义滋长了，致使互相攀比、贪图安逸、沉迷享乐，由涉足其中到流连忘返，由初尝滋味到智昏神迷，沉溺于声色之娱，热衷于感官享受。

> 如果领导者艰苦奋斗的精神和作风丢掉了，就会直接侵害国家和人民的利益，损害党和政府的形象，破坏党群、干群关系，甚至动摇党的执政之基，关系到党的事业的盛衰成败。

新时期的领导者必须牢固树立节俭意识，自觉践行社会主义荣辱观，将其融入到自己的世界观、人生观、价值观中，融入到权力观、政绩观、金钱观之中；崇尚节俭，厉行节约，反对浪费；坚持廉洁从政、廉洁奉公，决不能滥用职权奢侈浪费；注意把勤俭节约的意识和艰苦奋斗的精神，贯彻到实现经济增长方式的根本转变中去，体现到干部作风与社会风

气的进一步好转上来；坚持用节俭的标准来衡量和检验自己的工作。

3. 抵御诱惑，拒腐防变品自高

清代史学家总结历代贿赂的现象后，得出一个结论，叫做“贿随权集”，意思是行贿围绕权力而运行。这个结论，今天同样适用。各级领导者手中的权力，是不法分子追逐和进攻的重点目标。

因此，作为领导者，必须树立正确的权力观。必须明白以下三点：一是我们手中的权力谁给的；二是权力的本质和作用是什么，为谁掌权，为谁用权；三是在一定职位上权力运用的法律范围。只有树立正确的权力观，才能增强公仆意识、遵纪守法、廉洁奉公、勤政为民。相反，如果把权力作为等价交换的商品，就会以权谋私，搞权钱交易、权色交易。这不仅对党、对国家、对人民来说是一种犯罪，而且最终也会毁了自己。

如果对领导者被金钱、美色诱惑的情况做一下分析，可以看出有以下两种情况：一种是“设诱者”，即以金钱、美色作诱饵，拉领导者下水；一种是“寻诱者”，即有的领导者自寻“糖衣炮弹”，不用拉就自动下水了。所以，要防诱惑，净化、清理外部环境固然重要，但关键是清理领导者自己头脑中容易被诱惑的因素。也就是说，能不能经得起权力、金钱、美色的考验，决定的因素是内因，也就是人们的世界观、人生观和价值观。领导者在忙于工作的同时，千万不要忘记改造自己的主观世界。千万不能忘记，在新形势下，会经常遇到诱惑，要经常反诱惑；会经常遇到腐蚀，要经常反腐蚀，从而增强拒腐防变的抵抗力。

> 世上最难过的可能就是金钱美女关。面对金钱美女的考验时，人类贪婪的本性显露无遗，而一些领导者在不理智情况下所做出的反应，往往会使自己跌入陷阱。

4. 管好家庭成员，管好身边人

家庭是社会的细胞。凡是普遍存在的、具有重大影响的社会现象，一般都会在“家庭”找到它的基因。反腐倡廉也是如此。爱家是人的天性，领导者也应该爱家。然而，绝不能以腐败的手段为家庭牟利。治国必先治家，治好家才能从好政，廉洁治家是廉洁从政的重要一环，绝不可小视。因此，领导者要保持廉洁、远离腐败，就不能不树立正确的家庭观念，就不能不坚持从严治家。违纪违法招祸事，遵纪守法保平安，这应该成为所有领导者家庭生活的信条。

无数事实表明：家庭是反腐倡廉的重要场所。所以领导者不仅要管好自己，更要管好自己的家人。**领导者只要心中有人民，不光有家人；只要心中装着大家，不光放着小家；只要心中牵挂党的事业，不总惦记一己私利，就一定能管好自己的家人。**反之，置党的事业于不顾，把小家看得比什么都重，以至不惜丧失原则立场，默许、纵容、袒护家人的不正当行为，当然就谈不上从严治家了。

清廉是对家人最好的亲情关爱。为了自己和家人的幸福，领导者一定要树立正确的亲情观，正确关爱亲人，真正成为“权为民所用，情为民所系，利为民所谋”的好干部。这样才能清廉一辈子，幸福一家人。

除了家庭，领导者身边的工作人员对于领导者的影响也不可忽视。领导者身边的工作人员由于直接为领导者服务，其所处的岗位十分特殊，其思想作风、组织作风、工作作风和生活作风的好坏，在很大程度上影响着领导者和政府机关的形象。领导者若放松对身边工作人员的管理，久而久之，在利益与诱惑面前他们就会自我放松，走上腐败之路。因此，加强对领导者身边工作人员的管理和监督就显得十分重要。

> 领导者切实加强对身边工作人员的日常管理，及时了解掌握其思想、工作以及其他方面的情况。这不仅有利于工作人员的成长，也是维护自身与政府形象的保证。

领导者要管好身边人，就必须要做到以下几点。

一是严于律己。领导者要管好“身边人”，首先要管好自己。自身做好了，即使不对别人作要求，别人也会仿照你去做好自己的工作；自身做不到、做不好，即使对别人作再多的要求，别人也不会服从。领导者既是

身边工作人员的直接领导，又是身边工作人员的表率，一言一行都对他们具有极大影响。领导者清正廉洁，作风正派，是对身边工作人员最好的示范和教育。正所谓“近朱者赤”，有什么样的领导者就能带出什么样的工作人员。因此，领导者要以身作则，真正做到权为民所用，为身边的工作人员做好榜样、当好表率。

二是明察秋毫。领导者对身边工作人员应当善于观察、分析，对比和分析他们前期的谨小慎微和近期的狂言傲气，注意及时引导、纠正。要善于明察秋毫，从只言片语中看出他们的思想动态，从日常的变化中看到他们的某种倾向、某种潜在的变化，从他们与周围人的交往中看到其“八小时以外”的生活状态，发现工作人员有违规苗头，要及时批评教育，而不要等问题堆积成山时再去解决，等事情闹得沸沸扬扬才去收拾。这样见微知著、及时教育，才是真正关心身边工作人员的表现。

三是思想引导。教育好一个人不可能一劳永逸，领导者对身边的工作人员必须经常敲打敲打。一个人的变化，内因固然是根本，但是在某些特殊的条件下，外因的促进作用、孵化作用也是相当惊人的。在灯红酒绿的花花世界面前，在因与别人攀比而心理失去平衡的时候，他们能否经得起诱惑，能否耐得住寂寞，能否忍得了清贫，领导者经常性、不停顿并耐心地对他们进行思想引导和帮助教育是很有必要的。

四是保持距离。领导者与身边工作人员应该保持一定的距离，保持一种正常的工作关系、同志关系、上下级的关系。假如到了亦步亦趋、如同一体的程度，生活上不分你我，享受上不分彼此，那就会放松警惕。

三、抑制贪欲，筑牢反腐倡廉的防线

贪为腐败之源，万恶之首。打赢反腐倡廉这场硬仗，首先要从戒贪制贪入手。回顾十八大以后落马的贪腐官员，恰恰是因贪欲无止境而跌入法网的。筑牢反腐败的防线，必须从抑制贪欲上下大力气，用真功夫。

1. 抑制贪欲，筑牢思想道德防线

正当的欲望与入邪的诱惑，其距离有时仅一步之遥：前者像春天辛勤播种的期盼，向往着累累硕果；后者如迷茫中见到了魔鬼撒下的澄澄黄金。

古人云："人从欲中生，孰能无欲？"我们不能否认，领导者也是凡人，也有着七情六欲。然而人的欲望虽多，获取欲望的"道"也多，但若正道取之，可谓"君子爱财，取之有道"；邪道取之，可谓"多行不义必自毙"。古往今来，许多为官者总是回避不了趋易避难这个规则。因为，领导者一旦打开贪婪的欲望就会无法自拔，陷入饮鸩止渴的悲哀结局。

贪欲是潜在人们心底的毒蛇，在它冬眠冻僵时，它不会伤害你，但当它苏醒时，它就会放出毒素。抵不住诱惑，抗不住私欲，禁不住贪婪，手握重权就危险；忍不住清苦，耐不住寂寞，守不住名节，身居高位即是绝境。俗话说："苍蝇不叮无缝的蛋。"一些贪官的"落马"，都是因不能自我克制私欲而导致其人格、操守等退化甚至变质的。领导者如果丧失警惕，放纵私欲，恣意妄为，就在危害党、国家和人民的同时，也在为自己营造"囚牢"。因贪污而落马的李真在临刑前幡然醒悟地对采访的记者说："我要让我儿子知道，他的爸爸是被贪权、贪钱、贪色毁掉的。那威力无比的权力是一把闪着寒光的'双刃剑'。令人心旌摇曳的金钱是一沓沓送你上西天的纸钱；令人垂涎欲滴的美色是一把把杀人不见血的利刃。"可见领导者要时刻警醒自己，抑制贪欲，筑起一道思想道德防线是多么重要。追求一种无私奉献的精神，这样才能得到百姓的认可与赞赏。

（1）抑制贪欲，要提高自我修养

古人云："不矜细行，终累大德。"治国先治腐，治腐先治人，治人先治心，治心先治欲。欲而有节，犹如清茶一杯，其味虽淡，却能滋润心田、滋养生命；而过度的贪欲则是一杯咸水，其味虽浓，却只会越喝越渴、越渴越喝。人人都有欲望，而控制欲望靠的是领导者的自我节制。领导者只有在小事小节上加强自身修养，从生活中的一点一滴改造世界观和人生观，从小处培养自己的为官之德与为官之廉，才能抵住诱惑，才能干

大事、成大业。

保持清醒是廉政的良方，节制欲望是防变的闸门，练好内功是抗拒诱惑的根本。对欲望适度节制并保持道德上的自律，就能较好地引导欲望，就可以使它保持进步和向善的方向。从“落马”贪官的人生轨迹中可以看出，人的私欲膨胀是从突破自我底线开始的；一些领导者走上腐化堕落、违法犯罪的道路，往往是从贪图安逸、追求享乐开始的。领导者如果欲望过于旺盛而意志过于薄弱，就会成为欲望的俘虏，就会挡不住贪权、贪财、贪色的诱惑，最终走向犯罪的深渊。

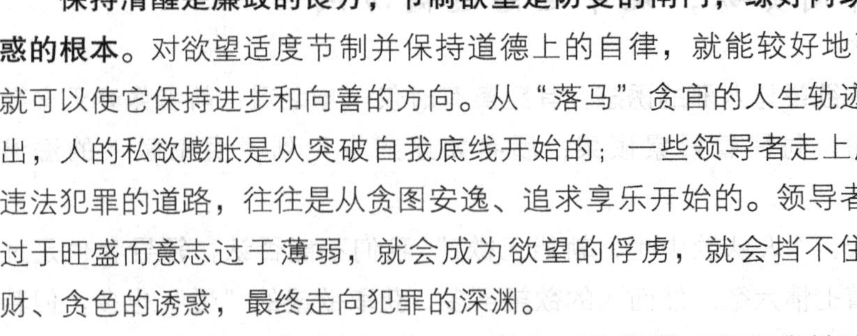

为此，领导者一定要加强学习，提高自我修养，加强党性锻炼，坚定正确的理想信念，牢固树立马克思主义的世界观、人生观、价值观、权力观、荣辱观，严于律己，克制贪欲，将精力转到为人民服务上来，这样才能守好自己的底线。

> 领导者要懂得，只有自重、自省、自警、自励，才能保持公仆本色；只有慎独、慎权、慎欲、慎初，才能抵制各种诱惑，真正做到“常在河边走，就是不湿鞋”。

（2）抑制贪欲，要遵守党纪国法

古人云：将帅能严纪律，赏罚明信，则人人自奋。抑制贪欲除了练好自我修养这个内功外，还要用好党纪国法这个外部力量。一般来说，人们在没有监督的时候，则容易放纵自己，出现越轨的情况，甚至全然不顾道德、公德、制度、纪律和法律的约束。作为领导者更应该自觉接受有效的监督和制约，因为在纪律面前过不了关的领导者，也很难在大事大节上有过得硬的处理能力。

冰冻三尺，非一日之寒，腐败分子不是突然间就走向堕落的。许多贪官“落马”是由违反纪律这一贪欲下引发的思想观念的驱使导致的。只要缺口已被打开，哪怕当初仅小如“蚁穴”，如果不及时察觉和修补，最后就难免导致“千里之堤，溃于蚁穴”。无视纪律的高压线，再牢固的“精神防线”也会悄然失守，再高的“道德堤坝”也会逐渐崩溃。领导者无论在何时何地何种情况下，都要一丝不苟地按照道德公德、法律法规和党纪政纪来规范行为，约束自己，努力做到固本守节、清正廉明。领导者还要在纷繁复杂的社会生活中始终以党纪国法来规范自己的言行，始终保持高尚的气节和情操。因此，领导者无论从事什么工作，无论职务高低，资历深浅，功劳大小，都要增强自律意识，自觉遵纪守法，自觉用党纪、党规、政纪和国法来规范自己的行为，不做出格事，不做违心事，自觉维护领导者为民、务实、清廉的良好形象。

（3）抑制贪欲，要保持健康心态

领导者要始终做到：面对物质享受的考验，要有不攀、不比、眼不红的平常心态。**只有心安无欲、以勤为本、勤俭崇廉、清淡俭朴、知足常乐，始终保持平常心态，才能无欲则刚，知足常乐，勤俭崇廉。**古人云："欲而不知止，失其所以欲；有而不知足，失其所以有。"知足是最高的境界，知足是最美的享受。"非淡泊无以明志，非宁静无以致远"。所谓淡泊，就是清简素朴，少一点私欲。对名利、金钱、官位，应当看得开一些，看得淡一些，千万不要放纵自己的私欲。不论处于何时何地，面对那些"身外之物"，都不要低下高贵的头颅。人的一生，既是赤裸裸地来，又是赤裸裸地去，各种欲望是无止境的，多少财富都是带不进坟墓的。功名利禄皆为身外之物，品格事业才是立身之本。

> 人生志趣不是无聊的放纵、简单的潇洒、惺忪的醉态和刻意的雕琢，而是为达到那种有理想、有干劲、有情趣、会工作、会生活和会休息的境界而用心经营的过程。

领导者面对监督不到位的考验，要有不伸、不抓、手不痒的坚决心态；面对行贿送礼的考验，要有不沾、不占、心不动的淡然心态；面对勤政廉政漫长时间的考验，要有不躁、不浮、志不移的坚定心态。要以良好的人品官德和高尚无私的品格赢得人民群众的公认和赞誉。

2. 切记：手莫伸，伸手必被捉

1954 年陈毅元帅写了一首《七古・手莫伸》，诗中写道："手莫伸，

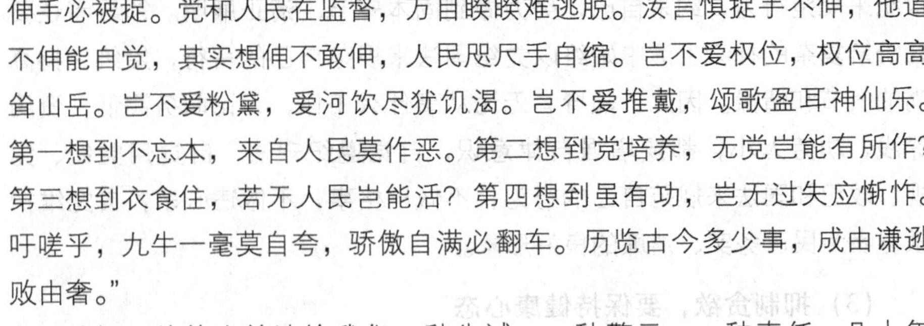

伸手必被捉。党和人民在监督，万目睽睽难逃脱。汝言惧捉手不伸，他道不伸能自觉，其实想伸不敢伸，人民咫尺手自缩。岂不爱权位，权位高高耸山岳。岂不爱粉黛，爱河饮尽犹饥渴。岂不爱推戴，颂歌盈耳神仙乐。第一想到不忘本，来自人民莫作恶。第二想到党培养，无党岂能有所作？第三想到衣食住，若无人民岂能活？第四想到虽有功，岂无过失应惭怍。吁嗟乎，九牛一毫莫自夸，骄傲自满必翻车。历览古今多少事，成由谦逊败由奢。”

陈毅元帅的这首诗给我们一种告诫、一种警示、一种责任，几十年来，这首诗一直教育着领导者。今天读来，仍发人深省。前车之覆，后车之鉴。天网恢恢，疏而不漏。不管是谁，向人民伸手，总是逃不脱的，总是要受到正义的审判，被钉在历史的耻辱柱上的。讲廉洁，是对领导者的严峻考验。

然而近年来，伸手被捉的贪官屡见不鲜。究其原因，无一不与领导者法律意识淡薄，知法犯法有关。因此，培养法律思维，增强法制观念，成为领导者提高为官从政能力的重要内容。

(1) 培养法律思维

法律思维是以合法性判断为重心的思维方式。领导者要有法律思维，具体来说，就是领导者在决策和用权过程中，按照法律的逻辑分析和解决各种问题的思考方式。这不仅体现了党依法执政的要求，也符合依法治国方略。

(2) 增强法治观念

领导者要形成运用法律思维的习惯，这不是一朝一夕形成的，因此领导者首先要树立宪法和法律至上的理念，主动带头维护法律的权威。正如一些领导者所谈到的，“正确处理权与法、情与法、利与法的关系，杜绝以权压法、以言代法、徇私枉法，自觉养成学法、守法、用法的行为”。

> 祸患常积于忽微，如果领导者失去了法纪的底线，就会让自己缺失了做人为官的资格。心怀侥幸常使一些领导者做出一种误判，从而误入歧途，最终失足成恨，悔之晚矣。

(3) 在工作实践中自觉遵守法律

作为领导者，要主动地在依法办事中探索执行法律法规的新经验、新做法；着力构建有法可依、有法必依、执法必严、违法必究的法治秩序；维护司法公正，保障公民的合法权益；使“法律面前人人平等”的法治精神在社会管理的各个领域、各个层面得到充分贯彻和体现”。

3. 坚持“五谨防”，永葆清正廉洁本色

清正廉洁是领导者的政治生命线，是人民群众对当前政府廉政建设最迫切、最现实的要求。领导者是否清正廉洁，不仅关系个人的成败，更关系到国家的命运和前途。因此，领导者要不断加强党性修养，从以下方面着手，做到“五谨防”。

(1) 谨防小恶积大恶

也就是说，要慎小事、拘小节。小事小节既是领导者个人品德的反映，也是干部队伍作风建设的一面镜子。领导者的小事小节也应注意，它直接关系到党和政府在人民群众中的形象。有些领导者认为，自己辛辛苦苦干工作，收一点、拿一点、捞一点、占一点、吃一点、喝一点、玩一点、乐一点，是人之常情。有的领导者认为只要不犯大错误、不搞大腐败，犯点小错误、有点小毛病也不算什么。正是这种“小节无害”的心理，使他们渐渐放松自我约束，滋长了放任心理。于是，今天占一点，明天捞一点，后天又贪一点，最后越陷越深，难以自拔，最终葬送了自己的政治前途。各级领导者一定要在“慎微”上下工夫，在小事小节上过不了关，很难在大节上过得硬。

(2) 谨防“第一次”

有些领导者在最开始从政时，兢兢业业，能够做到清正廉洁，但是偶然一不小心踩进贪污“泥坑”，就放弃了自己的操守。**第一次犯罪是练胆的尝试，随之胆子就会越来越大，犹如打开贪欲之门如洪水般奔腾而下，一发不可收拾。**人的一生，可以说都是由这样或那样的“第一次”构成，

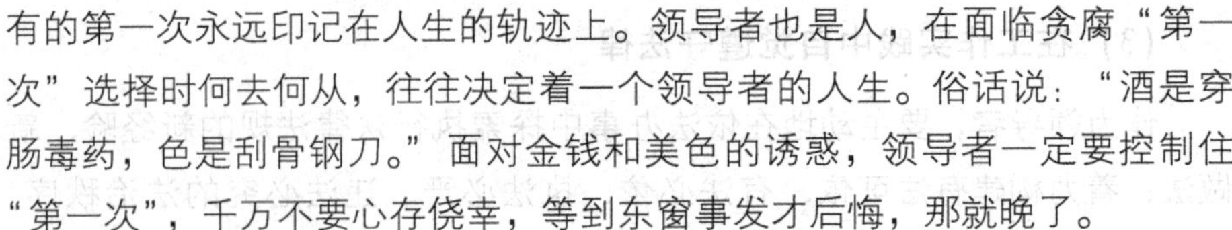

有的第一次永远印记在人生的轨迹上。领导者也是人，在面临贪腐“第一次”选择时何去何从，往往决定着一个领导者的人生。俗话说：“酒是穿肠毒药，色是刮骨钢刀。”面对金钱和美色的诱惑，领导者一定要控制住“第一次”，千万不要心存侥幸，等到东窗事发才后悔，那就晚了。

（3）谨防后院起火

腐败既有“前厅冒烟”的教训，更有“后院起火”的悲剧。在处理的领导者违法违纪案件中，许多都与这些人的家庭有关。有些领导者对配偶、子女牟取不正当利益等行为睁一只眼、闭一只眼。一些不怀好意的人正是看到领导者这一弱点乘虚而入，最终使得领导者栽了跟头。

> 领导者在行使权力的过程中要谨防亲属假借自己之名牟取私利。亲情是家庭关系的基础，健康的亲情是领导者干事创业的“加油站”。因此，领导者一定要对自己的亲属严格要求。

（4）谨防自我放纵

在社会转型的关键时期，各种规章制度与价值体系处于重塑过程中，而这为一些居心不良的人提供了契机。对于手中握有人民赋予的大小权力的各级领导者来说，“慎独”无疑是非常必要的。有些领导往往在公开场合、集体活动中，在有人监督的时候，能够按章办事，严格要求自己；而在远离组织、无人监督的时候就放松了对自己的约束，放任自己，结果犯了错误。谨防自我放纵要做到坚持“三要”。一要自重。对自己的人格、自己的言行、自己的名誉非常珍重，要时刻谨记自己领导者的身份。二要自省。自省的关键之处在于不断加强党性修养，养成每日“三省吾身”的习惯，经常反思自己的行为，检点自己的作风，坚持真理，修正错误。三要自警。领导者要用党的纪律和国家的法律法规来约束自己，不做违反组织纪律与法律法规的事情。

（5）谨防被朋友拉下水

俗话说：“君子之交淡如水，小人之交甜如蜜。”作为领导者，在结交朋友方面千万要慎之又慎，切不可乱交朋友、滥交朋友。有些“朋友”就是瞄着你手中的权力，和你交朋友的目的就是为了用你手中的权力为他们谋取非法利益。许多领导者倒台都是所谓的“朋友”把自己拉下水造成的。这些事例表明，靠金钱、权力建立起来的友谊是短命的。因此，对领导者来说一定要谨慎交友、从善交友。多交一些有思想、有知识、有品德、有见解的知心朋友，不交那些沾满铜臭气、酒肉气的朋友。防止失去原则，误入歧途。

4. 见钱不乱心，取财有道

心处常态，爱财应取之有道；淡名薄利，廉洁是为政之要。在现实生活中，金钱与人们的日常生活密切相关。人们吃饭穿衣要钱，看病购物要钱，生活的方方面面都要钱。领导者也是人，生活中自然也离不开钱。对于领导者来说，要适应市场经济条件下的新形势，为政清廉，做到见钱不乱心，挣钱不越轨，应做到以下几点。

（1）谈钱心不乱

随着各种经济关系、利益关系的调整和不同社会群体收入差距的产生，领导者面临的金钱诱惑更甚于从前。对此，有一些领导者羡慕一些大款奢靡的生活方式，心态失去了平衡，就会忍不住伸出贪婪之手。领导者作为人民的公仆，应始终坚持立党为公，执政为民，在其位谋其政，正确对待权力和金钱。**做到见钱不眼开，谈钱心不乱，明确自己的职责，不为金钱所左右，要保持一颗平和的心态，始终耐得住寂寞，清廉自守。**

（2）见钱不贪婪

领导者作为权力资源的掌握者与分配者，与金钱接触的机会很多。比如在工程建设、企业重组、招商引资等过程中，就会有一些心术不正之徒，想方设法投机取巧，送礼行贿，以谋取暴利；有些人为了得到提拔也会向领导者送礼行贿。面对这些，领导者切不可见钱贪婪，应该做到“三不”。

一是不违原则。必须想一想如果拿了钱，是否违背了党性原则，凡违背了党性原则的，必须坚决拒之。

二是不损形象。领导者是党和政府形象的体现者，领导者代表人民行使权力，必须正确使用好人民给予的权力，坚持勤政为民，廉洁奉公。

三是不陷深渊。拿了来路不正的钱不会有好的结果，心存侥幸地认为是偶一为之，最后必然导致溃堤之危，逃不出法律的严惩，悔之晚矣。

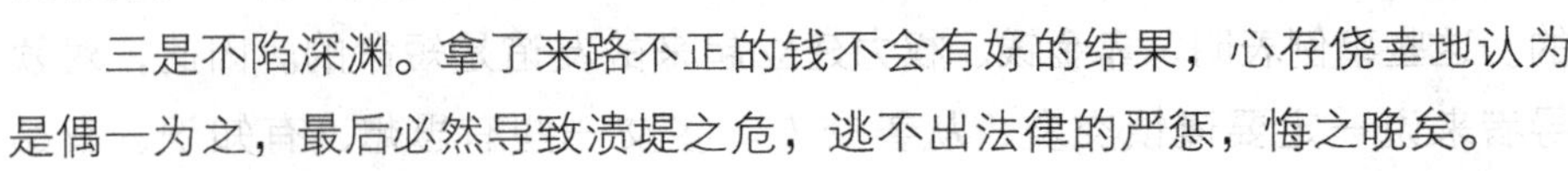

(3) 有钱不奢侈

奢侈往往与金钱有关。领导者因为奢侈，抵挡不住灯红酒绿的诱惑，会促使自己追求腐朽糜烂的生活；因为奢侈，生活消费高，花费大，势必会去损公肥私，损人利己。因此，领导者必须始终保持艰苦奋斗的优良作风，以俭为本、以俭防奢、以俭治奢，即使随着经济的发展，物质条件改善了，也要力戒奢侈，把钱用到最应该用的地方上，用到最需要的地方上去。

> 领导者一旦养成奢靡的生活方式，就会利用公款到处挥霍，讲排场，摆阔气，造成大量的浪费，引起人民群众的强烈不满。

(4) 赚钱不越轨

古语有云："君子爱财取之有道"。其实，问题并不在于领导者是不是爱财，关键是怎么取财。随着改革的推进，人们致富的机会和途径越来越多。在这种情况下，领导者也必须做到赚钱不越轨，取之有道，对各种各样的赚钱途径，要慎重对待，不能乱了阵脚，坏了原则。要做到三"坚持"。

一是坚持政治标准。凡赚钱都要坚持有利于经济的发展、有利于多数人的利益、有利于国家和集体的原则，绝不能单纯的局限于以酬付劳，钱权交易，更不能变应尽之职为"有偿服务"。

二是坚持政策标准。要在法律和政策允许的范围内行事，而不能闯红灯，钻空子，更不能铤而走险，以身试法。

三是坚持道德标准。赚钱也应该有个道德标准，这就要求领导者坚决不能唯利是图，金钱至上。

总之，在市场经济条件下，领导者只有不为金钱所动，不为金钱所惑，淡泊金钱、物欲，远离不义之财，始终保持健康正常的心态，知足常乐，才能顶得住诱惑、抗得住腐蚀，才能真正守住一方清廉的圣地。

5. 克制色欲，牢固地树立社会主义荣辱观

培养健康的生活情趣，促进家庭和谐。树立正确的荣辱观，避免女色之祸。领导者的生活情趣低下，并非小事。领导者如果精神空虚，思想颓废，甚至不惜以权谋色，进行权色交易，以致腐化堕落，将会带来很大的危害和负面影响，既严重损害党的事业，动摇党的执政之基，破坏党和政府的形象，导致社会风气败坏，又导致家庭破碎，夫妻不和，身败名裂。

陕西省政协原副主席庞家钰淫欲膨胀，包养多名情妇。2002 年冬，庞家钰在任陕西省宝鸡市市委书记时，“率领”6 名情妇到南非“考察招商”，其胆量之大，其情妇之多，其行为之卑劣，恐怕是前无古人，后无来者了。庞家钰因霸占人妻，最终被 11 名情妇联名告倒“落马”。从近年来查处的领导者违纪违法案件看，贪官与情妇、“二奶”都没有好下场，因为女色落马的官员不在少数。古人云：“修身、齐家、治国、平天下。”可见古人把修身做人放在首位。2007 年 1 月 9 日，胡锦涛同志在中央纪律检查委员会第七次全体会议上发表重要讲话时强调：“各级领导者要生活正派、情趣健康，讲操守，重品行，注重培养健康的生活情趣，保持高尚的精神追求。”

领导者始终保持党性修养和有道德的生活，是抵御色情诱惑的盾牌，是守身如玉的保证，是保持高尚情操的内在动力。领导者走上违法犯罪的道路，大都是从道德品质上出问题开始的，而道德品质上的问题又是从不健康的生活情趣开始的。玩乐奢靡成风极易销蚀一个人的理想信念和进取心，使人变得精神空虚、意志消沉、思想颓废、行为猥琐，并可能同时引发权钱交易和权色交易。领导者培养健康的生活情趣，保持高尚的精神追求，最根本的是要坚定马克思主义信念和共产主义理想，不断加强党性锻炼，加强思想政治修养，树立马克思主义的世界观、人生观和价值观，牢固构筑起拒腐防变的思想道德防线，在灯红酒绿的侵蚀影响面前，始终保持高尚的气节和情操，维护党和政府的良好形象。

（1）克制色欲，要牢固树立社会主义荣辱观

古人云："人不可以无耻，无耻之耻，无耻矣。"人都要有自尊、自爱之心，不要做出令自己感到羞耻的事情。人一旦不知羞耻，丧失了耻辱心，做人便难以做好人、办事便难以办好事、从政就难以当好官。权力一旦与色情结合起来，领导者心里为人民服务的责任就从神圣的殿堂堕落，领导者也就到了不知廉耻的地步，就会变成"沉迷的色鬼"，无耻地发泄淫欲，不再有进取精神，最终导致对社会的不可估量的危害。"以艰苦奋斗为荣、以骄奢淫逸为耻"，是对中华民族优秀道德文化的直接传承，并成为社会主义思想道德体系的基本内容，是各级领导者为官从政的是非标准、行为规范和价值尺度。但在一些人的意识中，出现了一些是非不明、荣辱颠倒的现象。人们把那些沉迷美色、养情妇以及"包二奶"的领导者视为"色鬼""花花公子"，他们受公众鄙视。但有些领导者沉迷骄奢淫逸却不知羞耻，还认为自己"不同凡响"，显示自己威风、仪态、荣耀。这些人把骄奢淫逸作为"潇洒和荣耀"，混淆了是非。

> 荣辱非小事，是做人的底线；不知羞耻是罪恶之源。明是非，辨善恶，知荣辱，不但是人之为人的基础，而且是人之为情趣健康之人的前提。

因此，领导者要树立社会主义荣辱观，洁身自好，不喜新厌旧，维护家庭和睦、和谐，争当净化社会和树立良好道德风尚的表率。

领导者应当把知与行、说与做统一起来，努力做到明荣知耻、崇荣贬耻、行荣拒耻。领导者作为经济社会发展的组织者、领导者，应始终坚持自重、自省、自警、自励，防止以耻为荣、避免自取其辱，以自省打扫思想灰尘、分清荣辱界限，以自警远离低级趣味、抵制各种诱惑，以自励激发进取精神、争取更大光荣。应常修为政之德，常思贪欲之害，常怀律己之心，真正懂得光荣的价值、光荣的珍贵、光荣的力量，不为情色所迷，牢固树立和自觉实践社会主义荣辱观。这既是时代发展的要求，也是人民群众的期望。

（2）克制色欲，要严于律己

历史经验和现实实践昭示，领导者只有敬畏法律，遵从绳墨，明镜高悬，才能与女色划分界线。领导者要懂得，如果存在侥幸心理，进行权色交易，突破党纪国法防线，最终只会受到法律严惩。古人云："正直者顺道而行，顺理而言，公平无私，不为安肆志，不为危易行。"**领导者要增强纪律观念，严于律己，自觉地置身于党组织的管理约束和群众的监督之下，在任何情况下，都不可忘记党的教育、制度和纪律**。党的纪律是党组织和党员必须遵守的行为准则，是维护党的统一和确保党的路线、方针、政策贯彻落实的重要保证。在反腐倡廉方面，为确保领导者廉洁自律，党中央先后出台了许多党纪条规，以规范领导者行为。作为领导者要明确"有所为、有所不为"，不做出格的事，不做违心的事，不做违反纪律的事。对违反纪律的事，要有一种畏惧心理，违纪违法的"地雷区"踩不得。一个人如果无视党纪国法，恣意妄为，就终将以身试法，受到惩处，身陷囹圄，走上一条不归之路。

"珠莹则尘埃不能附，性明而情欲不能染"。领导者只要筑牢思想道德防线和党纪国法防线，始终保持生活正派、情趣健康，讲操守，重品行，注重培养健康的生活情趣，保持高尚的精神追求，就能在任何情况下，顶得住歪风，经得起诱惑，做到见权不争，见钱不贪，见色不迷，一身正气，两袖清风，树立起领导者的良好形象。